DROEMER ✪

René Marik

WIE EINMAL EIN BAGGER AUF MICH FIEL

Eine Provinzjugend

Besuchen Sie uns im Internet:
www.droemer.de

Originalausgabe Oktober 2019
Droemer Taschenbuch
© 2019 Droemer Verlag
Ein Imprint der Verlagsgruppe
Droemer Knaur GmbH & Co. KG, München
Alle Rechte vorbehalten. Das Werk darf – auch teilweise – nur mit
Genehmigung des Verlags wiedergegeben werden.
Covergestaltung: Isabella Materne
Coverabbildungen: René Marik / privat;
studio ben wolf fotografie
Satz: Adobe InDesign im Verlag
Druck und Bindung: CPI books GmbH, Leck
ISBN 978-3-426-30221-7

2 4 5 3 1

Für meine Schwester.
Für meinen Bruder.
Für meine Mutter.

»So you run and you run to catch up with the sun
but it's sinking
Racing around to come up behind you again.
The sun is the same in a relative way but you're older,
shorter of breath and one day closer to death.«
Roger Waters

»Fuck you Dad!«
Chris Griffin

Inhalt

Prolog
11

Teil I
Soldatenkind
15

Erstes Zwischenspiel
125

Teil II
Herrenjahre
129

Zweites Zwischenspiel
207

Teil III
Wie einmal ein Bagger auf mich fiel
211

Epilog
233

Dank
239

Prolog

Dezember 2017

Nein, ich konnte nicht bleiben. Brennspiritus gemischt mit Magensäure lag schwer in der Luft, und ich fragte mich, wie zwei Menschen in so kurzer Zeit eine ganze Wohnung mit dem reinen, bitteren Gestank nach Alkohol ausfüllen können.

Während der Autofahrt musste ich das Fenster einen Spalt öffnen, trotz der eisigen Temperaturen, die jetzt, kurz vor Weihnachten, draußen herrschten. Neben mir saß meine Mutter mit Steingesicht, und hinten quetschten sich meine Schwester und ihr neuer Freund auf die Rückbank. Er ist ein lieber Kerl. Endlich. Endlich einer, der nicht die Hand gegen sie erheben wird. Das Problem ist nur, dass die beiden sich in solch atemberaubender Geschwindigkeit kaputt saufen, dass ich einen furchtbaren Schrecken bekam, als ich meine Schwester heute das erste Mal nach knapp einem Jahr wiedersah. Sie kann kaum noch laufen, zittert unentwegt, und ihre Augen blicken so müde, als habe sie seit hundert Jahren nicht geschlafen. Dabei ist sie erst Mitte fünfzig. Wie also kann das angehen?

Dann stand ich in der Wohnung, die mein Bruder über dieses Internetportal für uns organisiert hat, damit wir, vielleicht ein letztes Mal, gemeinsam Weihnachten feiern können. Selbst hier in der tiefsten schwäbischen Provinz gibt es Menschen, die ein Zimmer oder gleich ihre gesamte Wohnung anbieten. Das Problem war nur, dass diese Wohnung ein Zimmer zu wenig hatte. Es gab ein Schlafzimmer, das sofort meine Schwester und ihr Freund in Beschlag nahmen, und ein Wohnzimmer mit zwei Schlafcouchs, die an zwei gegenüberliegenden Wänden aufgestellt waren. Und ich merkte, dass ich es nicht schaffte, dass mir alles zu viel wurde und ich dort rausmusste. Nein, ich werde mir nicht für eine ganze Woche ein Zimmer mit meiner Mutter teilen. Und schon suchte ich auf meinem Handy nach einem Hotel in der Nähe und fand tatsächlich eines, dessen Rezeption um zehn Uhr abends noch besetzt war und das sogar noch ein Zimmer für mich hatte. Als ich meiner Mutter eröffnete, dass ich mir ein Hotel gesucht habe, nickte sie nur resigniert. Natürlich hätte ich ihr das Zimmer anbieten und mich um meine desolate Schwester und ihren Freund kümmern können, damit sie ihre Ruhe hat, aber ich wusste, dass sie das nicht angenommen hätte. Oder vielleicht doch?

Man sagt, in extremen Situationen merkt man, aus welchem Holz jemand geschnitzt ist. Aus dem Holz meiner Mutter werden Flitzebogen gemacht. Mein Holz dagegen ist spröde und kurz davor zu brechen. Nicht wegen meiner Schwester, nicht wegen der zu kleinen Wohnung, jedenfalls nicht nur, sondern vor allem meines Bruders wegen.

Nachdem wir unsere Sachen in der Wohnung abgestellt hatten, sind wir zu ihm und seiner Familie gefahren, und ich musste mit aller Macht darum kämpfen, den zweiten, noch viel größeren Schrecken des Tages aus meinem Gesicht zu verbannen, und glaube doch nicht, dass es mir gelungen ist.

Er lag auf der Couch im Wohnzimmer – oder das, was von ihm noch übrig war. Ich erkannte ihn kaum wieder. Wie konnte das mein Bruder sein? Er hatte das zweite Gesicht, wie damals mein Vater kurz vor seinem Tod. Das zweite Gesicht, das sich von hinten durch das alte hindurchgeschoben und dabei jedes überflüssige Gramm Fett weggebrannt hatte, unerbittlich wie die Sonne ein Eis am Stiel wegbrennt, bis nur mehr das blanke Holz übrig ist. Das Echsengesicht, oder das eines kranken Vögelchens, das hechelnd um seine letzten Atemzüge ringt. Und wir sprachen über den Tod und das Danach. Und als er von dem zweiten Leben sprach, das dort auf ihn warten würde, brachte ich es nicht über mich, ihm zu widersprechen, konnte ihm nicht sagen, dass für mich da nichts ist als die Würmer und das Nichts, dass alles nur eine Erfindung des schwachen Menschen ist, um irgendwie seine eigene, unfassbare Endlichkeit fassen zu können. Denn ich fand es tröstlich, dass es etwas gab, das ihm die Angst ein wenig nahm, und zum ersten Mal seit sehr langer Zeit war ich fast versöhnt mit der Religion und dem ganzen Glaubensunsinn.

Und nun liege ich allein in diesem anonymen Hotelzimmer und frage mich, wie nur alles so kaputt sein kann und wann es so geworden ist.

Teil I
Soldatenkind

1

Sommer 1979

Schepperdängeldängel ... Ich fahre auf der blanken Felge. Schlauch und Mantel habe ich abmontiert, ebenso wie die Kette, Bremsen, Schutzbleche und Lichter. Mein Kinderfahrrad ist ein Skelett. Der helle Beton der Panzerstraße scheppert unter mir hinweg. Kein Mensch, kein Auto. Nur die immer gleichen, dunkel gebeizten, einstöckigen Holzbaracken. Die kurze, etwas abschüssige Auffahrt hinunter auf den immer leeren Platz. Rechts ein paar Hallen im gleichen Stil, davor diese seltsamen Betongebilde, schwarz-gelb bemalt, die aussehen wie umgedrehte Schiffsrümpfe mit flachen Böden. Nur viel kleiner. Ich kann gut vom Felgenrad auf sie draufsteigen und Reiten spielen. Stehen da, vor jedem Hallentor eines, und wer weiß, warum. Die Farbe haben sie, damit man nicht mit dem Auto dagegenfährt. Aber dann hätte man sie ja auch gleich weglassen können! Wäre allerdings schade ums Reiten, worauf ich heute jedoch keine Lust habe.

Ein kurzer Slalom muss genügen. Der Schwung der Auffahrt reicht nicht ganz, und mein Felgenrad wird zum Laufrad. Gut, dass meine Beine im Sitzen bis zum Boden reichen. Nur die Pedale stören. Keine Ahnung, wie man die abkriegt. Weiter geht's. Ein kurzes Stück Barackenstraße und schon ist da der große Platz. Groß wie ein Fußballfeld, oder fast. Wiese, vielleicht ein paar Sträucher. Auf der einen Seite das Kino. Dort läuft nur ein Film, jedenfalls nur einer, den ich sehen darf: »Die glorreichen Sieben« mit Yul Brynner. An den kann ich mich am besten erinnern wegen der Glatze. Mehr Filme braucht's auch nicht. Kommen ja immer wieder neue Grüne. Auf der anderen Platzseite die Kantine. Holzbaracke, nur größer als die meisten anderen. Dort arbeiten meine Eltern. Oder besser gesagt meine Mutter und manchmal mein Vater. Vom Platz aus blickt man auf den Haupteingang. Zwei große Türen mit Speichenglas. Dahinter links die Klos. Nur für Männer. In den 70ern gibt's keine grünen Frauen. Auf die Klos geht nur, wer wirklich muss. Der Gestank ist kaum auszuhalten. Der aggressive Klostein kann sich nur mühsam behaupten, denn wo viel gesoffen wird, wird viel gepisst. Die grauen Scheißhaustüren sind vollgekrakelt mit ejakulierenden Penissen, Mösen und Frauen, die nur aus Geschlechtsteilen zu bestehen scheinen. Außerdem Weisheiten wie: »Scheiße an der Sackbehaarung zeugt von schwuler Männerpaarung!« Offensichtlich gehört der schwarze Edding zur Grundausstattung der Grünen.

Vorbei an den Klos geht's in einen breiten Korridor. Zwei Kippenautomaten. Hinten rechts das Casino für die Unteroffiziere. Billard und zwei Flipper. Geradezu der riesige Mannschaftsraum. Fest installierte, dunkelbraune Holzbänke und Tische auf rotbraunen Tonfliesen. Alles leicht abwaschbar, denn wo viel gesoffen wird, wird auch viel gekotzt. Und natürlich das Wichtigste: die Spielautomaten! Der älteste ist so ein Westernding: schwarz-weiß mit Pixelgrafik. Über einen Pistolengriff steuert man einen Cowboy rauf und runter. Ihm gegenüber, ein weiterer Cowboy, dazwischen Kakteen als Deckung. Dieser Automat ist schon nicht schlecht. Besser aber ist der daneben. Panzerkrieg. Man schaut durch eine kleine Luke auf eine schwarze, kubistische Landschaft, die nur mit grünen Linien dargestellt wird, durch die man seinen Panzer steuert. Ziel ist es, andere Panzer aufzuspüren und abzuballern.

Im Saal sind manchmal tausend Grüne und versuchen herauszufinden, wer den größten Kümmerlingkranz legen kann. Tolle Erfindung, diese Fläschchen, die dem Trinker eine ganze Reihe Spiele bieten.

Da ist erst mal das Ritual des Öffnens. Du musst das kleine Verschlusskäppchen möglichst lautstark auf die Tischplatte hämmern. Wenn du das vergisst, kannst du gleich die nächste Runde holen. Dann gibt es Hochtief. Auf der Unterseite der Fläschchen sind winzige Zahlen eingeprägt. Einer brüllt »hoch« beziehungsweise »tief«, und der mit der höchsten beziehungsweise der niedrigsten Zahl muss die nächste Runde holen.

Dann das Trinken. Auf jeden Fall freihändig! Also Fläschchen zwischen die Schneidezähne und Kopp in Nacken. Bei Handspiel: Runde. Das Gleiche gilt für den Tölpel, der sein Fläschchen aufrecht auf den Tisch stellt. Immer flach auf die Seite! Und die Königsdisziplin ist der Kranz. Rund achtzig der kleinen Dinger Seite an Seite gelegt ergeben einen perfekten Kreis! Das ist doch ein schönes Ziel! Da wird der klebrige, hochprozentige Inhalt zur Nebensache! Ja, hier wird viel gebrüllt, gesoffen, gepisst, und es werden viele Obszönitäten auf Scheißhauswände gekritzelt. Ich bin nichts, ich kann nichts, gebt mir eine Uniform!

Heute ist der Saal so gut wie leer. Die Grünen sind im Feld und üben Zelten und Rumballern. Es ist Vormittag und keine Ahnung, warum ich nicht in der Schule bin. Vielleicht Ferien. Ich rolle auf meinem Felgenrad über die rotbraunen Tonfliesen. Das Geräusch verändert sich, wird heller. Rechts schaut meine Mutter in weißer Kittelschürze durch das riesige Tresenloch.

»Och, du sollst doch nicht mit dem Rad hier rein.« Sie ist nicht böse. Ich glaube, das kann sie nicht. In Situationen, in denen andere Menschen sauer werden, legt sich bei ihr nur eine tiefe Verzweiflung über die Stimme. Sie ist oft verzweifelt. Nicht meinetwegen, oder nur selten. Sondern weil alles zu viel ist. Sie ist Mutter von drei Kindern und einem Mann, Hausfrau und arbeitet vierzehn Stunden am Tag. Auch am Wochenende. Sie ist die heimliche Chefin der Kantine, weil der eigentliche Chef, mein Vater, lieber feiert und bei seinen Kumpels einen auf dicke Hose macht.

»Außerdem weißt du doch, dass du nicht hier vorne rein sollst.« Sie meint, ich solle den Hintereingang nehmen. Aber ich weiß doch, dass um diese Zeit die Grünen auf der Schießbahn sind, außerdem ist der Umweg um das Gebäude auf meinem Laufrad ziemlich mühselig. Kein Wort über den Zustand meines Rades. Ohne einen weiteren Ton öffnet sie die Tür neben dem Tresenloch, und ich laufrolle in den großen Schankraum. In der Luft Großküche: Bratfett, abgestandenes Bier und kalter Zigarettenrauch, der durch die Tresenöffnung gegenüber hereinweht. Dort, im Unteroffizierscasino, lungern ein paar Ordonnanzen im Blaumann rum, die bei Herrengedeck und Kippen auf den Mittagstisch warten. Was die in den 70ern schon tagsüber wegschlucken! Wie später bei »Dallas«, nur dass es hier anstatt Bourbon aus einer Kristallkaraffe Kornbrand und Bier aus dem Hahn gibt. Ich rolle weiter, vorbei an meiner Mutter in den langen Flur. Links ein Blick in die Großküche. Edelstahlhölle. Fritteusen, Arbeitsflächen, Dunstabzugshauben und Geschirrspülautomaten. Zwei dicke Frauen in Kittelschürzen. Frau Kohl und Frau Hase. Die eine rührt mit einem riesigen Holzlöffel in einem ebenso riesigen Topf. Jägersoße. Die andere kämpft mit feuchten Augen und einem Messer gegen einen Berg Zwiebeln. Ich bleibe kurz stehen und winke ihnen zu. Keine Reaktion. Die sind zu beschäftigt. Früher hätte ich mich jetzt vielleicht auf einen kleinen Hocker in eine Ecke gesetzt und angefangen, meine Kinderhörspielkassetten auswendig aufzusagen. Das ist eine meiner ersten Kindheitserinnerungen: Wie ich es mal wieder geschafft hatte, mich vor meiner Mutter zu verstecken, die mich in den Kindergarten bringen wollte, und mich stattdessen zu den dicken Frauen in die Großküche stahl und »Alice im Wunderland« oder die »Hexe

Schrumpeldei« rezitierte. Wort für Wort. Zumindest war ich damals davon überzeugt. Ob das wirklich stimmte, kann ich heute nicht mehr sagen, und die beiden dicken Frauen sicher auch nicht, denn die haben schon damals kaum Notiz von mir genommen. Überhaupt komme ich mir oft vor wie ein unsichtbarer Besucher auf einem fremden Planeten.

Also lasse ich die dicken Frauen hinter mir und will gerade links abbiegen, wo ein weiterer Gang zum Hintereingang der Kantine führt, um mein Rad draußen abzustellen, als ganz hinten ein großer Grüner, gefolgt von meinem Vater, aus dem Büro in den Flur tritt. Bei meinem Anblick bleibt er so abrupt stehen, dass mein Vater fast in ihn reinläuft. Auch ich halte inne und blicke zu den beiden hoch. Der Grüne mit Schnauzbart, mein Vater mit rötlich blonden Locken. Beide mit imposanten Bierbäuchen. »Ein Mann ohne Bauch ist ein Krüppel!« Das Gesicht meines Vaters, insbesondere die Nase, ist noch nicht vollständig vom Alkohol entstellt, weist aber schon eine verräterische Rötung und hier und da ein paar Wucherungen auf. Beide blicken auf mich runter, dann auf mein Rad, dann wieder zu mir. Der Grüne erlangt als Erster seine Fassung wieder.

»AH! DANN IST DAS WOHL DER KLEINE MAREK!« Die schreien immer, auch wenn man direkt vor ihnen steht. Entweder weil sie so konditioniert sind oder weil das viele Herumballern ihre Ohren geschrottet hat. Oder beides. Kurzes Kopfwuscheln seitens des Grünen, dann sind sie auch schon an mir vorbei, weiter ins Unteroffizierscasino, wo der Geschäftsabschluss mit ein paar Herrengedecken begossen wird. Der Grüne ist ein »Spieß«. Das ist die Mutti der Kompanie, die unter anderem dafür zuständig ist, die anderen Grünen beim Zelten und Rumballern mit ausreichend Mars, Snickers, Raider und Schlüpferstürmern zu versorgen. Ich gucke ihnen hinterher. Kurz bevor sie durch die Tür sind, schaut sich mein

Vater noch mal zu mir um, doch ich kann seinen Blick nicht lesen.

Also weiter. Links den kurzen Gang hinunter bis zur Hintertür. Draußen führt eine Betontreppe mit Eisengeländer ein paar Stufen hinab auf den Parkplatz. Unten lehne ich mein Rad gegen die Rückwand der Kantine und blicke über den Platz, auf dem heute nur eine Handvoll Autos steht, rüber zum Heizkraftwerk und überlege, ob ich eine kurze Expedition zum Koksberg unternehmen soll, der sich hinter dem Kraftwerk fünf Meter hoch auftürmt. Dafür spricht das schöne metallische Klirren, das ertönt, wenn die Koksbrocken übereinanderkullern, dagegen, dass ich nach der Besteigung aussehen werde wie ein Schornsteinfeger, was den Verzweiflungsgrad meiner Mutter noch weiter in die Höhe treiben würde. Gerade als ich mich für den Koks und gegen meine Mutter entscheiden will, taucht sie oben in der Tür auf und fragt, ob ich mit auf die Schießbahnen fahren möchte. Ich möchte, denn manchmal lässt sie mich ein paar Meter über die mit Schlaglöchern übersäten Kieswege fahren, die durch das Schießgelände führen. Doch zuerst müssen die Vorräte an Süßigkeiten, Alkohol, Schnitzelbrötchen und Würstchen im umgebauten VW-Bus aufgefüllt werden. Also flitze ich ins Lager und schnappe mir die Kartons mit den entsprechenden Schokoriegeln. Das Lager ist der wahr gewordene, sabbernde Kindertraum. Auf hohen Regalen stapeln sich Süßigkeiten aller Art. Alle gängigen Schokoriegel, also Mars, Raider, Lion, Snickers, dazu das gesamte Haribo-Sortiment, von Goldbären über Lakritzschnecken bis Colorado. Aber auch Ahoj-Brause, Katjes und diverse Behälter mit Groschenware wie Zuckerstangen, sauren Schnüren und so weiter. Abgesehen von dem ganzen Süßkram, werden hier auch palettenweise kleine Fläschchen mit klebrigem Likör gelagert. Schlüpferstürmer, Fernet Branca, Kümmerling und Jägermeister. Man könnte meinen, die Grünen ernähren sich ausschließlich von Zucker und hartem Alk, und wahrscheinlich entspricht das sogar der Wahrheit. Für mich hat das Lager jedoch schon lange seinen Reiz verloren. Hin und wieder ein Nucki-Erdbeer aus der Tiefkühltruhe, und das war's schon mit meinem Süßigkeitenkonsum. Muss wohl am umgekehrten Gesetz von Angebot und Nachfrage liegen.

Als ich mit den Kartons am Verkaufswagen ankomme, sitzt meine Mutter bereits hinterm Steuer. Und schon geht's los, quer durch das Lager, vorbei an unzähligen dunkel gebeizten, einstöckigen Mannschaftsunterkünften, bis wir schließlich den Schlagbaum erreichen. Der Wachmann schlappt aus seinem Häuschen und öffnet grüßend die Schranke. Man kennt sich. Weiter über die Panzerstraße, die vom Lager in einer schier endlosen Rechtskurve den Berg hinabführt. Das Bundeswehrlager liegt auf sechshundertvierundfünfzig Meter Höhe, auf der zweithöchsten Erhebung des Westerwaldes mit Namen »Stegskopf«, inmitten des etwa zweitausend Hektar großen Schießgeländes. Am Fuße der Kurve führt links ein Schotterweg zu den einzelnen Schießbahnen. Ich werde unruhig.

»Darf ich? Ja?!« Seufzend fährt meine Mutter rechts ran und zieht die Handbremse. Wir tauschen die Plätze. Ich muss fast im Stehen fahren, denn sonst komme ich nicht an die Pedale. Es geht nur langsam voran. Kuppeln und Schalten kann ich noch nicht. Während wir also im ersten Gang dahinkriechen, versuche ich aufgeregt den Schlaglöchern auszuweichen, was jedoch eine kaum lösbare Aufgabe ist. Meine Mutter bezeichnet mich als Schlaglochsuchgerät. Nach hundert Metern reicht es ihr, und wir tauschen zurück.

Bald erreichen wir die erste Schießbahn. Sie stellt den Bus ab und öffnet von innen die Verkaufsluke. Das ist eigentlich der Moment, in dem die Grünen angelaufen kommen und sich vor dem Bus aufstellen, um sich mit Süßkram, Schnitzelbrötchen und Schlüpferstürmern einzudecken. Heute jedoch nicht. Irgendetwas stimmt da nicht. Nicht weit von uns hat sich eine grüne Traube gebildet, und aufgeregte Stimmen dringen zu uns herüber. Nach einer Weile trottet einer zum Bus und berichtet, was passiert ist. Anscheinend haben zwei Grüne mit ihren Knarren rumgealbert. Peng, war einer tot. Das nennt man wohl Berufsrisiko. Meine Mutter ist ganz Mitgefühl und Bedauern. »Ach Gott, der Arme!« und »Die armen Eltern!« und »Am schlimmsten für den armen Kerl, der abgedrückt hat!« usw. Aber es hilft nichts, hier werden wir heute keine Knacker los. Also weiter zur nächsten Schießbahn. Auf dem Weg dorthin nimmt das »Furchtbar, furchtbar!« kein Ende. Zaghaft versuche ich, mich an ihrer Litanei zu beteiligen, merke aber bald, dass ich eigentlich nichts dabei empfinde. Ob das nun an meiner Alienbeobachterposition liegt oder an etwas anderem, kann ich nicht sagen. Manchmal kann ich die Welt dort draußen einfach nicht berühren. Zum Glück sind wir bald an der nächsten Schießbahn angekommen. Hier ist alles wie immer. Freudig kommen die Grünen angelaufen wie eine Herde Kühe zur Tränke. Für jedes Klatschmaul wäre das ein gefundenes Fressen. Nicht so für meine Mutter. Anstatt den Männern brühwarm zu erzählen, was gerade einem ihrer Kameraden passiert ist, beschränkt sie sich darauf, höflich wie immer, ihre Waren an den Mann zu bringen. Aus Rücksichtnahme, vermute ich.

2

Nachdem wir alle Schießbahnen abgefahren haben, ich in der Kantine zu Mittag gegessen habe – Jägerschnitzel mit Pommes und Salat –, nehme ich mein Felgenrad und rolle nach Hause. Wir wohnen in einer dieser dunkel gebeizten Holzbaracken, die sich jedoch etwas abseits, am Rand des Lagers zwischen dunklen Fichtenhecken versteckt. Vor dem Haus eine kleine Rasenfläche, dahinter eine etwas größere. Da morgen mein Bruder nach Hause kommen wird, muss ich schleunigst anfangen, seine Sachen zurück an ihren Platz zu legen und vor allem die Legosteine abzuzählen, die ich mir geborgt habe. Mein Bruder ist in Ordnung, mit seinen Sachen aber echt penibel. Er hat eine große Waschtrommel voller Legos, und wenn er da ist und ich mir welche leihen möchte – ich liebe Lego! –, dann zählt er die Steine ganz genau ab, selbst die ganz winzigen. Und wehe, am Ende fehlt einer! Oft dauert es eine halbe Stunde, bis er die Steine gezählt hat, bevor er sie mir leiht, und eine weitere, wenn ich sie wieder zurückbringe.

Wir teilen uns ein Zimmer. Er ist sieben Jahre älter als ich, und natürlich schläft er im Doppelstockbett oben. Leider ist er nur in den Ferien zu Hause, da er ein Internat besucht. Trotz der Sache mit den Legosteinen freue ich mich auf ihn, denn er liest mir vor dem Einschlafen immer aus »Urmel aus dem Eis« vor oder erzählt mir selbst ausgedachte Geschichten. Dass er dabei ganz fürchterlich stottert, tut der Sache kaum einen Abbruch. Dabei ist sein Stottern wirklich heftig. Manchmal braucht er eine geschlagene Minute, um ein Wort rauszubringen. Auch wenn ich längst weiß, welches Wort er sagen möchte, warte ich geduldig ab, bis er es endlich geschafft hat. Ein einziges Mal habe ich ihn mit seiner Stotterei aufgezogen, und ich schäme mich noch heute dafür.

Mein Bruder ist der Inbegriff des Nerds. Er ist ein totales Mathe- und Physikgenie, Mitglied im Schachverein und wird Anfang der 80er einen der ersten Computer besitzen, die es zu kaufen gibt. Den Texas Instruments 99/4A. In sämtlichen anderen Fächern steht er zwischen Vier und Sechs, und jedes Jahr aufs Neue ist seine Versetzung gefährdet. Aber immerhin macht er Abitur. Ich gehe zwar noch in die Grundschule, werde es aber mit aller Wahrscheinlichkeit nächstes Jahr nur auf die Hauptschule schaffen. Meine sechs Jahre ältere Schwester geht auf die Realschule, und in meinem Kopf hat sich die Gewissheit gebildet, dass die Menge an Gehirnmasse, die eine Mutter weitergeben kann, von Kind zu Kind abnimmt.

Meine Schwester ist ebenfalls selten da, was aber eher daran liegt, dass sie viele Freunde hat und ein Mofa. Doppelter Luxus.

Im Lager gibt es außer mir keine Kinder, und der Weg durchs Mittelgebirge bis ins zehn Kilometer entfernte nächste Dorf ist auf meinem Kinderfahrrad undenkbar. Selbst wenn mein Rad noch ganz wäre, könnte das Dorf genauso gut in Australien liegen.

Meine Schwester ist das genaue Gegenteil meines Bruders. Die beiden sind Katz und Hund, wie Feuer und Wasser. Sie raucht bereits und hat auch schon mal Alkohol getrunken, was mein Bruder total abartig findet. Meine Eltern rauchen natürlich auch. Kette. Mein Vater schafft zwei Packungen »Reval ohne« am Tag. Im Winter mit meinen Eltern Auto zu fahren grenzt an Folter. Bei geschlossenen Fenstern quarzen beide, bis der Arzt kommt. Aber das sieht man in den 70ern noch nicht so eng. Schließlich rauchen ja selbst im Fernsehen alle wie die Bekloppten. Beim Internationalen Frühschoppen etwa, der jeden Sonntagmittag läuft, hocken die Männer da bei Kippen und Wein, und gegen Ende der Sendung kann man ihre Gesichter durch den ganzen Qualm nur noch schemenhaft erkennen.

Meine Mutter hat mir mal erzählt, mein Vater hätte ihr, als sie geheiratet haben, gesagt, sie solle mit dem Rauchen anfangen, damit sie nicht mehr ganz so wie ein Bauerntrampel daherkomme. Sie kommt tatsächlich vom Bauernhof, irgendwo aus einem Nest in der Oberpfalz, bei dem es noch nicht einmal für ein gelbes, sondern nur für ein grünes Ortsschild gereicht hat. Sie hat neun Geschwister. Neun! Ich habe also eine schier unüberschaubare Anzahl von Onkeln, Tanten, Cousins und Cousinen. Bei großen Familienfesten brauchen wir fast eine Halle, damit alle unter ein Dach passen. Mein Vater hat nur eine Schwester, von der er immer behauptet, sie sei ein bisschen zu dick. Meiner Meinung nach ist sie jedoch nicht bloß dick, sondern fett. Die fetteste Person, die ich damals je gesehen hatte. Außerdem hat sie einen ebenso fetten Dackel. Der ist so fett, dass sein Bauch an der Unterseite ganz kahl und wund gescheuert ist, weil er beim Laufen wegen der zu kurzen Beinchen über den Boden schleift. Ein bissiges, übellauniges Tier. Verständlicherweise.

Einmal, das ist schon ganz lange her, ich war noch viel kleiner und wir haben noch nicht in dem Bundeswehrlager gewohnt, da war meine Tante zu Besuch. Meine Eltern waren kurz weg, und sie lag im Garten in einem ächzenden Sonnenstuhl, aus dem sie wegen ihres Gewichts aus eigener Kraft nicht mehr hochkam. An ihrer Seite der beständig knurrende Fettdackel. Schwitzend und mit hochrotem Kopf hat sie meinen Bruder und meine Schwester mit ihrer hohen Fistelstimme rumgescheucht. Sie sollten ihr dieses oder jenes bringen, sie sollten nicht so laut sein und ihren armen Dackel nicht so aufregen und überhaupt. Was für ungezogene Bälger! Irgendwann haben die beiden den Wasserschlauch geholt und meine Tante und ihren Köter kalt abgeduscht. Gegen ihren Willen, versteht sich. Während sich der Dackel immerhin noch träge aus der Schussbahn schleppen konnte, war meine Tante hilflos wie ein Käfer auf dem Rücken der Willkür meiner Geschwister ausgeliefert. Das war einer der wenigen Momente, bei denen sie perfekt als Team funktioniert haben.

Anstatt die Sachen meines Bruders zurück an ihren Platz zu legen, bleibe ich natürlich an den Legos kleben und baue irgendwas. Diese kleinen Klötzchen sind einfach eine ganz wundervolle Erfindung. Besonders Lego-Technik hat es mir angetan. Da kann man richtige Autos bauen mit Motor und Getriebe und allem. Später möchte ich Lego-Entwickler werden.

Gegen 14 Uhr kommen meine Eltern zur Mittagspause nach Hause. Während mein Vater sofort ins Bett geht, um sein Mittagsschläfchen zu halten, vielleicht auch, um seinen Vormittagsrausch auszuschlafen, widmet sich meine Mutter dem Haushalt. In unserer Familie ist das althergebrachte Frauenbild noch voll intakt. Die Emanzipationsbewegung der 60er hat meiner Mutter einzig und allein eingebracht, dass sie neben dem Haushalt nun auch noch arbeiten und Geld verdienen darf. Herzlichen Glückwunsch. Nach getaner Hausarbeit gelingt es auch ihr, sich noch eine halbe Stunde auf der Couch im Wohnzimmer auszuruhen. Während der Mittagspause heißt es für mich, mucksmäuschenstill zu sein. Denn wenn ich zu laut bin und mein Vater aufwacht, dann ist »Polen offen!«, wie er so schön sagt, und das gilt es unter allen Umständen zu vermeiden. Da ich aber ein grundsätzlich sehr stilles Kind bin, bleibt Polen meistens zu. Um 16 Uhr geht der Rollladen im Schankraum der Kantine wieder hoch und wird sich erst gegen 22 Uhr wieder schließen.

Der Nachmittag vergeht bleischwer. Nachdem ich die Sachen meines Bruders mehrfach ein- und wieder ausgeräumt habe, um zu sehen, was sich noch mit ihnen anfangen lässt, lande ich irgendwann, wie fast jeden Tag, vor dem Fernseher.

Als es dunkel wird, rolle ich mich auf dem ausklappbaren Ohrensessel meines Vaters zusammen, den Kopf auf der Armlehne, und stelle mir vor, es wäre der Oberschenkel meiner Mutter. Ich bin neun Jahre alt und lutsche immer noch am Daumen.

3

Es ist Sonntag, mein Bruder ist schon da, und nachdem er seine Sachen inspiziert hat, freut auch er sich, mich zu sehen. Meine Mutter hat eine Ente in der Röhre. Dazu gibt es Rotkohl und Knödel. Lecker. Mein Vater, mein Bruder und ich sitzen erwartungsvoll am runden Esstisch und sehen meiner Schwester und meiner Mutter dabei zu, wie sie das Essen auftragen. Das Rollenverständnis wird gewissenhaft an die nächste Generation weitergegeben. Mein Vater sieht schrecklich aus. Offensichtlich ging es gestern wieder etwas länger, und ein beständiger Alkoholdunst umweht uns, hüllt uns ein wie ein übel riechender Mantel. Dementsprechend ist auch seine Laune. Die Luft ist zum Schneiden dick.

Das Essen beginnt mit der rituellen Selbstkasteiung meiner Mutter. Die Ente sei zäh, die Knödel zu weich usw., was natürlich totaler Quatsch ist. Der Ritus verlangt nun von uns, dass wir ihr vehement widersprechen, was wir, mit Ausnahme meines Vaters, natürlich auch tun. Danach Stille. Schließlich wendet sich meine Mutter an meinen Bruder, etwas zu sehr um fröhliche Unbeschwertheit bemüht: »Na, dann erzähl doch mal! Was gibt's Neues?«

Mein Bruder sitzt da wie eine verängstigte Heuschrecke. Er ist schlaksig, scheint nur aus Ellbogen, Knien und Füßen zu bestehen. Sein Kassengestell sitzt etwas schief in seinem von

Akne entstellten Gesicht, und die oberen Schneidezähne, die in unnatürlichem Winkel hervorstehen, lugen immer ein bisschen durch seine Lippen. Derart von unserer Mutter angesprochen, zieht eine tiefe Röte über sein Gesicht und er bringt unter großer Anstrengung hervor: »A-a-a-a-ach, e-e-e-e-e-e-e-eig-g-g-g-gentlich al-l-l-l-l-l-l …«

Mein Vater blickt zur Decke und atmet hörbar aus. Achtung, erstes Zeichen!

»… l-l-les wie i-i-i-i-i …«

»Seit wann isst der feine Herr seine Ente mit Messer und Gabel?!« Die Stimme meines Vaters knallt wie eine Peitsche. Mein Bruder blickt zu Boden, legt Messer und Gabel zur Seite und gibt seinen kläglichen Versuch auf, von seiner Zeit im Internat zu berichten. Wieder Stille. Kaugeräusche. Mein Bruder ist dazu übergegangen, seine Ente mit den bloßen Fingern zu zerlegen. Ein Fettfilm zieht sich über sein Kinn, der seinen Pickeln einen rötlichen Glanz verleiht. Uiuiui, kann ich gerade noch denken, als mein Vater von Neuem loslegt. »Jetzt guck dich an! Du frisst wie ein Schwein!!!«

Meine Mutter schaltet sich zaghaft ein. »Ach, Herbert …«

Mein Bruder, wahrscheinlich getrieben durch die schreiende Ungerechtigkeit, die ihm gerade widerfährt, und ermutigt durch die Rückendeckung der Mutter, so halbherzig sie auch ist, wird nun seinerseits laut. »Wie s-s-s-s-s-oll ich d-d-denn e-----«. Weiter kommt er nicht, denn mein Vater ist schon aufgesprungen, hat ihn am Oberarm gepackt und zerrt ihn so heftig vom Tisch weg, dass der Stuhl krachend umfällt. Er schleift meinen schreienden Bruder durch den Flur und sperrt ihn in das kleine Gäste-WC ohne Fenster. Der Lichtschalter befindet sich außen, und das Licht bleibt selbstverständlich aus. Währenddessen ist meine Mutter sitzen geblieben und weint still in ihre Ente. Meine Schwester tut es ihr gleich, und ich sitze da, und die Welt hat wieder Abstand von mir genommen. Dunkel umwölkt kehrt mein Vater zurück und isst als Einziger weiter. Irgendwann fängt meine Mutter an, den Tisch abzuräumen. Ein stiller Protest. Meine Schwester hilft ihr. Auch ich schleiche mich, ganz unsichtbar jetzt, weg vom Tisch und wünschte, ich könnte sagen, dass ich auf dem Weg in mein und meines Bruders Zimmer ganz vorsichtig den Lichtschalter betätigt habe, aber das habe ich nicht getan.

Ein Mensch definiert sich durch seine Taten. Tut ein Mensch Gutes, dann ist er ein guter Mensch. Tut er Böses, dann ist er ein böser Mensch. So einfach ist das, und nach dieser Definition wäre mein Vater eindeutig ein böser Mensch gewesen. Was aber, wenn man spürt, dass in dem bösen Menschen irgendwo noch ein guter drinsteckt, wie bei diesen russischen Matroschka-Puppen?

Ich glaube, mein Vater war vor allem ein verzweifelter Mensch. Vielleicht weil er sich sein Leben anders vorgestellt hatte oder weil auch er ein Opfer seiner verqueren Kriegs- und Nachkriegserziehung war, weil er nicht aus seiner Haut konnte und weil der Alkohol ihn immer weiter von sich selbst entfernt hatte. Oder was weiß ich. Was ich weiß, ist, dass er uns auf seine hilflose Art irgendwie geliebt hat. Das soll keine Rechtfertigung für seine Taten sein, denn das kann es nicht. Ebenso wenig wie man die Taten von rechten Schlägern durch ihre schwere Kindheit rechtfertigen kann. Es geht eher darum, dass ich mich rechtfertigen muss, vor mir selbst. Dafür, dass ich ihn trotz allem geliebt habe, selbst dann noch, als ich von der einen Tat erfahren habe, der unverzeihlichen, für die es keine Rechtfertigung geben kann. Denn das ist die Schuld, mit der ich leben muss: dass ich mich nicht von ihm abgewendet habe, dass er für mich nie aufgehört hat, mein Vater zu sein.

Später, am Nachmittag, hat mein Vater seinen Kater und damit seine schlechte Laune weggeschlafen und sitzt nun vor dem Fernseher. Er hat eines unserer Endlos-Cartoon-Videobänder in den Videorekorder, ein monströses Video2000-Gerät, eingelegt und lacht nun lauthals über »Tom und Jerry«, »Roadrunner« und »Duffy Duck«. Wahnsinn. Er lacht so laut, dass die Wände wackeln. Der Restfamilie steht nach dem verkorksten Mittagessen jedoch nicht der Sinn nach lustigen Comicfilmchen. Meine Schwester hat inzwischen Besuch. Irgendein Mario. Der ist mit seinem Mofa gekommen, und nachdem sie ihn an der Kasernengrenze durch den Schlagbaum gelotst hat, hängen die beiden nun in ihrem Zimmer und hören Smokie. Ich spiele mit meinem Bruder, der wieder auf freiem Fuß ist, in unserem Zimmer Schach, was unendlich sinnlos ist. Wie schon erwähnt, ist mein Bruder im Schachverein, sieben Jahre älter als ich, und dann ist da ja auch noch das Problem mit der schwindenden Hirnmasse. Kurzum: Ich habe zu keinem Zeitpunkt auch nur den Hauch einer Chance. Wahrscheinlich nicht einmal dann, wenn er nur mit drei Figuren in die Schlacht ziehen würde. In zwei Jahren werde ich mich weigern, gegen ihn zu spielen, aber dann wird es bereits zu spät sein, und ich werde ein Schachtrauma davongetragen haben, das mir bis heute jede Lust an diesem Spiel verleidet.

Irgendwann taucht meine Schwester bei uns auf, gefolgt von Mario. Der steht irgendwie verdruckst hinter ihr und lächelt so ein überlegenes Lächeln, als hätte jemand einen Witz gemacht, den nur er versteht. Er ist etwas kleiner als sie, und seine aschblonden Locken fallen auf seine mit Buttons bepflasterte Jeansjacke. »Atomkraft, nein danke«, »Peace« und »Alfred E. Neumann« kann ich erkennen. Der Rest sagt mir nichts. Außerdem hat er sich einen Bart stehen lassen, oder besser gesagt einen Flaum oder ein Fläumchen, von dem mein Vater behaupten würde, den könne er sich morgens mit dem Handtuch wegrubbeln.

Meine Schwester sieht aus wie mein Vater. In schön. Sie hat rotblonde Locken, die ihr bis weit über die Schultern reichen. Eine richtige Mähne. Auch sie trägt eine Jeansjacke, ohne Buttons, die ihr ein bisschen zu groß und außerdem an den Ellbogen schon etwas abgewetzt ist, was aber irgendwie cool an ihr aussieht. Auch das Gesicht hat sie von meinem Vater. Ebenfalls in schön und natürlich ohne die dicke, vom Alkohol zerwucherte Nase. Jungs in ihrem Alter und auch ältere werden in ihrer Gegenwart entweder ganz ruhig oder zu Gockeln. Mario gehört eindeutig in die zweite Kategorie. Mein Bruder sieht aus wie meine Onkel mütterlicherseits. Zu mir sagen alle, ich wäre meiner Mutter »wie aus dem Gesicht geschnitten«. Weiß nicht, was ich davon halten soll. Ich bin doch ein Junge. Seltsam, wie drei Geschwister so unterschiedlich aussehen können.

»Wir drehen 'ne Runde durchs Übdorf«, sagt sie und schaut meinen Bruder dabei so seltsam an, als wäre klar, wie der jetzt zu reagieren hätte. Dem ist natürlich überhaupt nichts klar, und er glotzt sie nur verständnislos an. Woraufhin sie ihren Blick noch verstärkt. Auch ich begreife nicht, was los ist, und blicke ratlos zwischen den beiden hin und her.

»Wollen wir los?«, kommt es von Mario, der schon halb aus der Tür ist. Sie verdreht die Augen. Endlich fällt der Groschen, und mein Bruder erhebt sich halbherzig von unserem Schachspiel. »Ich k-k-k-kann ja mitk-k-k-kommen …«

»Aber der hat doch gar kein Mofa!«

»D-d-d-as m-m-m-acht …«

»Der kommt schon hinterher!«

»Okay …«

Ich verstehe die Welt nicht mehr. Seit wann möchte meine Schwester meinen Bruder dabeihaben? Und überhaupt: Was ist mit mir? Als mir dämmert, dass ich in der Verhandlung keine Rolle spiele und Gefahr laufe, den restlichen Nachmittag allein mit meinem Trickfilm schauenden Vater zu verbringen, fange ich an zu schniefen, bis meine Schwester schließlich erneut die Augen verdreht und sagt, ich könne bei ihr hintendrauf mitfahren. Mario hat sich den Ausflug wohl anders vorgestellt, denn sein Lächeln ist plötzlich verschwunden.

Ohne unseren Eltern Bescheid zu geben, schleichen wir uns raus. Aufgeregt klettere ich auf den Gepäckträger der Zündapp meiner Schwester. Mario wartet bereits mit laufendem Motor auf seiner Puch, an deren Rückspiegel ein Fuchsschwanz traurig in der Flaute baumelt. Mein Bruder ist schon auf seinem Fahrrad vorgeprescht. Der will sich nicht die Blöße geben, dass wir auf ihn warten müssen. An der Lagergrenze holen wir ihn jedoch ein, da der Wachtposten mit enervierender Langsamkeit aus seinem Häuschen kommt, um den Schlagbaum für uns zu öffnen. Ich verstehe nicht, warum wir nicht einfach drunter durchschlüpfen können, doch das ist strengstens verboten. Endlich ist die Schranke oben, und wir können passieren, vorbei an dem mit ausdrucksloser Miene grüßenden Grenzposten und weiter in einem Affenzahn die Panzerstraße hinunter. Ich klammere mich fest an meine Schwester, während mir der Fahrtwind Tränen in die Augen treibt. Ihre Haare flattern in mein Gesicht, und in meinem Bauch geht eine warme Sonne auf. Keiner von uns trägt einen Helm, weil das erst seit letztem Jahr Pflicht ist und man das hier noch nicht so genau nimmt.

Wild summt und scheppert der kleine Motor, und ich denke gerade, dass uns das Ding gleich um die Ohren fliegen wird, als meine Schwester endlich in den Leerlauf schaltet und das Mofa einfach den Berg hinabrollen lässt. Mario war, gleich nachdem wir die Schranke passiert hatten, an uns vorbeigezogen. Der hat anscheinend irgendwas an seinem Mofa manipuliert. Gegen meinen Bruder mit seiner Zehngangschaltung hat er den Berg runter jedoch keine Chance. Das ändert sich erst, als wir von der abschüssigen Panzerstraße links auf den Schotterweg des Sperrgebiets abbiegen. Schnell haben wir ihn eingeholt, und Mario hält lässig den Fuß raus und schiebt ihn am Sattel vor sich her. Endlos geht es durch Wälder, vorbei an Schießbahnen und weiten Grassteppen. Mein Bruder hat sich flach über den Lenker gelegt und grinst seine schiefen Vorderzähne in den Wind. Endlich liegt es vor uns: das Übdorf. Das ist so ein kleines Fake-Dorf inmitten des Schießgeländes. Da haben die Grünen richtige Häuser, Straßen und sogar eine Kirche aufgebaut, um Häuserkampf und Panzerkrieg zu üben. Dort wird ordentlich rumgeballert, und man kann tonnenweise Patronenhülsen und mit etwas Glück sogar den ein oder anderen Blindgänger finden. Heute ist alles ruhig, denn es ist Sonntag, und die Grünen lungern auf ihren Stuben rum oder saufen sich schon mal warm für ihren freien Abend.

Wir steigen ab und streifen durch die versprengten Ruinen. Innen sind sie leer. Auch hat sich niemand die Mühe gemacht, Fenster einzusetzen. Durch die Einschusslöcher fällt das Sonnenlicht wie Laserstrahlen ins staubige Innere der Fake-Kirche, die ich zusammen mit meiner Schwester und Mario erkunde. Irgendwie werde ich den Eindruck nicht los, dass er jetzt lieber mit ihr allein wäre. Das wird jedoch nicht passieren, weil sie gleich zu Anfang unserer kleinen Expedition festgelegt hatte, dass ich immer dicht in ihrer Nähe bleiben solle. Wir suchen gemeinsam den Boden nach Blindgängern ab. Da hier nur Übungsmunition verschossen wird, sind die gar nicht so leicht zu erkennen. Man muss ganz genau auf die Spitzen der kleinen Plastikhülsen achten. Während bei echter Munition das Bleigeschoss auf der sich verjüngenden Spitze sitzt, ist die Spitze der Übungspatronen nur mit einer kreuzförmig angebrachten Sollbruchstelle versehen, um der Treibladung den harmlosen Austritt zu vereinfachen. Blindgänger zeichnen sich dadurch aus, dass das Kreuz noch unversehrt ist und somit das Schwarzpulver unverbrannt im Inneren auf seine Zündung wartet.

Jedes Mal, wenn meine Schwester eine Patrone aufhebt, kommt Mario und schmiert sich von hinten an sie ran, vorgeblich um ihren Fund zu begutachten. Sie windet sich dann immer, sichtlich genervt, aus seiner Umklammerung. Beim dritten Mal reicht es ihr, und sie stößt ihn so heftig von sich, dass er zurückstolpert und auf dem Arsch landet. Das und sein empörter Gesichtsausdruck sehen so lustig aus, dass ich unwillkürlich anfange zu lachen. Auch meine Schwester kichert los. Mario rappelt sich mühsam hoch und fängt gerade an, den Staub von seiner Jeans zu klopfen, als mein Bruder, der auf eigene Faust losgezogen ist, uns von draußen zu sich ruft. Er hat was Größeres gefunden. Zu klein für Panzermunition, aber immerhin vielleicht aus einem Standmaschinengewehr oder so. Die Patrone ist fast so groß wie mein Unterarm und die kreuzförmige Sollbruchstelle vollkommen unversehrt. Wow!

Ein bisschen suchen wir noch weiter, bis wir uns schließlich wieder bei den Mofas treffen und unsere Beute begutachten. Es ist ganz schön was zusammengekommen. Da wir kein Messer oder Ähnliches dabeihaben, um das Schwarzpulver aus seinen Behältnissen zu befreien, beschließt meine Schwester, wir sollten uns zu Hause näher mit unserem Fund befassen. Schnell werden die Geschosse in Taschen verstaut, und auch ich stecke mir ein paar Patronen in meine Hosentaschen.

Als wir zurück sind, ist mein Vater bereits los, um seinen Kater von letzter Nacht mit seinen Kumpels zu kontern. Während meine Mutter im Wohnzimmer Konsalik liest, schleiche ich mich in die Küche und schmuggle ein scharfes Messer nach draußen in den Garten. Geschickt öffnet Mario die Patronen.

Dann sammeln wir das Schwarzpulver in einem kleinen Topf, den mein Bruder zwischen den Beeten gefunden hat. Nachdem alle Hülsen geleert sind, stehen wir im Kreis um das rostige Ding und blicken auf eine beachtliche Menge des schwarzen Goldes. Von hier an übernimmt mein Bruder die Regie. Er trägt das Gefäß zu der Feuerstelle im hinteren Teil des Gartens, säubert einen kleinen Fleck von Asche und Kohle und schüttet das gewonnene Pulver auf einen Haufen. Einen Teil benutzt er, um eine etwa 20 Zentimeter lange Zündschnur zu formen. Schließlich stülpt er den Topf darüber.

»Man muss die E-e-e-explosion k-k-k-k-omprimieren, dann knallt's b-b-b-besser!« Aber wer ist todesmutig genug, das Feuerzeug meiner Schwester an die Zündschnur zu halten? Nach kurzer Diskussion findet sich Mario bereit, der wohl vor meiner Schwester nicht als Feigling dastehen möchte. Wir anderen bringen uns in einiger Entfernung hinter einer umgelegten Bierbank in Sicherheit und beobachten, wie er mit gestrecktem Arm die Flamme ans Pulver hält und im selben Moment schon davonstürzt. Zu viert kauern wir uns hinter die Bank und warten auf die Explosion.

Als nach einer gefühlten Ewigkeit nichts passiert, steht Mario wieder auf und nähert sich vorsichtig der Feuerstelle, das Feuerzeug im Anschlag. Gerade als er sich hinabbeugt, um nach der Zündschnur zu sehen, ertönt ein furchtbarer Knall und der verbeulte Topf schießt knapp an seinem Kopf vorbei gute zehn Meter in die Höhe. Mein Bruder zuerst, dann auch meine Schwester rennen zu dem auf dem Rücken liegenden Mario.

Ich bin starr vor Schreck und kann nur dahocken, die Hand vor den Mund geschlagen. Endlich kommt Bewegung in den reglosen Körper, und unter Ächzen und Stöhnen setzt er sich auf. Sein Gesicht ist rußgeschwärzt, seine Augenbrauen sowie die schönen Locken versengt. Und fängt an zu lachen. Dann lachen wir alle, bis meine Mutter mit schreckweißem Gesicht aus dem Haus gelaufen kommt und wissen will, was passiert ist. Während meine Schwester den lädierten Mario ins Badezimmer führt, damit er sich waschen kann, versucht mein Bruder, uns irgendwie rauszulavieren. Das ist momentan die schlechteste Aufgabe für ihn, denn durch die Aufregung bringt er kaum ein Wort heraus. Ich bleibe in der Deckung der Bierbank hocken, ganz unsichtbar wieder, und beobachte, wie der Verzweiflungsgrad meiner Mutter ins Unermessliche wächst. Marios Traum, meiner Schwester an die Wäsche zu können, ist zusammen mit dem Schwarzpulver verpufft, und wir sehen ihn nie wieder.

4

Im Osten hat die gerade aufgehende Sonne den bereits stahlblauen Himmel in ein zartes Rot getaucht. Einsam stehe ich vor dem Tor des Lagers auf dem kleinen Wendeplatz, schaue über die karge Landschaft, während mich ein kühler Wind umpfeift, und warte auf den Schulbus, der nur meinetwegen den ganzen Weg die Panzerstraße hinauffahren muss. Mein Blick fällt über die Straße auf die vier relativ normalen Wohnhäuser, die sich dort, außerhalb des Kasernengeländes, befinden. Die stehen meistens leer. Nur manchmal wohnen dort vorübergehend hohe Bundeswehrtiere, die aus Gründen, die ich nicht kenne, länger hier stationiert sind.

Vor einem der Häuser tut sich etwas. Ein paar Leute sind damit beschäftigt, allerlei Möbel und anderen Kram aus einem Umzugswagen ins Haus zu schleppen. Die sehen nicht aus wie

Grüne. Außerdem sind auch ein paar Kinder dabei. Kinder! Mindestens vier kann ich von hier erkennen. Am liebsten würde ich gleich rübergehen und mir das Ganze genauer anschauen, doch abgesehen davon, dass ich viel zu schüchtern bin, kriecht gerade der Schulbus im kleinen Gang und mit heulendem Motor über die Kuppe des Stegskopfes.

Das ist jedes Mal der Moment, in dem sich ein flaues Gefühl in meinem Magen ausbreitet. Aus verschiedenen Gründen. Zum einen wegen des Busfahrers, einer stets übellaunigen, hageren, kinderhassenden Vogelscheuche, dem auch schon mal die Hand ausrutscht, wenn eines der ihm anvertrauten Kinder zu viel rumhampelt. Bis jetzt habe ich ihm noch keinen Grund gegeben, mir eine zu scheuern, aber ich meine zu spüren, wie er mich, jedes Mal, wenn ich einsteige, ganz besonders belauert, weil er nur meinetwegen den ganzen Berg hinaufmuss. Und dann sind da noch die anderen Kinder. Die sind mir irgendwie fremd, und ich habe ständig das Gefühl, misstrauisch von ihnen beäugt zu werden.

Seltsam, habe ich mich doch eben noch über die einziehende Familie gefreut. Aber ich stelle mir vor, dass sich die Kinder aus meiner Schule schon ewig kennen, weil sie im gleichen Dorf, manchmal sogar in der gleichen Straße wohnen. Und manchmal sind Wünschen und Haben zwei ganz verschiedene Dinge. Ich bin das seltsame Soldatenkind, das keiner kennt und das immer nur rumsteht und schaut. Gern würde ich dazugehören, aber die hampeln tatsächlich immer so viel herum. Ach, herrje!

Einmal, das ist schon bestimmt zwei Jahre her, hatten wir die Hausaufgabe, Papierhüte aus Zeitungen zu falten und am nächsten Tag mit in die Schule zu bringen. Leider hatte ich, zu Hause angekommen, schon wieder vergessen, wie das geht, und voller Verzweiflung meine Mutter gefragt, ob sie mir helfen könne. Die hatte jedoch auch keine Ahnung, und so nahmen wir einfach einen Bauarbeiterhelm, der noch irgendwo rumlag, und beklebten ihn mit Lametta und buntem Papier. Am Ende sah er eigentlich viel schöner aus als die langweiligen Zeitungspapierhüte, aber als ich am nächsten Tag mit meinem bunten Paradieshelm aufgetaucht bin, haben alle gelacht, und ich lief davon, und es gab ein Riesendrama, weil meine Mutter die Grünen sich selbst überlassen musste, um mich zu suchen, und ich mich, nachdem sie mich heulend, hinter dem Dorfbrunnen kauernd, aufgesammelt hatte, strikt weigerte, an jenem Tag noch mal an den Ort meiner Schande zurückzukehren.

Endlich ist der Bus zum Stehen gekommen, wie immer, mindestens zehn Meter von mir entfernt, egal wo ich mich hinstelle, und während sich die vordere Tür laut zischend und rumpelnd öffnet, renne ich an der Reihe der Fenster entlang, aus denen mich die Kinder anglotzen, um mich schließlich, jeden Blickkontakt vermeidend, an dem missmutigen Fahrer vorbei ins Innere zu schleichen. Und, wie immer, ist auch heute die einzige freie Bank die Bank direkt hinter dem Fahrer.

An der Schule angekommen, müssen wir uns erst mal nach Klassen sortiert in Zweierreihen auf dem Schulhof aufstellen, um dann angeführt von den jeweiligen Klassenlehrern ins Gebäude zu marschieren. Wir haben eine Klassenlehrerin. Die heißt Frau Müller und ist ziemlich jung, auf jeden Fall jünger als meine Mutter, und hat so eine engagiert positive Ausstrahlung. Das wirkt manchmal ein bisschen übertrieben, aber ich mag sie. Ich mag auch das Gebäude, ein altes, zweistöckiges, schiefergedecktes Haus mit hohen Fenstern und hohen Räumen, die immer von einem süßlichen Geruch nach Plastik und frischer Farbe durchweht werden. In den Fluren und Klassenzimmern hängen bunte Kinderzeichnungen, und vor unserem

Fenster steht ein schöner alter Baum inmitten des mit Straßenlinien und Verkehrszeichen bemalten Schulhofes.

Heute ist Lesen an der Reihe. Horror! Wenn ich laut vorlesen muss, klingt das ungefähr so, als würde mein Bruder versuchen, normal zu sprechen. Keine Ahnung, warum ich das nicht richtig hinkriege. Wo ich doch angeblich einen so großen Wortschatz habe. Das hat zumindest Frau Müller einmal zu meiner Mutter beim Elternsprechtag gesagt. Meine Mutter und ich hatten es nicht rechtzeitig geschafft, weil sie mal wieder arbeiten musste, und so hatten wir Frau Müller gerade noch auf dem Flur erwischt und waren neben ihr hergelaufen. Ob denn alles in Ordnung sei, ob ich irgendwelche Probleme hätte? Schließlich blieb Frau Müller stehen und sagte, dass alles gut sei. Dass ich ein sehr stilles Kind sei, dass ich mich mit dem Lesen und Schreiben schwertäte, dafür aber über einen ungewöhnlich großen Wortschatz verfüge. Ich stand daneben und stellte mir eine Schatztruhe vor, wie bei Sindbad in einer Höhle, und aus dem Innern der Truhe funkelten mir die ungewöhnlichsten Worte entgegen.

Das passiert mir oft. Auch im Unterricht. Denn meistens kann ich mich einfach nicht für das interessieren, was da vorne an der Tafel passiert. Dann gleiten meine Gedanken weiter und schaffen kleine Inseln in meinem Kopf, von denen aus ich in See steche, und meine Aufmerksamkeit wird von immer neuen Kopfinseln beansprucht.

Und schon ist es wieder passiert. Anscheinend geht es in dem heutigen Text um die Igel. So viel habe ich noch mitbekommen. Gleich bin ich an der Reihe. Ich sitze alleine an meinem Pult. In der Bank vor mir quält sich gerade einer der drei Markusse aus meiner Klasse durch den Igeltext. »Man k-ann dem Igel aber auch ein Igel-h-aus bau-en, das mit S-troh und trockenem Laub aus-gelegt wird ...« Schnell die Textstelle suchen. Aber dann bin ich schon dran und habe keine Ahnung, wo wir uns befinden. Und die Aufregung macht es nicht besser, der Text verschwimmt vor meinen Augen, und ich werde rot und verfalle schließlich in Katatonie. Tilt. Wie bei den Flippern in der Kantine, wenn man zu doll an ihnen rüttelt. Nichts geht mehr, ich sitze nur da und starre auf das Arbeitsblatt. Endlich dreht sich der Markus vor mir mit einem demonstrativen Ausatmer um und tippt mit dem Finger auf mein Blatt. Doch trotz der Hilfe brauche ich noch eine Ewigkeit, um die genaue Stelle zu finden, und als ich endlich loslege, begleitet mich das genervte Stöhnen meiner Mitschüler. »W-ä-hr-en-d d-es des W-in-t-er-sch-af-s äh ... Winter-sch-lafs s-in-k-t s-eine K-ör-p-er-Körper-t-em-per-a-t-ur, Körpertemperatur auf ...« Es ist furchtbar.

Jahre später, ich werde schon über 30 sein, legt sich meine Leseschwäche etwas. Doch noch heute muss ich kurz überlegen, um welchen Buchstaben es sich handelt, wenn ich ein einzelnes »b« oder »d« sehe. Das Gleiche mit »q« und »p«. Irgendjemand sagte mir mal, das sei ein Indiz für eine leicht ausgeprägte Legasthenie. Muss wohl so sein, denn auch die Welt der Kommata ist nach wie vor ein fremder, lebensfeindlicher Planet für mich.

Der restliche Schultag schleppt sich dahin wie ein verendendes Tier, und ich kann es kaum abwarten, mehr über unsere neuen Nachbarn in Erfahrung zu bringen. Deshalb bin ich froh, als mich der Bus endlich wieder an der Kasernengrenze ausspuckt. Während er sich, schwarzen Rauch aushustend, langsam davonschleicht, blicke ich voller Spannung über den Wendeplatz zu dem Haus. Der Möbelwagen ist mittlerweile verschwunden und auch von den vier Kindern ist nichts zu sehen.

Während des Mittagessens, in der Kantine, erfahre ich von meinem Vater, dass es nicht vier, sondern fünf Kinder sind und eine alleinerziehende Mutter, der das Haus vom Sozialamt zugewiesen wurde. Außerdem erfahre ich, dass alle Sozialhilfeempfänger asoziale Schmarotzer sind, dass die ja nur so viele Kinder hat, um möglichst viel Geld vom Staat zu kassieren, und überhaupt, dass die ein viel zu fettes Auto fährt und dass jeder, der nicht arbeitet, auch gefälligst zu Fuß gehen kann und noch ein paar andere nützliche Dinge. Mir sind diese neu gewonnenen Erkenntnisse allerdings egal. Fünf Kinder! Da muss mindestens eins dabei sein, mit dem ich gemeinsam die bleischweren Nachmittage niederringen kann.

Die nächsten Tage schleiche ich in sicherem Abstand um das Haus, immer darauf bedacht, unsichtbar für dessen Bewohner zu bleiben und dabei Informationen zu sammeln. Ein Kind ist noch ein Baby, ein weiteres vielleicht drei. Dann gibt es noch zwei ältere Jungs, etwa fünfzehn und siebzehn mit langen Haaren, der eine blond, der andere braun, beide in Lederjacken. Die sehen verwegen und irgendwie cool aus und rauchen ständig. Das einzige Kind in meinem Alter ist ein Mädchen, und die sind ja bekanntlich doof. Na ja, besser als nichts. Die Mutter, Ingrid, wie ich bereits in Erfahrung bringen konnte, der die langen schwarzen Haare immerzu fettig ins Gesicht fallen, sieht ziemlich aufgeschwemmt aus und hat eine tiefe, raue Stimme, von der sie oft und laut Gebrauch macht, meistens um ihre Horde Kinder zur Ordnung zu rufen.

Es dauert zwei Wochen, bis ich endlich den Mut aufbringe, meine Tarnkappe abzulegen, und plötzlich auf dem halb verdorrten Rasenfleck vor dem Haus stehe. Die beiden Jungs hängen vor der offenen Haustür rum, rauchen und beachten mich eine ganze Weile nicht. Weil ich nicht weiß, was nun zu tun ist, stehe ich einfach nur da und blicke scheu zu den beiden rüber. Verzweifelt versuche ich, der Leere in meinem Kopf etwas abzuringen. Irgendetwas, einen Satz oder wenigstens ein Wort, aber es kommt nichts. Als ich mich gerade umdrehen und weglaufen will, erbarmt sich der eine, der blonde, jüngere.

»Was willst du hier?« Er klingt nicht unfreundlich, sondern ehrlich interessiert. Ja, was will ich eigentlich hier? Da mir nichts einfällt, bleibe ich einfach stehen, blicke auf meine Sandalen und zucke mit den Schultern. »Du bist der Sohn vom Wirt, stimmt's?« Das war jetzt der andere. Ich nicke. »Du schleichst schon 'ne ganze Weile hier rum.« Keine Frage, sondern eine Feststellung. So viel zum Thema Unsichtbarkeit. Erneut bringe ich nicht mehr als ein Schulterzucken zustande. Toll. Ich bin ein Meister der Kommunikation, und wahrscheinlich halten die mich für zurückgeblieben oder stumm oder schwachsinnig oder alles zusammen.

»Sehr gesprächig bist du nicht.« Wieder der Blonde, wieder eine Feststellung. Ich merke, wie ich rot werde. Oh Mann, was für ein Scheiß! Zu allem Überfluss taucht auch noch das Mädchen in der offenen Haustür auf. Sie hat eine knallrote Strumpfhose an, darüber ein rosa Kleidchen. Beides gehört dringend in die Wäsche. Während sie an einem Nutellabrot kaut, schaut sie interessiert und irgendwie aufreizend zu mir rüber. Ihr halbes Gesicht ist mit der süßen Schokopaste beschmiert. In meinem Kopf das weiße Rauschen, wie nachts, wenn man den Fernseher einschaltet und nicht mal mehr das Testbild gesendet wird.

Aus der Dunkelheit des Hausflurs nähert sich die Mutter. »He, was lungert ihr hier draußen rum?« Als sie aus dem Schatten tritt und mich verdutzt wahrnimmt, wird es mir zu viel, und ich renne weg. »He, warte! Wie heißt du eigentlich?« Das war einer der Jungs, aber ich renne weiter, renne, bis ich mich wieder in der Sicherheit des Lagers befinde.

In den nächsten Tagen traue ich mich erst mal nicht mehr in die Nähe des Hauses, und die Woche verrinnt bleischwer in der Eintönigkeit des Lagers.

5

Es ist dunkel in meinem Zimmer. Eben noch war meine Mutter hier und hat mich ins Bett gebracht. Das konnte sie, weil heute Sonntag ist. Jetzt knie ich im Schlafanzug neben meinem Bett und bete. Dafür, dass sie gesund bleibt und nicht mehr so viel arbeiten muss, und dafür, dass es mir gelingt, Freundschaft zu schließen, wenigstens mit dem Mädchen. Die heißt Karla, so viel habe ich immerhin schon herausgefunden, denn wir stehen jetzt immer gemeinsam auf dem Wendeplatz und warten auf den Bus. Ich blicke dann verstohlen zu ihr rüber, aber sie ignoriert mich vollkommen. Vielleicht bin ich wirklich unsichtbar geworden, vielleicht hat sie aber auch nur genug mit sich selbst zu tun.

Außerdem bete ich für meinen Bruder, dafür, dass es ihm gut geht in seinem Internat. Das dauert eine Weile, weil ich immer noch ein »Vaterunser« hinterherschiebe, um die Wirkung zu erhöhen. Voller Inbrunst wende ich mich an den lieben Gott und stelle mir vor, dass er mich sieht und erkennt, wie ernst es mir mit meiner Ansprache an ihn ist. Gleichzeitig aber habe ich Angst vor seinem Missfallen, davor, dass er mich bestraft und in der Hölle brennen lässt. Schließlich erhebe ich mich mit schmerzenden Knien und krieche zurück in mein Bett.

Das mache ich nun schon eine ganze Weile so. Angefangen hat es vor ein paar Monaten. Irgendwie bin ich auf die Kinderbibel gestoßen, die, aus welchen Gründen auch immer, bei uns herumlag. Sofort war ich fasziniert von den Geschichten über Adam und Eva, David und Goliath, Jesus und den dazu gehörigen Abbildungen. Einmal saß ich bei meiner bügelnden Mutter in der Küche und fragte sie nach Noah und der Arche. Die Geschichte hatte es mir besonders angetan, wegen der ganzen

Tiere und des riesigen Schiffes, und bei der Vorstellung, dass die ganze Erde unter Wasser stünde, durchlief mich immer ein wohlig gruseliger Schauer. Aber ich fragte mich auch, wie es denn möglich sei, all die Tiere, also von jeder einzelnen Art ein Paar, auf so ein Schiff zu bekommen. Auf das Problem angesprochen, entgegnete meine Mutter, dass man die Geschichten in der Bibel nicht so wörtlich nehmen dürfe, weil es sich eher um Gleichnisse handele, also Bilder für etwas. So als malte ich einen Dinosaurier, und man erkennt, dass es ein Tyrannosaurus sei, aber eben doch nicht das reale Tier.

Am folgenden Tag konfrontierte ich meine Religionslehrerin während des Unterrichts mit meiner neuen Erkenntnis. Frau Sohlberg. Sie steht kurz vor der Rente, ist furchtbar streng, und ich glaube, die Jahre im Schuldienst haben bei ihr einen lodernden Hass auf alle Kinder ausgelöst. In meiner Fantasie verwandelt sie sich häufig in ebenjenen Tyrannosaurus Rex und wütet mit ihren Stummelärmchen durchs Klassenzimmer. Auf die Ungereimtheiten in der Geschichte von Noah und seiner Arche angesprochen, wurde sie sogleich sauer und bestand darauf, dass alles, was in der Bibel stehe, genauso stattgefunden habe und jeder, der etwas anderes behaupte, der ewigen Verdammnis anheimfalle. Ich weiß nicht, was in mich gefahren war, aber ich konnte das einfach nicht so hinnehmen. Vielleicht weil ich es verstehen musste, um glauben zu können. Und so redete ich mich, ganz untypisch, in Rage. Wo denn das ganze Futter gewesen sei, zumal ja ein Teil der Bewohner als Futter für die anderen dienen müsste, die dann aber nicht mehr da seien, weil ja jeweils nur ein Paar geduldet sei, und ob denn die Kängurus aus Australien übers Meer gehüpft seien. Als ich meinen Vortrag beendet hatte, ganz atemlos, und plötzlich merkte, dass jede Bewegung aufgehört hatte und alle mich anstarrten, trat eine große Stille ein, in der mich die Lehrerin mit hochrotem Kopf betrachtete, als sei ich eine nutzlose Küchenschabe.

Nach einer gefühlten Ewigkeit erhob sie sich von ihrem Pult, schritt zur Tafel und schrieb in großen Lettern das Wort »Engel«. Dann drehte sie sich um, zeigte mit der Kreide auf mich und sagte: »Schreib ein B davor, dann weißt du, was du bist!« Zögernd erhob ich mich und ging an den Reihen glotzender Schüler vorbei, die Augen starr auf die Kreide gerichtet. Als ich nach ihr griff, behielt Frau Sohlberg sie fest in ihrer von Altersflecken übersäten Klaue und gab sie erst frei, als ich meinen Blick hob und ihr ins Gesicht schaute. Dann wandte ich mich der Tafel zu. Wieder das weiße Rauschen in meinem Kopf. Ich verstand nicht, was von mir erwartet wurde. Also schrieb ich ein B vor das »Engel«, allerdings nicht direkt davor, da es mir wie ein Frevel vorgekommen wäre, das Schriftbild der Lehrerin zu verändern, sondern mit einem halben Meter Abstand. In der Hoffnung, die Sache sei nun ausgestanden, blickte ich mich fragend nach meiner Peinigerin um.

»Du sollst das B DAVOR schreiben!!!«

Ich begriff einfach nicht, was sie von mir wollte, und schrieb, immer verzweifelter jetzt, ein weiteres B an die Tafel. Etwas näher, aber immer noch nicht so, dass sich das verlangte »Bengel« ergab.

»DAVOR!!! SCHREIB EIN B DAVOR!!!« Der Panik nahe, begann ich, weitere Bs zu schreiben. Darunter, darüber und ein paar sogar hinter das Wort, bis sie schließlich meine Hand packte und mir fast die Finger brach, als sie den Buchstaben an die richtige Stelle malte.

»Bengel ... das bist du! Ein BENGEL!!!« Schwer atmend zerrte sie mich am Arm zur Tür und stieß mich aus dem Klassenzimmer. Ein lautes Türenknallen überantwortete mich der Stille und der Einsamkeit des Schulflures. Dort stand ich bis zur Pausenglocke und versuchte zu begreifen, was ich falsch gemacht hatte.

Seltsamerweise löste ebendieser Vorfall in meinem verwirrten Kindergehirn jene religiöse Hingabe aus, die mich dazu brachte, jeden Abend, nachdem das Licht gelöscht wurde, aus meinem Bett zu kriechen und kniend zu beten. Wahrscheinlich war es die Angst vor dem Fegefeuer, die mich in die Arme der Katholikensekte getrieben hatte. Lange angehalten hat diese Verblendung glücklicherweise nicht, und noch heute bin ich der festen Überzeugung, dass die Welt ohne diesen ganzen monotheistischen Unsinn ein besserer Ort wäre.

Geholfen haben meine Gebete indes nicht. Weder hat meine Mutter weniger gearbeitet, noch habe ich Karla jemals kennengelernt. Zwei Wochen nach unserer ersten unglücklichen Begegnung fiel der erste Schnee, was den beiden Jungs zum Verhängnis wurde. In einer Nacht von Samstag auf Sonntag brach jemand in die Kantine ein und plünderte die Spielautomaten. Zwei Spuren führten von dem aufgebrochenen Fenster durch den Neuschnee direkt zu dem Haus der Familie. Oh Mann, wie doof kann man sein? Mein Vater, dem die Spuren aufgefallen waren, rief die Polizei, und die Beamten fanden eine Menge Kleingeld bei den beiden Jungs. Eine weitere Woche später war die Familie wieder ausgezogen und wer weiß wohin.

6

Meine Eltern sind mit den Bremers, einem hohen Tier bei der Bundeswehr und seiner Frau, befreundet. Die haben einen Sohn. Der ist in meinem Alter und heißt Rüdiger. Manchmal treffen sie sich zum Doppelkopf. Mal bei uns, mal bei denen.

Aber das kommt selten vor, weil meine Eltern oder besser gesagt meine Mutter fast immer arbeiten muss. Heute ist es mal wieder so weit. Die Frau ist eine zänkische Giftspritze mit kurzen schwarzen Haaren und unglaublichen Basedow-Glubschaugen. Wenn die zu viel intus hat, wird sie unerträglich, dann quellen ihre Augen noch weiter aus den Höhlen, so weit, dass man Angst bekommt, sie könnten gleich mit einem leisen Plopp aus ihrem Kopf springen und über den Tisch kullern. Sie fängt dann an zu berlinern, weil sie das irgendwie chic findet, und dabei war sie erst einmal in Berlin. Es ist Sonntagnachmittag, und Rüdiger ist auch dabei. Er ist ein furchtbarer Angeber, der mir ständig erzählt, wie viele tolle Freunde er hat, dass er überhaupt der Beliebteste in seiner Klasse ist, dass er der Beste im Sport ist und natürlich nächstes Jahr aufs Gymnasium gehen wird. Später will er sich bei der Bundeswehr verpflichten und Kampfpilot werden.

Während unsere Eltern zusammen im Wohnzimmer sitzen und sich schon mal in Stimmung saufen, gehen Rüdiger und ich raus und streifen durch das Lager. Nicht weit von unserem Haus befindet sich ein von Maschendraht umzäuntes Gelände, auf dem es viele interessante Dinge zu entdecken gibt. Rüdiger und ich kriechen an einer durch eine niedrige Tannenhecke geschützten Stelle unter dem Zaun hindurch und blicken, nachdem wir uns den Staub abgeklopft haben, über das weitläufige Areal. Hier gibt es einen Reifenberg, einen alten Unimog und ein paar Lagerschuppen. Außerdem einen Haufen sogenannter Spanischer Reiter. Das ist ein spezieller Stacheldraht, von dem es heißt, dass man nicht mehr aus eigener Kraft herauskommt und die rasiermesserscharfen Spitzen einen so lange aufschlitzen, bis man schließlich verblutet, wenn man sich darin verfängt. Mich überläuft jedes Mal ein Schauer, sobald ich auf diesen tödlichen Haufen blicke. Rüdiger sagt, das sei alles Quatsch, man müsse nur über die richtige Technik und die richtige Kleidung verfügen, dann sei dieser Draht vollkommen harmlos. Typisch.

Nachdem wir eine Weile über die Reifen geklettert sind, im Inneren des Unimogs alle Tasten gedrückt und alle Hebel gezogen haben, schauen wir in einen der Lagerschuppen. Die morsche Holztür knarzt ganz fürchterlich in ihren Angeln, und von drinnen weht uns ein feuchter, modriger Geruch entgegen. Nachdem sich unsere Augen an die Dunkelheit gewöhnt haben, erkennen wir an der linken Wand eine Reihe von übereinandergeschichteten Abflussrohren. Der Stapel ist bestimmt vier Meter lang und zwei Meter hoch. Plötzlich hat Rüdiger eine Eisenstange in der Hand, die er aus irgendeiner Ecke gezogen hat, und schiebt sie nun ziemlich weit unten in eines der Keramikrohre. Dann klettert er auf die Stange und beginnt zu hüpfen. Aha, denke ich und mache mit. Die Hebelgesetze treten in Kraft, und die gesamte Rohrwand kippt, wie in Zeitlupe erst, dann immer schneller, bis die Rohre schließlich wild durcheinanderfallen und uns beinahe unter sich begraben. Wir kommen mit dem Schrecken davon, aber ein paar der Keramikteile hatten nicht so viel Glück und sind bei dem Aufprall zerbrochen. Mein Herz schlägt bis zum Hals, als wir zurück zu unserem Haus flitzen, wo ich den Rest des Tages damit verbringe, mir in meinem Zimmer Rüdigers Prahlereien anzuhören und den immer lauteren und giftigeren Stimmen aus dem Wohnzimmer zu lauschen.

Ein paar Tage später taucht während der Mittagspause eine Ordonnanz im Blaumann bei uns auf und redet in der Küche mit meiner Mutter. Ich kann mir denken, worum es geht, und verkrieche mich in meinem Zimmer. Nachdem der Mann gegangen ist, ruft mich meine Mutter zu sich. Am Küchentisch sitzen wir uns gegenüber, sie ganz Verzweiflung, ich voller Gewissensbisse. In einem der Schuppen nebenan sei es zu einem erheblichen Sachschaden gekommen, ob ich etwas darüber wisse. Nach kurzem Zögern verneine ich. Wir blicken uns eine Weile stumm an. Sie weiß, dass ich lüge. Und ich weiß, dass sie das weiß. Und sie weiß, dass ich weiß, dass sie weiß, dass ich lüge. Damit ist die Sache geklärt. Sie nickt kurz, steht auf und macht sich wieder ans Bügeln. Ich bleibe sitzen.

7

Es ist Winter. Mein Vater hat meine Schwester und mich mitsamt unseren Skiern, Stöcken und Skischuhen ins Auto geladen und fährt mit uns zum nahe gelegenen Skilift. In den 70ern gab es in unserem Mittelgebirge noch richtige Winter, also mit viel Schnee und viel Kalt und allem. Fast jedes Dorf hatte seinen eigenen Skilift. Heute gibt es keine Lifte mehr im Westerwald, weil der Schnee selten länger als eine Woche liegen bleibt.

Wir sitzen also im Mercedes meines Vaters. Meine Schwester vorne und ich auf der Rückbank. Solange ich denken kann, fährt mein Vater Mercedes. Der frische Pulverschnee liegt fast einen Meter hoch, und die Straßen sind mit einer festgefahrenen Schneedecke überzogen. Anstatt durch Streusalz alles in braunen Matsch zu verwandeln, wie es später üblich sein wird, setzt man zu dieser Zeit noch auf tonnenweise Rollsplitt. Freudig erregt und schwitzend in meinem Skianzug stecke ich den Kopf zwischen den Vordersitzen hindurch und blicke zu meinem Vater auf, der, ganz Entertainer jetzt, ein paar waghalsige Fahrmanöver vollführt. Durch beinahe jede Kurve driften wir viel zu schnell und mit angezogener Handbremse, und jedes Mal gibt mein Vater vor, nun endgültig die Kontrolle über das

Fahrzeug verloren zu haben, um dann doch noch im letzten Moment die Kurve zu kriegen. Meine Schwester hat beide Hände fest gegen das Armaturenbrett gestemmt und bringt ab und zu ein gequältes »Oh Papa!« hervor, doch ich weiß, dass auch sie großen Spaß hat. Der Winter ist meine Lieblingsjahreszeit.

Als ich fünf war, sind wir hierhergezogen, und seitdem laufe ich Ski und bin im Skiverein. Gemeinsam mit meinem Vater und meiner Schwester. Mein Vater ist zudem noch im Tennisverein, im Reitverein und teilt sich außerdem eine einmotorige Cessna mit zwei Freunden. Er besitzt ein Pferd und meine Schwester sogar zwei. Mir ist schleierhaft, wozu man zwei Pferde braucht, es sei denn, man arbeitet im Zirkus. Meine Mutter liest Konsalik, das muss reichen. Es ist nicht so, dass mein Vater ihr verbietet, sich ein Hobby zu suchen oder sich sportlich zu betätigen. Es ist vielmehr so, dass jede Form von Freizeitbeschäftigung dem innersten Wesen meiner Mutter widerspricht. Wie schon erwähnt, ist sie auf einem Bauernhof groß geworden und hat von Kindesbeinen an gelernt, dass das Leben aus Arbeit, Entbehrung und noch mehr Arbeit besteht.

Man könnte jetzt meinen, dass es selten zwei Menschen gab, die so schlecht zusammenpassten wie meine Mutter und mein Vater. Ich glaube jedoch, dass sie eine perfekte, wenn auch toxische Symbiose gebildet haben. So als würde man aus völlig verschiedenen Zutaten ein hochkomplexes Gift mischen. Perfekt, aber eben auch höchst ungesund. Irgendwie machten sie sich gegenseitig erst möglich.

Rums, da ist es passiert. Mein Vater hat einmal zu viel die Handbremse gezogen, um schlingernd eine Kurve zu nehmen, und schon stecken wir mit dem Heck des Daimlers in einer Schneeverwehung fest. Während wir einen Augenblick reglos sitzen bleiben, passt sich die Stimmung im Inneren des Autos der Eiseskälte draußen an. Jetzt bloß nichts sagen. Meine Schwester sieht das offensichtlich genauso, denn auch sie sitzt wie zu Eis erstarrt da und wagt es nicht, meinen Vater auch nur anzublicken. Der fängt laut an zu fluchen, prügelt den ersten Gang rein und gibt Vollgas. Der Wagen ruckelt kurz und gräbt sich dann nur noch tiefer in den Schnee. Rückwärtsgang. Das gleiche Spiel. Vorwärts, rückwärts, vorwärts, rückwärts. Ohne Erfolg. Wir sitzen fest. Wieder kehrt kurz bewegungslose Stille ein, bis mein Vater schließlich aussteigt, um den Schlamassel genauer in Augenschein zu nehmen. Zögerlich folgen wir ihm ins Freie, wobei meine Schwester die Beifahrertür aus Versehen gegen eine Schneeverwehung knallt und sich ein ungehaltenes »Pass doch auf!« von meinem Vater einfängt.

Zum Glück scheint das Auto heil geblieben zu sein, aber der rechte Hinterreifen hat sich tief in den Schnee eingegraben. Weiter vor sich hin fluchend läuft mein Vater zurück zur Fahrertür und zieht eine Fußmatte hervor. Die quetscht er unter den Reifen und öffnet anschließend den Kofferraum. Meine Schwester und ich wissen, was zu tun ist, und setzen uns auf die Ladekante, um dem Wagen hinten mehr Gewicht zu verleihen. Im Winter hat der Daimler mit seinem Hinterradantrieb einen großen Nachteil. Dadurch, dass der Motor vorne sitzt, kann der Wagen schnell im Schnee stecken bleiben. Im Gegensatz zu unserem Verkaufsbulli. Bei dem sitzt der Motor direkt auf der Antriebsachse, und deshalb kommt man mit ihm fast überall durch. Während der Winterferien bindet mein Vater an manchen Sonntagen unsere Schlitten hintereinander an die Anhängerkupplung des Bullis und zieht uns über die verschneiten Schotterwege des Schießgeländes. Weil ich am leichtesten bin, sitze ich immer auf dem letzten Schlitten, dann kommt meine Schwester und ganz vorne mein Bruder. Fest eingemummelt mit Schal, Mütze, Handschuhen und Skibrillen klammern wir uns an unsere Schlitten, während uns der vom Bulli aufgewühlte Schnee umweht. In den Kurven muss ich jedes Mal höllisch aufpassen, dass es mich nicht von der Straße schleudert, aber wir alle haben einen Heidenspaß. Nur meiner Mutter gefällt das nicht so gut. Ich glaube, die hält das Ganze für zu gefährlich, ist aber andererseits froh, dass mein Vater überhaupt mal etwas mit uns unternimmt.

Der Trick mit der Fußmatte und uns als lebenden Gewichten funktioniert, und wir schaffen es schließlich, den Wagen zurück auf die Straße zu bringen. Ich berge die Fußmatte, während meine Schwester die Kofferraumklappe zuknallt, und schon geht es weiter. Die Laune meines Vaters hat sich schlagartig gebessert, aber die waghalsigen Fahrmanöver lässt er erst einmal bleiben. Gleich werden wir am Skilift ankommen. Der hat seit ein paar Tagen geöffnet, und heute findet das Eröffnungsfest in der kleinen Skihütte statt, die auf der Spitze des Idiotenhügels steht, auf dem wir ab sofort zweimal pro Woche Slalom und Riesenslalom trainieren. In den Ferien manchmal sogar täglich. Der Skiverein ist wie ein Paralleluniversum zu meinem Restleben. Hier habe ich sogar so etwas wie Freunde, außerdem bin ich im Skifahren richtig gut. Am Ende der Skisaison gibt es immer ein Abschlussrennen, bei dem ich jedes Mal den ersten Platz in meiner Altersgruppe hole.

Was ich so erstaunlich finde, dass ich meinen Vater ernsthaft verdächtige, irgendjemandem Geld zu geben, um das Ergebnis zu manipulieren. In der Schule bin ich im Sport nämlich eine absolute Niete. Bei den Bundesjugendspielen reicht es nicht einmal für eine Siegerurkunde. Ich kann weder schnell laufen, noch weit springen, und beim Weitwurf sind die meisten Mädchen aus meiner Klasse besser als ich. Wenn wir Völkerball spielen, bestimmt der Sportlehrer immer zwei Mannschaftskapitäne. Das sind die Sportasse und natürlich immer Jungs.

Die müssen dann erst mal »Pisspott« spielen, um zu entscheiden, wer den ersten Spieler für seine Mannschaft auswählen darf. Beim Pisspott stehen sich die beiden mit ein paar Metern Abstand gegenüber. Dann setzen sie abwechselnd mit den Worten »Piss« bzw. »Pott« einen Fuß vor den anderen, bis sie direkt voreinander stehen. Derjenige, dessen Fuß am Ende nicht mehr in die Reihe passt, hat verloren, und der andere darf zuerst wählen. Was dann folgt, ist furchtbar demütigend, denn ich bin immer der Letzte, der gewählt wird. Also nicht der Vorletzte oder der letzte Junge, nein, der Allerletzte. Selbst die dicke Anja Pflüger, genannt »Stinkmaschine«, darf vor mir träge zu einer der beiden Mannschaften traben.

Endlich sind wir da. Eine schmale Straße führt durch einen dichten Fichtenwald bis auf die Spitze des Salzburger Kopfes, der dritthöchsten Erhebung des Westerwaldes. Hier, umgeben von alten, dunklen Fichten, steht die Skihütte. Ein dunkel gebeiztes Blockhaus, das nur aus Schankraum besteht. Und während mein Vater schon mal reingeht, ziehen meine Schwester und ich hektisch unsere Skischuhe an, um sogleich in die Skier zu springen und rüber zum Ausstieg des kleinen Schleppliftes zu gleiten. Am Anfang der kurzen Piste hat das Training bereits begonnen. Nacheinander starten die Mitglieder unserer Vereinsmannschaft durch den Slalomparcours, den Mirco, unser Trainer, dort gesteckt hat. Der ist gerade mal 18, aber sehr ernst und gewissenhaft in seinen Bemühungen, uns die Feinheiten des Skirennlaufs beizubringen. Außerdem ist er ziemlich nett, und ich glaube, meine Schwester findet ihn ein bisschen gut. Dunja und Matthias, die beiden Kinder in meinem Alter, sind auch schon da. Dunja kann mir gerade noch zuwinken, bevor sie sich in den Parcours stürzt. Ein warmes Gefühl macht sich in meinem Bauch breit. Man kann nicht sagen, dass wir echte Freunde sind, da sich unser Kontakt ausschließlich auf die paar

Trainingsstunden während der Wintermonate beschränkt und wir uns im Sommer überhaupt nicht sehen, aber immerhin.

Schon bin ich an der Reihe und fliege durch die Tore aus roten und blauen Plastikstangen, angefeuert von Mirco, und mein Herz singt. Während ich unten in der Liftschlange stehe, tausche ich mich kurz und knapp mit Dunja und Matthias darüber aus, wie unser Sommer gewesen war und ob es irgendwelche Neuigkeiten gibt. Nein, schön, alles beim Alten. Und wieder den Berg rauf und wieder runter und zwischendurch kurze Korrekturen von Mirco, bis das Training viel zu schnell vorbei ist und wir abgekämpft mit unseren schweren Skischuhen in die Skihütte wanken.

Drinnen ist es wie in einer Höhle. Feucht und dunkel, die Luft ist dick vom Rauch und Schweiß der Erwachsenen, die hier schon seit einiger Zeit den Beginn der Skisaison mit Kippen und viel Alkohol feiern. Aus den Lautsprechern plärrt Helga Feddersen: »Gib mir bitte einen Kuss, gib mir bitte einen Kuss und sag doch duhuhu zu mir ...« Ich erspähe meinen Vater. Der steht hinten in einer Ecke an einem Stehtisch neben dem Tresen. Ihm gegenüber eine Frau. Marianne, glaube ich. Die steht da in weißem Skioverall, mit rot gemalten Lippen und beugt sich so weit über den Tisch, dass ihre blond gefärbten Haare fast das Gesicht meines Vaters streifen. Der hat so einen Blick, wie mit Messern, und sie lacht und wirft den Kopf zurück. Ich stehe da und beobachte die beiden, bis Dunja mich anstößt.

»Ich hol mir'n Knacker, kommste mit?« Klar, aber ich muss mir erst Geld von meinem Vater holen. Also stampfe ich schwerfällig in meinen Skischuhen rüber und bleibe zwischen den beiden stehen. Ich reiche kaum bis an die Tischkante und blicke hoch zu meinem Vater, der sich gerade einen Kurzen genehmigt. Inzwischen hat Frank Zander die Feddersen im

Partymedley abgelöst: »Ja, wenn wir alle Englein wääären … dann wär die Welt nur halb so schööön …« Marianne bemerkt mich als Erste und stürzt sich wie eine Furie auf mich. »Ja, wen haben wir denn da!!!???« Sie beugt sich runter zu mir und wuschelt durch mein verschwitztes Haar. Ihr Atem ist Sprit und Rauch, der sich mit ihrem süßlichen Parfüm vermischt, und es fällt ihr sichtlich schwer, meinen Blick zu halten. »Ist das nicht dein Kleinster?« Mein Vater hat das Schnapsglas inzwischen lautstark auf den Tisch geknallt und legt mir seine Pranke auf die Schulter. »Jawoll, der heißt René …«

»Darf ich 'n Knacker?«

»Klar, lass den auf meinen Deckel schreiben.«

»Okay, danke.« Schon stapfe ich in Richtung Tresen und höre noch, wie sie kreischt: »Och, ist der süß!«

In der Hütte wird es immer enger. Ich kämpfe mich mit meinem Knacker in die hinterste Ecke, wo sich Dunja und Matthias gemeinsam mit ein paar Erwachsenen an einen Tisch gequetscht haben. Als sie mich kommen sehen, machen sie, so gut es geht, Platz, sodass eine winzige Ecke der Bank für mich frei wird. Mit roten Köpfen und durch die plötzliche Hitze laufenden Nasen kauen wir zufrieden unsere Würstchen und betrachten das Gedränge um uns. Am Nachbartisch sitzt meine Schwester gemeinsam mit Rike Kleber. Die ist in ihrem Alter und die älteste Tochter von einem unserer Skilehrer. Sie hat dunkles, lockiges Haar und so einen asiatischen Zug um die Augen. Die beiden stecken die Köpfe zusammen und blicken immer wieder kichernd in Richtung des Tresens, wo sich unser Trainer Mirco neben Hans, Rikes Vater, aufgestellt hat. Gleich folgt die alljährliche Begrüßung. Hans nickt dem Wirt zu, einem haarigen, dicken Typen, den alle Willi nennen, woraufhin der sich zur Anlage umdreht und dafür sorgt, dass kein Pferd mehr auf dem Flur steht. Durch die eintretende Stille verstummen nach und nach auch die Gespräche. Die letzten Schwatzköpfe bringt Mirco durch einen lauten Zweifingerpfiff zum Schweigen. Cool.

Hans wartet noch einen Augenblick, bis er sich der Aufmerksamkeit aller Anwesenden sicher ist, und beginnt mit seiner Begrüßungsrede. Er ist so ein kerniger Clint-Eastwood-Typ, ein Macher, einer, der sofort jeden Raum beherrscht, den er betritt. Außerdem ist er ein guter Freund meines Vaters. Das passt. Einmal sind wir gemeinsam in den Skiurlaub gefahren, und er und mein Vater haben sich ein kleines Rennen auf einer österreichischen Bundesstraße geliefert, als plötzlich ein drittes Auto an uns vorbeizog und in seiner Heckscheibe ein »Bitte folgen« aufleuchten ließ. Als wir schließlich auf dem Seitenstreifen zum Stehen gekommen waren und die beiden Polizisten in Zivil auf unser Auto zusteuerten, war Hans bereits aus seinem 7er-BMW gesprungen und fing an, lautstark auf die beiden einzureden. Ob die denn nicht wüssten, wen sie vor sich hätten, dass er diesen und jenen kennen würde und dass sie sich bald einen neuen Job suchen könnten.

Anfangs haben die Beamten noch tapfer dagegengehalten, aber nach und nach wurden sie immer kleinlauter, bis sie sich schließlich leise entschuldigten, den Blick gesenkt wie zwei Schuljungen, und uns noch eine gute Weiterfahrt wünschten. Mitte der 70er war so was noch möglich, da steckte die Obrigkeitshörigkeit noch tief in den Knochen. Insbesondere bei Leuten, denen kurz nach dem Krieg nichts Besseres einfiel, als sofort wieder in eine Uniform zu schlüpfen.

Die Ansprache ist wie jedes Jahr eine Beweihräucherung des Vereins, durchzogen von zotigen Witzen, diversen Trinksprüchen, und am Ende gibt's noch ein dreifaches »Ski Heil!«.

Irgendwann taucht meine Mutter auf. Sie wirkt abgehetzt und grau in all der bierseligen Fröhlichkeit und blickt sich suchend in der dunklen Hütte um. Mein Vater steht mittlerweile gemeinsam mit Hans und Marianne und noch ein paar anderen am Tresen und schmettert »Oh du schöner Westerwald«. Als meine Mutter vor ihm steht, nimmt er sie in den Arm und schmatzt ihr einen feuchten Kuss auf die Wange. Sie blickt sich weiter um, und als sie uns schließlich entdeckt hat, lädt sie meine Schwester und mich mitsamt der Skier und Stöcke in ihren Polo. Meine Schwester wäre gerne noch länger geblieben und protestiert ein bisschen, aber es hilft nichts. Bei meinem Vater wird es bestimmt wieder spät, er wird sturzbesoffen nach Hause fahren, und deshalb kommt es überhaupt nicht infrage, dass sie bei ihm mitfährt.

8

Es ist kalt. Es ist so bitterkalt, dass meine Zähne unkontrolliert aufeinanderschlagen. Ich stehe neben der kleinen Wurzelhütte und stapfe im Schnee herum. Trotzdem haben sich meine Füße in Eisklötze verwandelt, und ich spüre meine Zehen nicht mehr. Die Wurzelhütte habe ich im Sommer gebaut, und ich denke wehmütig an den heißen Tag zurück, als ich im Schatten der Schutzhecke abgebrochene Äste über den Wurzelbalg einer umgefallenen Fichte und der davor entstandenen Mulde gelegt habe. Angenehm warm war es da, und der Geruch von feuchter Erde, Fichtennadeln und modrigen Pilzen lag in der Luft. Die Schutzhecke ist ein schmaler Streifen Fichtenwald, der auf dem Kamm eines Hügels gepflanzt wurde, um den stetig blasenden Wind des Westerwaldes zu zähmen.

Heute kann ich den Wald nicht riechen, weil die Kälte meine Nase betäubt hat, und ich wünschte, die Bäume würden wenigstens ein paar Strahlen der gleißenden Nachmittagssonne durchlassen. Lange halte ich das nicht mehr aus. Und überhaupt: Was habe ich mir nur dabei gedacht?

Alles fing damit an, dass mein Bruder mir eines Abends vorm Schlafengehen erzählte, dass man vom Rauchen Krebs bekommt. Er lag im Doppelstockbett über mir und berichtete stotternd vom qualvollen Tod, den alle Raucher früher oder später unweigerlich erleiden würden. Ich hatte keine Vorstellung davon, was das ist. Krebs. Und so entstand in meinem Kopf das Bild von Hunderten kleinen Krebsen, die den Körper meiner Mutter bewohnen und diesen nach und nach von innen auffressen. Seitdem beobachtete ich sie ängstlich, immer auf der Suche nach verräterischen Zeichen für die Anwesenheit der kleinen Biester.

Den Höhepunkt der Angst erlebte ich, als ich eines Nachmittags mal wieder gelangweilt durch unser vereinsamtes Haus streifte, im Schlafzimmer meiner Eltern ein Buch mit dem Titel »Im Wendekreis des Krebses« entdeckte und daraus schloss, dass es nun wohl so weit sei und der qualvolle Tod meiner Mutter unmittelbar bevorstehe. Voller Verzweiflung machte ich mich auf den Weg in die Kantine, um meine Mutter mit meiner Entdeckung zu konfrontieren. Dann stand ich im Schankraum, ganz Rotz und Wasser, und blickte auf meine todgeweihte Mutter. Und sie? Sah mein Elend, packte mich und ließ die verdutzte Horde Grüner, die sich gerade vor dem Tresen drängelte, einfach stehen, um mich in die Abgeschiedenheit des Warenlagers zu führen. Dort, zwischen all den Süßigkeiten, kniete sie vor mir und versuchte, sich einen Reim auf die Geschichte von Krebsen, einem Buch von Henry Miller und dem vermaledeiten Rauchen zu machen.

Als sie endlich mein Problem begriff, drückte sie mich ganz fest. Sie hatte jetzt selbst angefangen zu weinen und versicherte mir, dass keine Krebse in ihr wohnten und dass alles in Ordnung sei. So einfach ließ ich sie jedoch nicht davonkommen und flehte sie an, doch mit dem Rauchen aufzuhören. Schließlich trafen wir eine Abmachung. Bald sei ja mein zehnter Geburtstag, und sie versprach mir an diesem Tag aufzuhören, wenn ich meinerseits mit dem Daumenlutschen aufhören würde. Per Handschlag besiegelten wir unser Abkommen, und so beruhigte ich mich langsam wieder und kehrte in die Einsamkeit unserer Wohnbaracke zurück.

Das war im Mai. Am 1. Juni 1980, meinem zehnten Geburtstag, hörte ich dann schlagartig auf, am Daumen zu lutschen. Nicht mal heimlich, nachts im Bett, brach ich unsere Abmachung. Meine Mutter rauchte jedoch weiter. Kette. Und die Angst um sie ist zurückgekehrt.

Jetzt ist November, ein klirrend kalter Sonntag, meine Eltern sind am Vormittag gemeinsam aufgebrochen, um irgendetwas zu unternehmen, und ich hatte die glorreiche Idee, zu härteren Mitteln zu greifen. Ich nahm ein Blatt Papier und schrieb: »Ich komme erst wieder, wenn ihr aufhört zu rauchen!« Grafisch unterstützte ich das Ganze durch die Zeichnung einer durchgestrichenen Zigarette.

Das war vor ungefähr fünf Stunden, und seitdem stapfe ich neben meiner Wurzelhütte durch den Schnee und beginne mich zu fragen, ob das wirklich eine gute Idee war. Mittlerweile heule ich vor lauter Kälte und weiß, dass ich nicht mehr lange durchhalten werde. Als sich dann auch noch die Sonne blutrot am Horizont verabschiedet, gebe ich mich geschlagen und trete schluchzend den Heimweg an. Zu Hause angekommen, stehe ich zitternd und schon ganz blau vor meiner Mutter, die mich ins Haus trägt und sofort beginnt, mich aus den Schichten tiefgefrorener Kleidung zu schälen, um mich sogleich heiß abzuduschen. Meine Eltern sind gerade erst nach

Hause gekommen, und nachdem meine Mutter meinen Zettel gefunden hatte, wollte sie sich schon auf den Weg machen, um mich zu suchen, als ich plötzlich vor der Tür stand.

Sie raucht übrigens noch heute, wenn auch nicht mehr Kette. Der Lungenkrebs hat sie bis jetzt verschont und sich stattdessen meinen Bruder geholt. Welch scheußliche Ironie. Hat er doch in seinem ganzen Leben nicht eine Zigarette geraucht.

9

Der Himmel ist grau verhangen. Gerade bin ich aus der Schule gekommen, schlendere die große Straße entlang durch das verschneite Lager und lasse dabei meinen Schulranzen durch die klirrende Kälte kreisen. Große Straße nenne ich sie, weil sie so etwas wie die Hauptstraße ist, die von einem Schlagbaum schnurgerade quer durch die Kaserne zum anderen Schlagbaum führt. Heute herrscht reger Betrieb. Die Grünen machen sich aufbruchsfertig, denn sie werden für eine Woche ins Feld ziehen, wo sie mal wieder zelten und rumballern üben. Im Winter! Meine Mutter meint, das heißt Biwak, und nennt die Grünen »arme Schweine«. Und so stehen Truppen-Lkws dicht an dicht am Straßenrand und warten auf ihre menschliche Fracht. Sehr gemütlich sehen die nicht aus. Jeweils zwei gegenüberliegende Holzbänke sind auf die Metallpritschen geschraubt. Darüber spannt sich eine olivgrüne Plane.

Plötzlich sehe ich, dass an einem Lkw das Kabel, welches normalerweise kreuzförmig durch zwei Reihen Metallhaken gezogen wird, um die Planen zu verschließen, lose nach unten in den Schnee baumelt. Mein Schulranzen hört auf zu kreisen, ich bleibe stehen und betrachte das plastikummantelte Stahlkabel eine Weile. Für die Grünen, die geschäftig zwischen den Fahrzeugen und ihren Unterkünften hin- und hermarschieren, bin ich mal wieder unsichtbar. Schließlich gehe ich hin und wickle das lose Ende um die Nabe des Rades darunter und stelle mir vor, wie es sich weiter aufwickelt, sobald der Lkw losfährt und so das ganze Gestänge mitsamt der Plane runterreißt. Keine Ahnung, warum ich das tue. Eigentlich will ich nichts kaputt machen, aber die Vorstellung, wie das eine zum anderen führt, reizt mich irgendwie.

»He! Was machst du da?!«

Starr vor Schreck bleibe ich, in der irrigen Hoffnung, nicht gemeint zu sein, vor dem Rad hocken. Doch schon stapfen hinter mir schwere Schritte heran.

»Hey, kommt mal hier rüber, schaut euch das mal an!« Mindestens zwei weitere Paar Stiefel nähern sich knirschend über den Rollsplitt. Als ich mich schließlich mit bis zum Hals klopfendem Herzen umdrehe, stehen da vier Grüne im Halbkreis vor mir. Einer hat ein rotes Käppchen auf dem Kopf. Ich weiß nicht, was das bedeutet, aber anscheinend hat er in der kleinen Gruppe das Sagen. Er packt mich am Arm und zieht mich hoch. Sein Gesicht ist jetzt ganz dicht an meinem, ich kann trotz der Kälte sein Aftershave riechen und sehe, dass er sich am Kinn geschnitten hat. Ein winziges Stückchen Klopapier klebt auf dem Schnitt und hat sich mit Blut voll gesaugt. Das Blut ist längst getrocknet, und ich muss gegen den Impuls ankämpfen, ihm das olle Ding aus dem Gesicht zu wischen.

»Was hast du dir dabei gedacht?!«

Ja, was eigentlich? Nix habe ich mir dabei gedacht, aber das kann ich ihm ja schlecht sagen, also bleibe ich stumm.

»Hä?! HÄ?!!« Bei jedem ›Hä‹ schüttelt er mich ein bisschen, so als wollte er die Antwort aus mir herausschütteln. Nachdem das nicht fruchtet, lässt er von mir ab und blickt sich hilfesuchend zu seinen Kameraden um. Die stehen nur da und glotzen. Dann Rotkäppchen wieder zu mir: »Wie heißt du?«

»René.«

»Wo sind deine Eltern?«

»Kantine.« Ich zeige in die Richtung.

»Na, dann komm mal mit ... Und ihr: Weitermachen!« Erneut greift er meinen Oberarm und zieht mich hinter sich her, sodass mein Arm in einem unnatürlichen Winkel nach oben ragt, was ziemlich wehtut. Außerdem kann ich kaum Schritt halten. Aber ich bin viel zu eingeschüchtert, um zu protestieren, und spüre, wie sich ein Kloß in meinem Hals bildet und ich zu schniefen anfange. Oh nein, jetzt bloß nicht heulen! Endlich sind wir am Hintereingang der Kantine angekommen. Als wir oben auf dem Absatz der kurzen Betontreppe stehen, öffnet er die Tür und schiebt mich vor sich in den Flur. Mein Vater ist wahrscheinlich in seinem Büro, aber ich möchte lieber zu meiner Mutter, also biege ich rechts ab, in Richtung Großküche.

Als wir in der Tür stehen, zeigt sich uns ein seltsames Bild. Die dicke Frau Kohl hat eine zierliche, schluchzende Frau in Kittelschürze im Arm und streicht ihr tröstend über das braune Haar. Daneben Frau Hase, die Fäuste in die Seiten gestemmt und halb bedauernd, halb entrüstet den Kopf schüttelnd. Es dauert eine Weile, bis ich begreife, dass die weinende Frau meine Mutter ist. Ich verstehe die Welt nicht mehr. Hat ihr schon jemand von meinem Vergehen berichtet? Doch wie ist das möglich? Fragend blicke ich mich zu Rotkäppchen um. Aber der hat eine betretene Miene aufgesetzt und weiß auch nicht mehr weiter.

Plötzlich ertönt ein schrilles Lachen. Wir blicken gleichzeitig in Richtung des Büros meines Vaters, aus dem gerade eine blondierte Frau rückwärts und mit ausgestreckten Armen taumelt. Es ist Marianne, glaube ich. Sie trägt ein kurzes, schwarzes Lederjäckchen mit Schulterpolstern über einem weißen, flauschigen Wollpulli. Dazu eine knallenge Jeans mit seltsamen Goldapplikationen. Anscheinend spürt sie unseren Blick, denn sie schaut nun zu uns herüber. Lachend erst, doch als sie mich entdeckt, endet das Lachen abrupt, und für einen winzigen Augenblick gleitet Scham wie ein Schatten über ihr stark bemaltes Gesicht. Dieser Ausdruck verschwindet jedoch so schnell, wie er gekommen ist, sie reckt ihr Kinn, und das Schuldbewusstsein macht Platz für Trotz, ja vielleicht Triumph, um dann in Ärger überzugehen. Von »Och ist der süß« ist nichts mehr übrig, und sie stapft mit hoch erhobenem Kopf in Richtung Ausgang. Als sie gerade um die Ecke biegt, kommt mein Vater aus dem Büro und schaut sich suchend um.

»Marianne?!« Also tatsächlich Marianne. Auch er entdeckt mich jetzt. Dann Rotkäppchen. Er hält kurz inne, schaut noch zweimal zwischen uns hin und her, und ich sehe, wie sich langsam eine Frage in ihm formt, als es von der Tür flötet: »Kommst du?« Er überwindet seine Neugier, beschließt stattdessen, mich zu ignorieren, und hastet, ein Reiseköfferchen hinter sich herziehend, zum Ausgang. Eine Weile noch blicken der Grüne und ich in den leeren Flur, und plötzlich bin ich froh, dass er da ist. Er hat mir tröstend eine Hand auf die Schulter gelegt. Als wir endlich wieder in die Küche schauen, begegnen wir dem fragenden, rot verheulten Blick meiner Mutter. Verlegen tätschelt der Grüne meine Schulter, räuspert sich und fängt an zu stammeln, er habe mich aufgefunden, ich hätte mich verlaufen, also habe er mich in die Kantine gebracht. Hallo? Ich wohne hier! Doch meine Mutter ist viel zu sehr mit sich beschäftigt, um stutzig zu werden. Nach einer kurzen, peinlichen Stille druckst Rotkäppchen noch ein »Ja dann …« hervor und marschiert hinaus in den Wald zu seinem

Biwak. Ich bleibe stehen und versuche zu begreifen, was da gerade passiert ist, und kann mich nicht einmal darüber freuen, so glimpflich davongekommen zu sein.

10

Meine Mutter und meine Schwester haben jeweils einen Arm um meine Schultern gelegt. So stehen wir eine ganze Weile still da und betrachten unser neues Zuhause. Mein Bruder ist auf seinen langen Beinen schon losgestapft, um alles genau in Augenschein zu nehmen. Der ist raus aus seinem Internat und wird ab sofort wieder bei uns wohnen und ein Gymnasium in der Nähe besuchen. Darüber freue ich mich sehr, auch darüber, dass wir der Einsamkeit des Lagers entfliehen und nun hier in diesem Haus am Rande eines kleinen Dorfes im Westerwald wohnen werden. Es sieht allerdings ein bisschen heruntergekommen aus. Der Putz an der Vorderseite ist grau und verwittert, die Seiten sind mit Schieferplatten verkleidet, die sich wie ein schwarzes Federkleid bis übers Dach ziehen, und es ruht auf einem massiven Sockel aus Feldsteingranit. Meine Mutter sagt, die Feldsteine wachsen aus dem Boden und die Bauern fluchen, sobald einer auf ihren Feldern auftaucht und ihren Pflug verbiegt.

In den Feldsteinsockel eingelassen sind zwei große Schaufenster, hinter denen sich ein hell gefliester Verkaufsraum befindet. Früher standen dort Autos zum Verkauf. Heute ist er bis auf eine Reihe Leuchtstoffröhren an der Decke leer. Vor dem Haus ist ein kleiner, mit Steinplatten bedeckter Platz, auf dem sich vielleicht zwei Autos hintereinanderquetschen können. Da steht jetzt nur der klapprige Polo meiner Mutter. Links führt eine winzige Straße eine kleine Anhöhe hinauf. Dort stehen keine Häuser mehr, und wer weiß, wo die hinführt.

Wir stehen vor dem Haus und betrachten alles ganz genau. Trotz der Kälte, die uns jetzt, Anfang März, immer noch fest in ihrem Klammergriff hält. Dieser Winter ist furchtbar, und ich sehne schon sein Ende herbei.

Nachdem mein Vater mit Marianne abgerauscht war, ließ er sich eine ganze Weile nicht mehr blicken. Ich fand das gar nicht so schlimm, aber meine Mutter hatte in dieser Zeit fast durchgehend rot geheulte Augen. Außerdem musste sie den Laden nun ganz alleine schmeißen.

Irgendwann, kurz vor Weihnachten, tauchte er dann wieder in der Kantine auf. Meistens in Begleitung der neuen Frau. Meine Mutter ging weiter tapfer zur Arbeit, selbst dann noch, als Marianne anfing, sich als Chefin aufzuspielen und meine Mutter wie eine Angestellte zu behandeln. Ich bin ihr selten begegnet, da ich mich, soweit es ging, vom Schlachtfeld meiner Eltern fernhielt. Die Grünen konnten draußen im Schießgelände so viel rumballern, wie sie wollten. Der echte Krieg spielte sich zwischen Frittenfett und Zapfanlage ab.

Einmal saß ich nach dem Essen in der Kantine noch am Tisch inmitten der Großküche und krakelte lustlos in meinem Hausaufgabenheft herum. Frau Kohl, Frau Hase und meine Mutter rührten in Töpfen oder leerten Spülmaschinen aus, als Marianne plötzlich in der Tür stand. Im Offizierscasino stünden noch leere Gläser auf den Tischen. Sie zeigte mit ihren rot lackierten, falschen Fingernägeln vage in die Richtung. Ich war jedoch der Einzige, der von ihr Notiz zu nehmen schien, und als niemand reagierte, fragte ich mich, ob ihre Information für mich bestimmt sei. Von Frau Hase kam immerhin ein kaum verständliches »Na, dann hol sie halt selbst«, während Frau Kohl und meine Mutter weiter stoisch ihrer Arbeit nachgingen.

Nachdem Marianne ihre Pose eine Weile durchgehalten und vorwurfsvoll zwischen den drei Frauen hin und her geschaut hatte, landete ihr Blick schließlich bei mir. Ich saß wie das Kaninchen vor der Schlange einfach nur mit offenem Mund da und glotzte zurück. Endlich wandte sie sich mit einem verächtlichen Schnauben ab und stöckelte in Richtung Büro davon.

Frau Hase schnaubte nun ihrerseits, während Frau Kohl tröstend den Arm meiner Mutter tätschelte. Sie warf den beiden Frauen einen kurzen, dankbaren Blick zu, bevor ihre Unterlippe zu zittern anfing und sie sich schnell wieder ihrem Kochtopf zuwandte.

Inzwischen ist mein Bruder einmal um das Haus herumgelaufen und kommt nun mit eingezogenen Schultern, die Hände tief in den Jackentaschen vergraben, links die kleine Straße hinunter. »Im G-g-g-arten ist n-n-n-n-noch eine k-k-k-kleine Hütte mit G-g-g-gitter davor!« Aha. Ich löse mich aus der Umarmung meiner Schwester und Mutter. Das will ich mir auch mal ansehen.

Rechts verläuft ein schmaler Weg, der ein paar Meter zwischen Haus und einer niedrigen Hecke zum Eingang hinaufführt. Ich kann gerade so über die Hecke in den Teil des Gartens schauen, der sich neben unserem neuen Zuhause befindet. Da steht ein schöner alter Baum. Ich habe keine Ahnung, was das für einer ist, bleibe aber kurz stehen, um ihn zu betrachten. Das sei eine Kirsche, sagt meine Mutter, als sie mich einholt. Lecker. Also weiter. Ich lasse die Treppe, die fünf Stufen zur Eingangstür hinaufführt, links liegen, um in den hinteren Teil des Gartens zu schauen. Dort stehen noch mehr vereinzelte Bäume. Kleiner zwar, aber auch schön. Apfel, Birne und Pflaume, sagt meine Mutter. Wie sie das im Winter erkennt, ist mir ein Rätsel. Hängen doch gar keine Früchte dran.

Tatsächlich steht ganz hinten eine kleine Hütte. Die ist grau verputzt, hat eine Tür in der Mitte und links und rechts jeweils ein Fenster mit Speichenkreuz. Das Dach ist flach und mit Teerpappe belegt. Auf der linken Seite schließt ein Gitterkäfig an. Der ist vielleicht drei Meter im Quadrat und zwei Meter hoch. Ich renne hin und rüttle am Gitter. Schließlich blicke ich mich fragend nach meiner Mutter um.

»Das ist ein Hundezwinger.« Jetzt entdecke ich auch die kleine quadratische Öffnung, die vom Käfig in die Hütte führt. Hundezwinger, denke ich. Was für ein schauriges Wort. Hinter der Hütte befindet sich noch ein richtiges kleines Wäldchen. Unser neuer Garten kommt mir riesig vor, und er ist umschlossen von einem dunkelbraun gebeizten Jägerzaun.

Meine Mutter hat inzwischen kehrtgemacht und steigt gerade die kurze Treppe zur Eingangstür hinauf, wo meine Schwester und mein Bruder bereits warten, um ins Haus gelassen zu werden. Ich renne hinterher und erreiche sie gerade, als sie die Tür aufschließt. Drinnen das Treppenhaus. Links führt eine schmale Treppe in den Keller und zum Verkaufsraum. Eine halbe Treppe nach oben ist eine Tür, die in die unteren Wohnräume führt. Alles ist mit grau gesprenkeltem Linoleum ausgelegt, und die Wände sind mit Holz verkleidet. Hinter der Tür kommt ein Flur. Das gleiche Linoleum, nur in Grün. Rechts das Bad, braun gekachelt, mit Badewanne und Fenster zum Garten, gegenüber das Esszimmer. Zwei Fenster zur Straße raus, noch ohne Gardinen zwar, aber immerhin sind unser Tisch und die Stühle schon da. Vom Esszimmer kommt man links in die winzige Küche. Die ist so klein, dass wir nicht alle gleichzeitig reinpassen, sondern immer nur zu zweit. Durch ein ebenso winziges Fenster fällt der Blick raus auf den Kirschbaum. Gegenüber der Küche ist eine zweiflügelige Tür mit geriffeltem Glas, die das Ess- mit dem Wohnzimmer verbindet.

Hier stehen bereits unser Sofa, der Couchtisch und sogar der Fernsehsessel meines Vaters. Den Möbeltransport haben gestern ein paar Ordonnanzen auf Anweisung des Lagerkommandanten erledigt.

Marianne wollte unsere alten Möbel wohl nicht haben. Gut für uns. Die hat sich, nachdem sie an der Kantinenbelegschaft abgeperlt ist wie Fett von einer heißen Teflonpfanne, ein anderes Schlachtfeld gesucht: unser Zuhause. Irgendwie hat sie es geschafft, meinen Vater davon zu überzeugen, dass sie jetzt gemeinsam mit ihm in unserem Haus im Bundeswehrlager wohnen müsse. Keine Ahnung, wie sie das gemacht hat und warum meine Mutter schließlich klein beigegeben und sich dieses Haus in dem kleinen Dorf unweit des Lagers gesucht hat. Überhaupt habe ich meine Eltern in der letzten Zeit sehr selten zusammen gesehen, was ein Kunststück ist, denn sie arbeiten ja nach wie vor zusammen. Sie hätte dem kargen Westerwald mit seinem verstockten Bergvolk ja auch ganz den Rücken kehren können, um zurück nach Bayern zu ziehen, wo immerhin neun Geschwister auf sie warteten. Aber schließlich gab es noch uns Kinder mit unseren Schulen, außerdem wollte sie, glaube ich, der anderen und ihrem treulosen Mann nicht einfach die Kantine überlassen.

Wir tragen noch immer unsere Jacken, und unser Atem kondensiert zu weißen Wölkchen in der Luft, die hier drinnen wenig wärmer ist als draußen. Aber vor lauter Aufregung merke ich das kaum. Auch meine Mutter kann ihre Aufregung nicht verbergen, und ich meine zu spüren, dass sie sogar ein bisschen stolz ist. Darauf, dass dies nun ihr Haus ist. Dass sie es ganz allein geschafft hat, ohne meinen Vater.

Im unteren Stockwerk befinden sich noch das Schlafzimmer meiner Mutter und eine kleine Kammer. Dann geht es hoch in die erste Etage. Am Ende der Treppe gibt es eine richtige Wohnungstür mit Schlüssel und allem. Dahinter wiederum ein Flur, Linoleum wie unten. Gegenüber der Eingangstür ist eine seltsame kleine Kammer unter der Dachschräge. Die hat nur ein Fenster zum Flur, und als wir die Tür öffnen, schlägt uns ein beißender Rauchgeruch entgegen. Meine Mutter meint, da haben die Vorbesitzer einen kleinen Räucherofen an den Kamin angeschlossen. Schnell wieder raus und die Tür zu. Auf der anderen Seite, rechts neben der Eingangstür, unser eigenes Bad. Bis zur Hälfte mit seltsam schönen, lila Kacheln beklebt, während der obere Teil und die Decke holzvertäfelt sind. Und es gibt eine Dusche!

Danach kommen wir endlich zum Wichtigsten: unseren Kinderzimmern. Es gibt drei. Mein Bruder und ich werden uns also nicht länger ein Zimmer teilen müssen. Ich fand das gar nicht so schlimm, aber er freut sich darauf, bald sein eigenes Reich zu besitzen. Die Aufteilung geht schnell und erstaunlich reibungslos über die Bühne. Am hinteren Ende des Flures befindet sich das größte Zimmer, darin stapeln sich unsere Möbel. Es ist doppelt so groß wie die beiden anderen, die vorher links und rechts vom Flur abgehen. Es ist klar, dass meine Schwester es gerne für sich beanspruchen würde. Sie hält sich jedoch noch zurück und wartet darauf, dass mein Bruder die Schlacht eröffnet. Aber der denkt nicht daran, sondern marschiert, nachdem er alle drei Zimmer in Augenschein genommen hat, geradewegs in das kleinste, das auf der rechten Flurseite, von dem man über unseren Garten und ein weites, verschneites Feld den Hügel hinaufblickt.

»D-d-das nehme ich! Das g-g-g-geht nach Nord-w-w-w-west u-u-und man k-k-k-k-k-k-kann morgens l-l-änger schlafen, w-w-weil d-d-d-die Sonne nicht so reink-k-k-knallt.« Damit ist die Sache geklärt, und ich freue mich über das immerhin zweitgrößte Zimmer, das unter einem Giebel nach vorne zur Straße hinausgeht. Sofort fangen wir an, unsere Möbel und Klamotten zu verteilen und alles einzuräumen.

Nach zwei Stunden schweißtreibender Teamarbeit ist alles an seinem Platz, und wir stehen erschöpft, aber glücklich in unseren neuen Zimmern. Dann gibt es Abendessen, und später bringt mich meine Mutter ins Bett. Sie sagt, das sei nun die erste Nacht in meinem neuen Zuhause und ich solle mir unbedingt merken, was ich träume, denn das sei wichtig. Warum das so ist, sagt sie nicht, aber ich nehme mir fest vor, es zu versuchen.

Tatsächlich habe ich in dieser Nacht seltsame Träume, von Schaukeln, die so hoch sind wie Berge, und bissigen Pudeln. Und dann stehe ich plötzlich vor unserm Haus und sehe, wie eine Gruppe von Menschen langsam die Straße hinaufmarschiert. Wie bei einem Karnevalsumzug. Seltsam gedämpfte Blasmusik ertönt, und als der Umzug näher kommt, erkenne ich, dass es Rentner in Jogginganzügen sind, die sich teils an Krücken, teils in Rollstühlen beschwerlich den Berg raufkämpfen. Das sind Franzosen!, kann ich gerade noch denken, denn als sie auf meiner Höhe sind, wird alles ganz still, und es ist, als würde die Zeit anhalten und dann rückwärtslaufen, und ein Sog entsteht, der alle Luft und alles Lebendige aus der Umgebung saugt, und plötzlich ist da nichts mehr, was ich atmen könnte.

Mit klopfendem Herzen erwache ich in der Dunkelheit meines neuen Zimmers und versuche, mich an alles zu erinnern und dem Ganzen einen Sinn zu geben. Als ich zu der Stelle mit den französischen Rentnern komme, ist da plötzlich wieder dieses Vakuum, und ich japse nach Luft. Was das wohl bedeuten soll?

11

Wir wohnen jetzt schon seit einer Woche hier. Es ist deutlich wärmer geworden, vom Schnee sind nur noch ein paar bräunliche Haufen übrig, die der Schneepflug an den Straßenseiten liegen gelassen hat.

Obwohl es in unserem Dorf eine Grundschule gibt, hat meine Mutter beschlossen, es sei unsinnig, für das letzte halbe Jahr zu wechseln. Deshalb fahre ich nun jeden Morgen mit dem Bus, der die älteren Kinder in die Hauptschule bringt. Die ist im selben Dorf wie meine alte Grundschule, und so werde ich nun immer als Einziger an der Haltestelle kurz nach dem Ortsschild rausgelassen. Die großen Kinder hampeln nicht ganz so viel herum, oder anders. Die älteren Jungs zum Beispiel rülpsen um die Wette. Die rülpsen so laut, dass die Busfenster vibrieren. Und dann machen sie eine Faust mit gestrecktem Daumen und kleinem Finger, heben sie so, dass der Daumen die Stirn berührt, und rufen laut: »Schulz!!!« Außerdem nennen sie mich immer I-Dötzchen. Das ist mir egal, und zudem ist es auch noch falsch. I-Dötzchen werden doch die Erstklässler in der Grundschule genannt, und ich bin immerhin schon in der vierten!

Ein paarmal war ich nachmittags draußen, um meine neue Umgebung zu erkunden. In unserem Dorf gibt es ein richtiges Schloss, mit Schlosspark. Da stehen ein paar riesige Bäume. Die größten, die ich je gesehen habe. Ich bin auch schon ein paar Kindern in meinem Alter begegnet, war aber immer zu schüchtern, um mit ihnen Kontakt aufzunehmen.

Heute ist Sonntag, und ich schiebe gerade mein altes Felgenrad die kleine Straße hinauf, die an unserem Haus entlang den Hügel hinaufführt. Und ich wünschte, Schlauch, Mantel und Kette wären wieder drauf, denn es geht überall nur rauf und runter. Im Bundeswehrlager war alles flach. Außerdem habe ich den Eindruck, meine Unsichtbarkeit abgelegt zu haben. Vielleicht bin ich nun ein Teil dieser Welt geworden. In der Kaserne lebten die Grünen auf ihrem eigenen Planeten, auf den ich nicht gehörte und wo ich nur als unsichtbarer Betrachter geduldet wurde.

Der Himmel ist grau, und ein feiner Nieselregen liegt in der Luft. Gerade habe ich unseren Jägerzaun hinter mir gelassen und blicke nun über die große Weide, die sich hinter unserem Garten erstreckt, als ich dort zwei Jungs entdecke. Die knien unweit der Straße auf der Wiese, wie zu Salzsäulen erstarrt. In den Händen halten sie seltsame Holzlatten, mit denen sie wie mit Gewehren auf das Erdreich zielen. Ich verharre nun ebenfalls und blicke zu ihnen hinüber. Beide tragen Mützen und Skianzüge. Der eine rot, der andere blau. Sie sind ungefähr so groß wie ich, nur dass der Rote mindestens doppelt so schwer ist. Er sieht aus wie ein riesiger roter Ballon, den man zu doll aufgepumpt hat und der jeden Moment zu platzen droht. Sie scheinen keine Notiz von mir zu nehmen, und so verharren wir eine gefühlte Ewigkeit auf unseren Positionen, bis es mir schließlich zu dumm wird und ich mich, mein Rad neben mir herschiebend, in ihre Richtung bewege.

Weit komme ich nicht, denn der Blaue gibt mir, ohne aufzublicken, durch eine schroffe Handbewegung zu verstehen, ich solle stehen bleiben. Also gut, denke ich, und bleibe stehen. Als ich gerade die Lust an diesem blödsinnigen Spiel verliere und mich abwenden will, höre ich ein schnalzendes Geräusch. Das kam von der seltsamen Holzlatte des Fetten. Sogleich beugen sich beide über die Stelle, die sie eben noch fixiert haben, und pulen mit ihren Fingern im Erdreich. Dann richtet sich der Blaue schließlich auf und schlägt sich genervt die Hand vor den Kopf.

»Oh Mann, du Spasti! Das war zu früh!!!«

»Selber Spasti! Außerdem war die schon raus und wär' bestimmt gleich wieder verschwunden!«

»Gar nicht!«

»Wohl!«

Das geht noch eine Weile so hin und her, bis der Blaue den Roten schubst, der das Gleichgewicht verliert und nach hinten auf die braune, nasse Wiese plumpst. Während der sich mühsam wieder hochrappelt, ist der andere nun endlich auf mich aufmerksam geworden und glotzt blöde zwischen mir und meinem Rad hin und her.

»Was ist das denn?« Er zeigt mit dem Finger auf das, was von meinem Fahrrad noch übrig ist.

Ich zucke die Schultern. »Mein Rad?«

Der Fette ist inzwischen näher gekommen, schaut sich das Elend genauer an und fängt an zu lachen.

Wieder der Blaue: »Das is' doch kein Rad … Das is'n Kackhaufen!«

Ärger steigt in mir hoch. »Du bist selber 'n Kackhaufen!« Ich lasse mein Rad vor die Füße des Fetten fallen und mache einen Schritt auf den Blauen zu.

»He, bleib mal locker! Ich mein ja bloß … Wenn Hagen dich mit dem Ding sieht, haut der dich sofort windelweich.«

»Welcher Hagen?«

Er glotzt mich verständnislos an. »Hagen! Kennste den nich? Der wohnt da unten, am Ende der Straße auf der rechten Seite.«

»Aha …« Ich blicke in die angegebene Richtung.

»Ihr seid die Neuen, stimmt's?« Er deutet auf unser Haus. Ich nicke.

»Und wie heißt du?«

»René.«

»Ich bin Markus.« Noch einer von denen. »Und der Dicke da heißt Felix.«

Der sieht gar nicht aus wie ein Felix, denke ich, sondern eher wie ein Gunter oder Harald. Schließlich geben wir uns wie Erwachsene die Hand, dann hebe ich mein Fahrrad wieder auf.

»Was habt ihr da eben gemacht?«

»Mäuse jagen«, sagt Markus und reicht mir die Holzlatte. Da ist vorne ein Einmachgummi drangenagelt, das über die Latte gespannt ist und von einer Wäscheklammer gehalten wird, die wiederum auf einem Nagel steckt, der durch das Holz geschlagen wurde. Das Gummi umschließt ein kleines Steinchen, das nach vorne rausschnalzt, sobald man die Klammer hinten zusammendrückt. Ich drücke ab, und das Steinchen schießt Markus vor die Füße.

»He, pass doch auf!«, sagt er und fordert sein »Gewehr« zurück. »Wir hätten sie fast erwischt, aber der da ist ja zu doof!« Er zeigt auf Felix.

»Bin ich gar nicht!« Und schon geht der Streit von Neuem los. Ich warte, bis die beiden sich wieder beruhigt haben. Diesmal landet Markus auf der Wiese. Oh Mann, die sind echt wie Pat und Patachon. Schließlich sagt Markus: »Komm, wir bauen dir auch 'ne Kniffte.« Er wohnt nur ein paar Häuser weiter, und wir gehen zu ihm nach Hause, wo sein Vater eine kleine Werkstatt im Keller hat. Während wir eine passende Holzlatte suchen, um ein Einmachgummi draufzunageln, erfahre ich, dass die beiden hier im Dorf in die vierte Klasse gehen, Felix auch in unserer Straße wohnt und dass Hagen zwar erst in die dritte geht, die beiden aber jedes Mal verkloppt, wenn er sie sieht. Nachdem meine neue Kniffte fertig ist und wir sie ein paarmal im Keller ausprobiert haben – Felix hat immer einen kleinen Vorrat Steinchen in seiner Tasche –, ruft Markus' Mutter zum Mittagessen. Also gehe ich, mein Fahrrad neben mir herschiebend, nach Hause und denke gerade, dass ich das von nun an besser stehen lasse, als plötzlich ein wild aussehender Junge vor mir auftaucht. Der trägt keinen Skianzug, sondern nur eine Jeans und einen quer gestreiften Nicki, hat strubbelige, dunkelblonde Locken und sieht irgendwie massig aus. Das muss wohl dieser Hagen sein, kann ich gerade noch denken, als er auch schon auf mich zukommt und voller Abscheu erst mein Rad und dann mich betrachtet. Schließlich packt er mein Felgenrad und wirft es in hohem Bogen über die Straße. Einfach so, ohne was zu sagen.

»He!«, denke ich, aber da hat er mir auch schon eine gescheuert. Zwar nur mit der flachen Hand, aber meine Wange brennt höllisch. Ich versuche, ein paar Schritte Abstand zwischen ihn und mich zu bringen, und lege mit der Kniffte auf ihn an.

»Was soll das denn?«, fragt er mich verdutzt. Schnips! Doch statt sich nun in Qualen auf dem Boden zu wälzen, schaut er nur auf seinen Bauch runter, von dem das Steinchen wirkungslos abgeprallt ist. Dann wieder zu mir. So verharren wir einen Augenblick und starren uns an. Mit einem Mal geht alles ganz schnell. Er stürzt sich auf mich, wirft mich zu Boden, zwingt meine Arme unter seine Knie und schlägt mir wieder und wieder ins Gesicht. Das scheint ihm irgendwie Spaß zu machen. Irgendwann verliert er jedoch die Lust, steht auf, nimmt meine nagelneue Kniffte, bricht sie über dem Knie in zwei Teile und geht, ohne sich nochmals umzublicken, die Straße runter. Ich bleibe noch eine Weile schniefend und mit feucht geheulten, brennenden Wangen liegen. Schließlich erhebe ich mich ächzend, sammle mein blödes Fahrrad und die Reste meiner Kniffte ein und schleppe mich nach Hause.

Niemand scheint da zu sein, doch dann höre ich Musik. Mein Bruder hockt wohl wie fast immer in seinem Zimmer und hört Pink Floyd. Ich schleiche ins Bad, spritze mir kaltes Wasser ins Gesicht und versuche, mich zu beruhigen. Irgendwann gehe ich in die Küche und mache mir mein Mittagessen warm. Das hat meine Mutter heute früh vorbereitet, bevor sie gemeinsam mit meiner Schwester los ist, um auf irgendeinem Markt zu arbeiten.

Den Rest des Nachmittags verbringe ich in meinem Zimmer und stelle mir vor, wie ich Hagen bei unserer nächsten Begegnung mit ein paar gekonnten Kampftechniken, die ich mir bei Bud Spencer und Terence Hill abgeschaut habe, so lange verdresche, bis er sich vor mir winselnd im Staub windet und um Gnade bettelt. Der Arsch.

Irgendwann höre ich, dass meine Mutter und meine Schwester nach Hause kommen. Mit einem kurzen Blick in den Badezimmerspiegel überzeuge ich mich davon, dass mein Gesicht so weit abgeschwollen ist, dass ich mich unten sehen lassen kann.

Die beiden sitzen am Esszimmertisch und zählen Geld. Als ich zu meiner Mutter laufe, nimmt sie mich kurz in den Arm. Dabei muss ich gegen den Impuls ankämpfen, sofort laut loszuheulen. Aber der vergeht so schnell, wie er gekommen ist, und ich blicke interessiert auf die Stapel aus Münzen und Scheinen, die sich über den Tisch verteilen. Meine Mutter hat nicht nur unser Haus gekauft, sondern auch eine fahrbare Würstchenbude. Das ist so ein großer, weißer Anhänger mit Verkaufsluke und einem neonbeleuchteten Schild, auf dem »Luisen-Grill« steht. Mit dem fährt sie jetzt an ihren freien Sonntagen auf Märkte und Stadtfeste in der näheren Umgebung und verkauft Bratwürstchen, Pommes und Nierengulasch. Sie meint, sie brauche das Geld, um die Raten für unser Haus bezahlen zu können, weil sie von meinem Vater außer ihrem Lohn nichts annehmen möchte. War sie früher häufig erschöpft, so sieht sie nun ständig abgekämpft und gehetzt aus.

Dunkle Ringe haben sich unter ihren Augen gebildet, und ich bin froh, dass meine Schwester sie manchmal begleitet und ihr hilft. Heute bin ich jedoch zu sehr mit meinen eigenen Problemen beschäftigt, um auf ihre Erschöpfung Rücksicht zu nehmen.

»Ich brauche ein neues Fahrrad!«

Mit einem tiefen Seufzer hält sie inne und blickt mich eine Weile an. Dann nickt sie und fährt fort, ihr sauer verdientes Geld zu zählen. Meine Schwester boxt mich halb spielerisch, halb vorwurfsvoll an die Schulter und wirft mir einen Blick zu, der wohl sagen soll: »Checkst du's noch?« Heute habe ich jedoch schon genug Schläge eingesteckt, sodass ich viel zu laut AUA schreie und zurück auf mein Zimmer renne.

12

Vielleicht gibt es doch einen Gott! Ich stehe im Heizungskeller, vor mir ein wunderschönes, neues Rennrad. Mit Bananensattel und Zehngangschaltung und so einem Lenker, der aussieht wie die Hörner eines Widders. Steht da und strahlt in einem glänzenden Goldbraun. Es ist noch ein bisschen zu groß für mich. Obwohl der Sattel so tief wir möglich gestellt ist, erreiche ich mit den Zehenspitzen kaum den Boden, wenn ich draufsitze. Meine Mutter sagt, in einem halben Jahr passt das, denn man könne mir ja beim Wachsen zusehen. Hoffentlich, denn vielleicht bin ich dann bald größer und stärker als Hagen.

Seit unserer ersten Begegnung sind fast zwei Wochen vergangen, in denen ich es irgendwie geschafft habe, ihm aus dem Weg zu gehen. Markus und Felix habe ich dafür fast täglich gesehen. Wir haben mir eine neue Kniffte gebaut und gemeinsam überlegt, was wir gegen dieses durchgedrehte Kind unternehmen können. Es kann ja wohl nicht angehen, dass sich drei Viertklässler von einem Drittklässler verkloppen lassen. Einen richtigen Plan haben wir noch nicht, aber ich bin mir sicher, dass wir am Ende siegen werden.

Der heutige Tag fing furchtbar an, denn es hat geregnet wie aus Eimern. Trotz Anorak war ich bereits nass bis auf die Knochen, als endlich der Schulbus kam, und den ganzen Vormittag saß ich mit triefender, von der Feuchtigkeit juckender Cordhose im Unterricht und wurde einfach nicht wieder trocken. Als die Schule endlich vorbei war, stand meine Mutter mit ihrem Polo vor dem Ausgang, um mich abzuholen. Peinlich. Aber ich war auch froh, denn der Regen hatte nicht nachgelassen. Auf der Fahrt nach Hause erzählte sie mir, dass sie sich heute einfach freigenommen habe und dass der ruhig mal sehen könne, was passiert, wenn sie nicht da sei. Mit »der« war wohl mein Vater gemeint. Außerdem warte zu Hause eine Überraschung auf mich. Ich ließ mich von ihrer Freude anstecken und konnte es kaum abwarten zu sehen, was sie sich für mich ausgedacht hatte.

Nachdem meine Mutter mich mit zugehaltenen Augen in den Keller geführt, mir mit einem lauten »Ta-taa!« mein neues Rad präsentiert und mir alle Vorzüge und Funktionen ausgiebig erklärt hatte, meinte sie, sie wolle nun auch meinen Bruder vom Gymnasium abholen, denn auf den warte auch eine Überraschung. Meine Schwester stand die ganze Zeit daneben und hat mir zugezwinkert. Mir scheint, die haben das zusammen ausgeheckt. Sie blieb noch eine Weile bei mir, bis es an der Tür klingelte. Hannah, ihre neue beste Freundin und Tochter des Dorfindustriellen, hatte sich trotz Regen aufgemacht, um sie zu besuchen. Die beiden sind dann sofort nach oben verschwunden, um Smokie zu hören oder was Mädchen sonst noch so tun.

Jetzt stehe ich allein im Heizungskeller und kann mein Glück kaum fassen. Wenn nur der Regen endlich aufhören würde, denn bei diesem Wetter kommt es gar nicht infrage, mit dem Rad draußen herumzufahren. Das würde ja total schmutzig werden. Schließlich höre ich, wie meine Mutter vorfährt. Schnell laufe ich nach oben, um zu sehen, was sie sich für meinen Bruder überlegt hat. Als ich die Haustür öffne, kommt sie gerade klitschnass die Treppe hoch, gefolgt von meinem Bruder, der einen Hund an der Leine führt. Einen kleinen Schnauzermischling mit struppigem, hellbraunem Fell. Lustig, die Farbe erinnert ein bisschen an die meines neuen Rennrades. Der Hund ist ebenfalls klitschnass, was ihn aber nicht zu stören scheint, denn er wedelt so wild mit seinem kleinen Stummelschwänzchen, dass sein ganzes Hinterteil wackelt.

»D-d-die heißt Bella!«, verkündet mein Bruder stolz, noch ehe er durch die Tür ist. Obwohl ich seine Augen nicht sehen kann, weil die Gläser seiner Brille beschlagen und voller Regentropfen sind, kann ich doch erkennen, dass er vor Glück strahlt. Während Bella mich freudig begrüßt, schüttelt sie ihr Fell aus, sodass auch ich nass werde. Wir müssen alle lachen, und der Moment ist vollkommen. Und doch liegt ein kleiner Teil von mir geduckt auf der Lauer und wartet misstrauisch darauf, dass unser Glück wieder zerplatzt wie eine Seifenblase.

Aber erst mal gibt es Mittagessen. Meine Mutter schickt mich nach oben, um meiner Schwester Bescheid zu geben, und ich renne die Treppen rauf in den Flur und rufe: »Essen!!« Nichts passiert. Ich rufe noch mal und noch mal, und erst als ich ein gequältes »Ja! Ich komme ja schon!« höre, flitze ich wieder runter. Das Essen steht schon auf dem Tisch. Ich weiß wirklich nicht, wie meine Mutter es immer schafft, neben all ihren anderen Arbeiten auch noch das Essen pünktlich fertig zu bekommen. Während wir zu dritt auf meine Schwester warten, versucht mein Bruder schon mal, Bella das Betteln abzugewöhnen. Endlich taucht sie, gefolgt von Hannah, in der Esszimmertür auf. Sofort werden die beiden von der wie wild wedelnden Bella begrüßt.

»Ja, wer bist du denn?« Nachdem Hannah den Hund ausgiebig gekrault hat, blickt sie fragend in die Runde. Sie hat so eine Kim-Wilde-Frisur mit blonden Strähnchen und ist ein bisschen zu doll geschminkt. Alle schauen jetzt zu meinem Bruder, der seltsamerweise in den Heuschreckenmodus verfallen ist und dessen Gesicht in einem tiefen Rot erstrahlt.

»D-d-d-d-d-d-d-d-d-d-die heißt B-b-b-b-b-b-b-b-b-b-b-b-b-b-bella!« Hannah gelingt es nicht ganz, ihre Betroffenheit zu überspielen, und nachdem meine Schwester sie mit den Worten »Ich komm später rum« verabschiedet hat, setzt auch sie sich endlich zum Essen.

Später am Nachmittag hat der Regen immer noch nicht aufgehört. Meine Schwester ist längst verschwunden, und so sitze ich mit meinem Bruder in meinem Zimmer, wo wir eine unserer sinnlosen Schachpartien spielen. Es ist fast wie früher, außer dass sich Bella in einer Ecke zusammengerollt hat und von Zeit zu Zeit einen wohligen Seufzer ausstößt. Bereitwillig lasse ich mich von meinem Bruder auf die Schlachtbank führen, denn ich bin froh, dass er sich überhaupt mal wieder mit mir abgibt. Seit wir hier eingezogen sind, hockt er nur auf seinem Zimmer und hört diese schrecklich schöne, verstörende Musik von Pink Floyd und redet so gut wie gar nicht mehr. Angefangen hat es, als er in den Weihnachtsferien nach Hause in das Trümmerfeld der Ehe meiner Eltern gekommen ist.

Weihnachten war schrecklich, denn meine Mutter konnte, sosehr sie es auch versuchte, ihre Trauer nicht überspielen, und so lag über allem eine dunkle Decke der Verzweiflung. Und, während meine Schwester das tat, was sie immer tut, ergriff diese Stimmung von meinem Bruder Besitz. Er fing an, sich vollkommen zurückzuziehen, und es gab kein »Urmel aus dem Eis« mehr und keine selbst ausgedachten Geschichten. Seltsam, könnte man doch meinen, dass mein Bruder ohne meinen Vater besser dran gewesen wäre. Aber das genaue Gegenteil schien der Fall zu sein. Ich konnte mir das alles nicht erklären und verharrte still und unsichtbar zwischen den Überresten unserer Familie.

Heute ist es, als würden wir das verkorkste Weihnachten nachholen, auch wenn mein Bruder noch nicht wieder ganz der Alte ist, denn er ist irgendwie nicht bei der Sache und verliert, noch ehe wir die Partie zu Ende gespielt haben, die Lust. Plötzlich springt er auf und sagt, er habe eine Idee. Wir würden der Mutter einen lustigen Streich spielen. Ganz aufgekratzt holt er aus der Räucherkammer einen Karton mit alten Zeitungen. Ich muss ihm meinen Pulli und die Cordhose geben, und nachdem ich frische Klamotten angezogen habe, beginnen wir damit, die Sachen mit zerknülltem Zeitungspapier auszustopfen und so ein zweites Ich zu basteln, das an meinem Kinderschreibtisch sitzt. Am Ende zaubert er noch irgendwo einen Luftballon hervor, pustet ihn auf, setzt ihn an die Stelle, wo sich der Kopf meines Doppelgängers befinden würde, und zieht eine Plastiktüte drüber. Keine Ahnung, was das soll, aber ich mache mit.

Als alles fertig ist, betrachten wir unser Werk eine Weile. Es sieht irgendwie gruselig aus. Schließlich sagt mein Bruder, ich solle mich unter dem Bett verstecken, und ruft meine Mutter. Unter dem Bett liegend kann ich beobachten, wie sie kurze Zeit später in der Tür auftaucht, ein paar Schritte ins Zimmer geht und plötzlich wie angewurzelt stehen bleibt. Freudig kommt Bella angelaufen, um sie zu begrüßen, macht jedoch sogleich wieder kehrt, als meine Mutter die Hände vors Gesicht schlägt, und verkriecht sich mit eingezogenem Stummelschwanz in einer Ecke. Seltsam, wie der Hund die Stimmung der Mutter spiegelt, kann ich gerade noch denken, als sie auch schon, einen furchtbaren Laut ausstoßend, auf meinen Doppelgänger zustürzt und ihm die Tüte vom Kopf reißt. Schwer atmend steht sie da, die Tüte in den Händen, in der noch immer der Ballon steckt, und blickt sich im Zimmer um.

Unser Streich ist eindeutig schiefgegangen. Betreten krieche ich aus meinem Versteck und wage es nicht, sie anzuschauen. Stattdessen blicke ich zu meinem Bruder, der mit verschränkten Armen in einer Ecke steht und eine trotzige Miene aufgesetzt hat. Als ich schließlich doch zu ihr schaue, sehe ich, wie etwas in ihr reißt. Eine Sehne, die die ganze Zeit bis aufs Äußerste gespannt war, gibt nun endlich nach, und ich meine, fast den Knall zu hören. Dann stürzt sie aus dem Zimmer. Und ich verfluche mich und meine mangelnde Gehirnmasse und meinen Bruder und laufe hinter ihr her, die Treppe runter in ihr Schlafzimmer und beobachte fassungslos, wie sie eine Reisetasche aus einer Ecke zieht und scheinbar wahllos Sachen hineinstopft. Und schon ist die Tasche voll, und sie hetzt, mich keines Blickes würdigend, an mir vorbei aus dem Zimmer durch den Flur, die Kellertreppe runter, vorbei an meinem blöden neuen Fahrrad und durch die Kellertür hinaus auf den Parkplatz, wo ihr Polo steht.

Als sie die Kofferraumklappe öffnet, um ihre Tasche hineinzuschmeißen, erreiche ich sie endlich und umklammere ihr Bein und bringe vor lauter Schluchzen kein »Es tut mir leid« heraus. Und sie schleift mich noch bis zur Fahrertür neben sich her, und erst als sie die Tür geöffnet und ein paarmal vergeblich versucht hat, ihr Bein in den Innenraum zu wuchten, hält sie inne. Und dann endlich schließt sie mich in die Arme, und wir kauern da in der geöffneten Autotür, im strömenden Regen, und der ganze Mist der letzten Wochen dringt mit Macht aus uns heraus.

Irgendwann bemerken wir meinen Bruder. Der steht nur einen Schritt entfernt, und obwohl sein Gesicht nass ist vom Regen, kann ich erkennen, dass auch er weint. Meine Mutter zieht ihn zu uns heran, und so stehen wir noch eine Weile zu dritt vor unserem neuen Haus in dem kleinen Dorf im Westerwald. Irgendwann gehen wir wieder rein, ich trage die Tasche meiner Mutter, und wir verlieren nie wieder ein Wort über diesen Abend.

13

Ein kleiner Ast bohrt sich unangenehm in meinen Rücken, und egal wie ich mich drehe oder versuche ihm auszuweichen, sofort taucht ein neuer Ast auf, um mich zu piesacken. Außerdem ist der Boden immer noch feucht vom Dauerregen der letzten Tage, und ich habe den Eindruck, die Nässe kriecht langsam in mich hinein und weicht mich von innen auf.

Ich liege nun bestimmt schon seit einer halben Stunde hier hinter der Hecke eines unserer Nachbarn und beobachte die Straße. Vielleicht sind es auch nur fünf Minuten, aber da ich keine Uhr besitze, kann ich das nicht mit Gewissheit sagen. Auf der gegenüberliegenden Straßenseite hat sich Felix hinter ein flaches Mäuerchen geduckt und gibt mir gerade das Daumen-hoch-Zeichen. Ein Stück weiter die Straße rauf lauert Markus hinter einer Hausecke. Hoffe ich zumindest, denn von meinem Posten aus kann ich ihn nicht sehen.

Bei der Wahl der Verstecke habe ich eindeutig die Arschkarte gezogen, denke ich gerade, als Hagen, einen in Butterbrotpapier eingeschlagenen Teller in den Händen, nichts ahnend die Straße entlanggeschlendert kommt. Auf dem Teller befindet sich Kuchen, den er jeden Mittwochnachmittag von seiner Oma mit nach Hause bringt. Die wohnt auch in unserer Straße, jedoch am anderen Ende. Kurz bevor er auf unserer Höhe ist, verlasse ich mein Versteck und trete ihm mit weichen Knien in den Weg. Erleichtert registriere ich, dass Felix und Markus es mir gleichtun und wir so den verhassten Hagen von drei Seiten in die Zange nehmen. Der bleibt gelassen stehen und blickt uns fragend an. »Was soll das denn jetzt? Habt ihr sie noch alle?«

»Schwör, dass du uns ab sofort in Ruhe lässt!« Das Zittern in meiner Stimme verrät mich, und Hagen gibt ein kurzes, freudloses Lachen von sich.

»Sonst noch was, du Spasti?« Sofort wird er wieder ernst und deutet auf den Kuchenteller. »Wenn da was drankommt, hau ich euch tot!« Oh Mann, das läuft ganz anders als geplant. Unschlüssig stehen wir uns noch einen Moment gegenüber. Plötzlich springt Markus, der hinter Hagen steht, vor und versetzt ihm einen kräftigen Schubser. Irgendwie gelingt es Hagen, auf den Beinen zu bleiben, der Teller aber fliegt im hohen Bogen davon und landet, Murphys Gesetzen folgend, auf der Kuchenseite. Fassungslos starrt er auf den zermatschten, unter dem Papier hervorquellenden Kuchen, um sich sogleich panisch und fluchend auf ihn zu stürzen, als könnte er noch etwas retten. Ja, er ist wirklich panisch, so als würde sein Leben davon abhängen. Ist doch nur Kuchen, denke ich und beobachte betreten, wie unser Erzfeind nun auch noch ein paar Tränen auf den Kuchenmatsch tropft.

Als er schließlich begreift, dass seine Bemühungen sinnlos sind, blickt er uns der Reihe nach mit vor Wut verzerrtem Gesicht an. Uiuiui, denke ich noch, das ist ja die reine Mordlust, da ist er schon aufgesprungen und wütet zwischen uns wie ein toll gewordener Hund. Selbst zu dritt haben wir diesem ungezügelten Trommelfeuer aus Fausthieben und Tritten nichts entgegenzusetzen und sehen lieber zu, dass wir das Weite suchen. Felix hat dabei am wenigsten Glück, denn er ist wegen seiner Fettheit noch langsamer als ich. Während ich davonlaufe, blicke ich über die Schulter und sehe, wie Hagen auf ihm hockt und ihm die Reste des Kuchens ins Gesicht matscht. Was ist bloß los mit dem? Unschlüssig bleibe ich stehen und versuche, meine Angst niederzuringen. Ganz in meiner Nähe hat auch Markus die Hände auf die Knie gestützt und schaut keuchend zu, wie der durchgedrehte Hagen mitten auf der Straße unseren Freund fertigmacht. Wir müssen etwas unternehmen. Zögernd nähern wir uns den beiden.

»Lass ihn in Ruhe!« Das war Markus. Der kreischt wie ein Mädchen, denke ich, aber mir fällt auch nichts Besseres ein. Schließlich springt Markus vor und tritt Hagen in den Rücken. Wohl eher, um ihn von seinem Opfer abzulenken, als ihm wirklich wehtun zu wollen. In dem Moment biegt ein Auto um die Ecke und kommt langsam die Straße hoch. Das kenne ich doch, denke ich, aber es dauert noch eine Weile, bis ich realisiere, dass es mein Vater ist, der da mit seinem Mercedes auf die beiden am Boden liegenden Jungs zusteuert. Er bleibt vor ihnen stehen und wartet darauf, dass sie die Straße frei machen. Aber Hagen ist zu sehr mit seinem Zerstörungswerk beschäftigt, und erst als mein Vater auf die Hupe drückt, lässt er endlich von dem mit Kuchen und Rotz beschmierten Felix ab und läuft davon. Allerdings nicht ohne ihm vorher noch einen Tritt in die Rippen zu verpassen. Dann schafft auch der es, gestützt von Markus, sich in Richtung Bordstein zu schleppen, wo er sofort wieder liegen bleibt. Ich stehe am Straßenrand und sehe verwirrt zu, wie mein Vater an mir vorbei zu unserem Haus fährt und seinen Wagen hinter dem Polo meiner Mutter abstellt.

»Komm, hilf mir doch mal!« Markus versucht, dem völlig fertigen Felix aufzuhelfen, doch ich kann meinen Blick nicht von unserem Haus wenden, wo mein Vater gerade um die Ecke auf unsere Eingangstür zusteuert.

»He!!«, schreit Markus, aber da bin ich schon losgelaufen, vorbei an den Autos meiner Eltern und luge um die Ecke unseres Hauses. Mein Vater steht am Fuß der Treppe. Oben, in der geöffneten Tür, blickt meine Mutter kalt auf ihn herab. Die hat sich eine Woche freigenommen. Um ein paar Sachen im Haus zu erledigen, wie sie sagt, aber ich glaube, sie möchte ein bisschen Zeit für uns haben.

»Ach, Bambi ...« So nennt er sie immer, wenn er auf Kuschelkurs ist. Jetzt hat meine Mutter mich entdeckt und schaut kurz zu mir herüber. Dem Blick meiner Mutter folgend, dreht sich mein Vater um und schaut nun ebenfalls in meine Richtung, aber da bin ich schon hinter der Ecke verschwunden.

»Hau ab«, höre ich meine Mutter sagen, dann knallt die Tür. Nach einer kurzen Weile höre ich, wie die Schritte meines Vaters auf mein Versteck zukommen. Schnell flitze ich über den Parkplatz, um mich hinter der nächsten Hausecke in Sicherheit zu bringen. Nachdem mein Vater in sein Auto gestiegen und davongefahren ist, wage ich mich hervor und gehe ins Haus. Von Felix und Markus ist nichts mehr zu sehen.

Als ich ins Esszimmer komme, steht da meine Schwester, vorgebeugt, die Fäuste auf den Tisch gestützt, an dem meine Mutter sitzt und ihre gefalteten Hände betrachtet. »Wenn du den hier reinlässt, bin ich weg!«

Keine Reaktion.

»Der kommt doch nur wieder angekrochen, weil ihm sein Flittchen nicht jeden Scheiß hinterherräumt und ihm morgens nicht die Socken rauslegt!!«

Tatsächlich hat meine Mutter ihm, als sie noch zusammen

waren, jeden Morgen die Anziehsachen rausgelegt. Also nicht nur die Socken, sondern auch Unterhose, Unterhemd, Hose, Hemd, Krawatte und so weiter. Bei mir hat sie damit aufgehört, als ich vielleicht acht war.

»Ja, ja ...«, kommt es resigniert von meiner Mutter, und in dem Moment ahne ich, dass sie am Ende nachgeben wird.

14

Es dauert jedoch noch fast zwei Monate, bis es so weit ist. Während dieser Zeit tauchte er ständig bei uns auf. Mal mit Blumen, mal ohne, mal heulend wie ein kleines Kind, mal gefasst, mal nüchtern, nachmittags und ein paarmal auch knüppelvoll, nachts. Einmal hat er nachts so lange Sturm geläutet und besoffen vor dem Haus krakeelt, bis sich meine Mutter nicht mehr anders zu helfen wusste und die Polizei gerufen hat. Die Polizisten sind dann irgendwann aufgekreuzt, haben eine Weile vor dem Haus mit ihm diskutiert, um ihn schließlich in ihren Streifenwagen zu laden und wer weiß wohin zu bringen. Am nächsten Tag kam er dann wieder mit Blumen und war ganz zerknirscht wegen der Aktion von letzter Nacht.

Ich wusste, dass ihr Widerstand zu bröckeln beginnt, als ich eines Mittags von der Schule nach Hause kam und die beiden im Esszimmer antraf. Die Blumen waren nicht wie sonst in den Müll gewandert, sondern standen in einer Vase auf dem Esstisch. Er saß auf einem Stuhl, sie stand vor ihm, und er hatte die Arme um sie geschlungen und schluchzte haltlos in ihren Bauch. Als ich reinkam, löste sie sich aus seiner Umarmung und wandte sich dem Fenster zu. Mein Vater bemerkte mich, zog mich zu sich heran und schloss nun mich in seine schweren

Arme, und ich konnte nicht anders, als seine Umarmung zu erwidern.

Danach ging alles sehr schnell, und er zog bei uns ein. Denn dass wir zu ihm zurück in die Kaserne zögen, kam nicht infrage. Und meine Mutter bestand darauf, dass das Haus ihrs sei und bleibe und dass sie die neuen Möbel, die er für Marianne und unser altes Zuhause im Bundeswehrlager gekauft hatte, nicht bei sich haben wolle. Das Schlafzimmer wollte sie auch noch nicht wieder mit ihm teilen. Er sollte sich den Laden zu einer Wohnung ausbauen, wo er tun und lassen könnte, was er will. Mein Vater akzeptierte alle Bedingungen widerspruchslos und brachte Winfried, einen befreundeten Handwerker im Ruhestand, dazu, den Keller für ihn umzubauen. Er zog Wände ein, sodass im Verkaufsraum ein Schlafzimmer, ein Bad und ein großes Wohnzimmer entstanden.

Jetzt stehe ich hinter Winfried und schaue zu, wie er einen offenen Kamin in das neue Wohnzimmer mauert. Eigentlich soll ich nicht hier runterkommen, denn das ist ja nun das Reich meines Vaters, aber meine Eltern sind beide schon wieder in der Kantine und arbeiten. Winfried schnauft und stöhnt bei jedem Stein, den er setzt, laut auf, und sein Schweiß tropft unablässig in den Mörtel, aber als ich ihn frage, ob ich ihm helfen soll, schüttelt er nur den Kopf und brummt irgendetwas Unverständliches. Dann eben nicht.

Im Zimmer stehen bereits die Möbel meines Vaters, sind jedoch mit Plastikplanen abgedeckt, um sie vor Staub und Schmutz zu schützen. Ich schlendere durchs angrenzende Bad ins Schlafzimmer, das man durch die Rückwand eines Schrankes mit großen Spiegeltüren betreten kann, und bleibe staunend vor dem Doppelbett stehen. Während das gepolsterte Gestell ganz und gar mit dunkelrotem Samt überzogen ist, sind die Matratzen in weißen, flokatiähnlichen Plüsch gehüllt, und ins

Kopfende ist eine Reihe Spiegelkopf-Glühbirnen eingelassen. Das sieht irgendwie obszön und eindeutig nach Marianne aus.

Ich verstehe die Erwachsenen nicht. Ist das der Grund, warum er meine Mutter gegen die Neue eingetauscht hat? Sich meine Mutter in diesem Bett vorzustellen könnte fast lustig sein, wäre die letzte Zeit nicht so traurig gewesen. Sie trägt meistens Kittelschürze und riecht nach Frittenfett. Marianne mit ihren Bolerojäckchen und falschen Fingernägeln schiebt dagegen stets eine Parfümwolke vor sich her, die mit jedem anderen Geruch kurzen Prozess macht. Wie eine Maske. Ja, vielleicht soll all das, die Klamotten, die Schminke und das Parfüm tatsächlich eine Maske bilden, hinter der sich die eigentliche Person versteckt. Meine Mutter trägt keine Maske, meine Mutter ist real, und abgesehen davon, dass mein Vater alleine wahrscheinlich nicht überlebensfähig wäre, ist das vielleicht der Grund, warum er schließlich wieder zu ihr zurückgekehrt ist. Die Möbel im Wohnzimmer sind in rustikaler Eiche gehalten, was darauf hindeutet, dass die mein Vater ausgesucht hat.

Ich werde jäh aus meinen Gedanken gerissen, als ich höre, wie jemand das Bad betritt. Sind meine Eltern etwa schon wieder zurück? Aber das kann nicht sein, die kommen frühestens um elf Uhr nachts nach Hause. Die Spiegeltür gleitet zur Seite, und meine Schwester schiebt sich durch den Schrank ins Schlafzimmer. Als sie mich sieht, erschrickt sie.

»Hey Alice! Willkommen im Spiegelland!«

Sie findet das gar nicht lustig und schnauzt mich an: »Du sollst doch nicht hier unten rein!«

»Ja, ich weiß, aber Papa ist doch in der Kantine, und ich dachte …«

»Überlass das Denken den Pferden, die haben größere Köpfe.«

Den hat sie eindeutig von meinem Vater. Und überhaupt. Warum flippt die denn jetzt so aus? »Du bist doch selber hier!«

Plötzlich packt sie mich, vollkommen unvermittelt, kitzelt mich durch und fängt an zu kichern. Aber ich habe keine Lust darauf und befreie mich aus ihrem Griff. »Lass mich in Ruhe!«

»Hey Kleiner, war doch nur Spaß!«

Aber ich hab doch ihre Augen gesehen, und da war kein Spaß. Außerdem ist sie in der letzten Zeit ständig so. In kürzester Zeit wechselt sie von total genervt zu völlig überdreht und wieder zurück. So als würde jemand irgendwelche Schalter in ihrem Kopf umlegen. Wenn alle Mädchen so sind, dann ist mir das echt zu anstrengend.

Ich drücke mich an ihr vorbei durch den Schrank und laufe auf mein Zimmer, wo ich irgendwas mit Lego baue. Nach draußen möchte ich nicht, denn das Verhältnis zwischen Markus, Felix und mir ist seit dem Kuchenfiasko mit Hagen merklich abgekühlt. Markus meint, ich hätte die beiden im Stich gelassen, obwohl doch die ganze Sache mit dem Hinterhalt meine Idee gewesen sei. Ich kann denen irgendwie nicht erklären, warum das plötzliche Auftauchen meines Vaters wichtiger war, als dem armen Felix wieder auf die Beine zu helfen, und hoffe nur, dass sich das wieder einrenkt, spätestens wenn wir nach den Sommerferien gemeinsam die Hauptschule besuchen werden. Hagen bin ich seitdem zweimal begegnet. Der hat mich ein paarmal geboxt, aber eher nachlässig, so als habe er das Interesse an meiner Züchtigung verloren.

15

Die Sommerferien sind vorüber. Heute ist mein erster Tag in der Hauptschule. Den Schulbus kenne ich ja schon, und so stellt sich die Aufregung erst ein, als wir an meiner alten Grundschule vorbeifahren und ich nicht wie sonst aussteige. Als ich gemeinsam mit Markus und Felix in den Bus stieg, begrüßten mich ein paar der älteren Schüler immer noch mit »Hi I-Dötzchen«, woraufhin sich die beiden verdutzt anschauten, um mir sogleich ebenfalls ein fröhliches »Hi I-Dötzchen« entgegenzuschmettern. Sehr lustig! Jetzt sind wir fast da, und meine Freunde haben sich immer noch nicht wieder eingekriegt. Genervt verdrehe ich die Augen und sage, sie sollen bloß damit aufhören, wenn wir in unserer neuen Klasse sind. Ich habe keine Lust darauf, dass mein Spitzname für die nächsten fünf Jahre »I-Dötzchen« lautet. »Okay, I-Dötzchen, versprochen, I-Dötzchen!« Und wieder prusten sie los. Pat und Patachon.

Während der Sommerferien hat sich unser Verhältnis Stück für Stück normalisiert, und in den letzten zwei Wochen haben wir uns fast täglich gesehen und eine Wurzelhütte in dem nahe gelegenen Wäldchen gebaut, mit unseren Knifften Jagd auf Mäuse gemacht – zum Glück ohne Erfolg –, Verstecken und »Deutschland erklärt den Krieg« gespielt.

Auch mein Vater ist wieder ein vollwertiges Mitglied unserer Familie, nach seinen Maßstäben zumindest. Er hat sich wirklich Mühe gegeben, auch mit uns Kindern. Mein Bruder hat jetzt ein eigenes Mofa. Das nutzt er natürlich nicht, um Freunde damit zu besuchen, sondern er hat sich Geländekarten der Umgebung besorgt und unternimmt nun jeden Sonntag, wenn die Grünen Waffenruhe haben, Ausflüge durchs Schießgelände.

Mir hat mein Vater zum Geburtstag ein ferngesteuertes Flugzeug geschenkt. Mit Benzinmotor und Fernsteuerung und allem Drum und Dran. In der Nähe unseres Dorfes gibt es einen Modellflugplatz, zu dem wir dann eines Sonntags gemeinsam hingefahren sind. Unter der Anleitung eines der alten Hasen, die dort regelmäßig ihre Flieger steigen lassen, gelang es mir dann auch, mein neues Flugzeug in die Luft zu bekommen. Der Start funktionierte ganz gut, und auch als die Maschine flog, kapierte ich relativ schnell, wie man sie rauf und runter und nach links oder rechts manövriert. Nur wenn das Teil auf mich zuflog, wurde es etwas kompliziert, weil dann links zu rechts wurde und umgekehrt. Was leider gar nicht funktionierte, war die Landung. Irgendwie habe ich Panik bekommen, in meinem Kopf ging plötzlich alles durcheinander. Links, rechts, oben, unten ... alles eine Soße, und so rammte ich meinen nagelneuen Flieger unangespitzt ins Erdreich. Er überschlug sich ein paarmal und zerbrach schließlich in hundert Teile. Totalschaden. Mein Vater kämpfte tapfer gegen seine Enttäuschung an, und ich beschloss, dass die Modellfliegerei nicht zu meinem neuen Hobby werden würde.

Mit quietschenden Bremsen hält der Bus vor meiner neuen Schule. Die steht oben auf einem Berg und sieht aus, als hätte sie ein Kind aus grauen, mit kleinen Steinchen beklebten Betonplatten zusammengesetzt. Von der Bushaltestelle, an der mehrere Busse gleichzeitig halten können, führt ein Weg ein paar Treppen hinauf, vorbei an der Turnhalle auf den Schulhof. Wir Neuen werden von einem kleinen, untersetzten Mann mit Halbglatze, rotem Haarkranz, Schnauzbart und Hornbrille aufgefordert, uns erst einmal in der Schulaula zu versammeln, um unseren Klassen zugewiesen zu werden. Markus flüstert, der sehe aus wie Babapapa. Ich finde den Vergleich nicht sehr treffend, lache aber trotzdem.

Wir laufen in die angegebene Richtung, und jetzt sitze ich mit pochendem Herzen erwartungsvoll neben Felix und Markus, die plötzlich ganz ruhig geworden sind, in dem großen Saal. Er ist mit glatten Steinplatten ausgelegt und an den Wänden hängen Bilder. Einige sehen nicht viel anders aus als die in den Fluren meiner alten Grundschule, andere wirken jedoch schon richtig erwachsen. Da ist zum Beispiel so ein Bild mit einem Astronauten, der um seine Raumkapsel kreist. Er ist durch eine sich durchs Bild schlängelnde Versorgungsleine mit der Kapsel verbunden, in seinem Visier spiegelt sich die blaue Erdkugel, und darüber steht »Major Tom«. Cool. Vorne führen ein paar Stufen über die gesamte Breite der Aula auf eine kleine Bühne. Links und rechts Vorhänge in knalligem Orange.

Nach einer Weile steigt der kleine Mann, gefolgt von einer Handvoll anderer Erwachsener, die Treppen zum Bühnenpodest hinauf und tritt an ein Rednerpult. Um uns herum hampeln noch ein paar Kinder herum, und hier und da hört man überdrehtes Gelächter. Geduldig, aber mit strengem Blick wartet das Männchen ab, bis vollkommene Ruhe eingekehrt ist, und stellt sich schließlich als Konrektor Strohwenger vor. Seine Stimme ist tief und volltönend und schafft es auch ohne Verstärkung, mühelos die Aula zu füllen. Es folgt die Aufzählung der Schulregeln, die ich aber vor lauter Aufregung sofort wieder vergesse.

Es gibt einfach zu viel zu schauen. Die Aula, die ganzen Kinder. Ein paar von denen kenne ich bereits aus meiner Grundschule, aber mehr als ein flüchtiges Nicken war bisher nicht drin. Endlich hat der Konrektor seinen Vortrag beendet und gibt das Rednerpult für einen der fünf anderen Erwachsenen frei, die sich hinter ihm aufgestellt hatten. Der stellt sich als Herr Schibulsky vor, zieht eine Liste aus der Gesäßtasche seiner abgewetzten Jeans und fängt an, Namen vorzulesen. Die Genannten sollen aufstehen und sich bereitmachen, ihm in ihr neues Klassenzimmer zu folgen. Markus' Name fällt ziemlich zu Anfang, da sein Nachname mit einem B beginnt. Kurz darauf folgt Felix. K. Ich mache mich bereit, denn gleich kommt das M an die Reihe. Erst als er seine Liste zusammenfaltet, sie zurück in seine Hosentasche stopft und mit einem Winken der Hand, das wohl »folgt mir« bedeuten soll, die Aula verlässt, wird mir klar, dass ich nicht zu seiner Klasse gehöre. Markus hat bereits seinen Schulranzen gepackt und kämpft sich durch die Reihen der anderen Schüler, während Felix noch kurz stehen bleibt und mich verwirrt anblickt. Schließlich zuckt er mit den Schultern und bahnt sich nun ebenfalls seinen Weg durch die engen Sitzreihen. Das gestaltet sich jedoch erheblich schwieriger als bei Markus, und ein paar der Kinder rufen theatralisch »Aua«, als er sich an ihnen vorbeischiebt, oder sie wenden sich ab und halten sich die Nase zu. Einer gibt ihm sogar einen Klaps auf den Arsch und ruft unter dem Gelächter der anderen laut »Schwabbel!!!«. Was für ein Doofmann.

Da muss ein Fehler passiert sein, denke ich, oder vielleicht hat meine Mutter es vor lauter Arbeit auch versäumt, mich anzumelden, und ich stehe auf überhaupt keiner Liste. Eine leichte Panik steigt in mir hoch, und ich versuche, mich selbst zu beruhigen, indem ich mir immer wieder sage, dass sich am Ende schon alles aufklären wird. Es folgen noch zwei Lehrer, von denen keiner meinen Namen sagt, und die Reihen der Schüler und Schülerinnen lichten sich. Ich fange an zu schwitzen und stelle mir vor, wie alle, Lehrer und Schüler, die Aula verlassen haben und ich alleine hier sitze und irgendwann einfach nach Hause laufe, den Berg hinunter und dann die drei Kilometer wieder hinauf zu unserem Dorf, und schon bildet sich wieder dieser blöde Kloß in meinem Hals.

Plötzlich höre ich meinen Namen. Vorne am Pult steht eine hagere, kleine Frau mit braunen Haaren, braunem Pulli und Jeans, die sich suchend in der Aula umblickt. Ich bin so perplex, dass ich nicht gleich reagiere, und erst als sie meinen Namen erneut und mit einem leicht genervten Unterton in den Raum ruft, springe ich hektisch auf und schreie »Hier!«. Dabei reiße ich meinen Schulranzen, den ich auf dem frei gewordenen Platz neben mir abgelegt hatte, zu Boden. Ein paar der verbliebenen Kinder lachen und zeigen mit dem Finger auf mich. Na toll, das fängt ja gut an. Ich blicke zu den anderen stehenden Kindern, die dann wohl meine neuen Klassenkameraden sein werden. Wer sind die? Ich kenne die nicht! Schon macht sich die hagere Frau auf den Weg, und ich raffe meinen Schulranzen vom Boden an mich, um ihr zu folgen. Die anderen Kinder scheinen sich sehr wohl zu kennen, denn während wir durch die Gänge der Schule laufen, schnattern die unentwegt miteinander. Ich fasse mir ein Herz und tippe einen der Jungs aus meiner neuen Klasse auf die Schulter. »Hi! Wie heißt du?«

»Markus.«

Will der mich verarschen? Wie viele von denen gibt es denn noch? »Ich heiße René ... Wo kommst du her?«

»Vom Planeten Ork.«

Ich gebe ein gequältes Lachen von mir. »Ah, ha, ha, nein, ich mein aus welchem Ort?« Er nennt mir den Namen seines Dorfes. Den habe ich noch nie gehört. Ich blicke vor zu der kleinen Frau mit den braunen Haaren. Gott, wie hieß die noch gleich. »Wie heißt noch mal die Lehrerin?«

»Frau Scholz oder so ...«

Ich renne vor und rufe: »Frau Scholz!«

Ohne anzuhalten, blickt sie über die Schulter. »Schulz.«

»Was?«

»Schulz, ich heiße Frau Schulz.«

Unwillkürlich muss ich an die älteren Jungs aus meinem Schulbus denken. Ich kann nicht anders und mache, während ich neben ihr herlaufe, das Schulz-Zeichen. Sie bleibt stehen und schaut irritiert auf mich herab. Ein peinlicher Moment entsteht, und ich lasse die Hand schnell wieder sinken. »Ich heiße René ...«

»Ich weiß, schließlich habe ich dich ja dreimal aufrufen dürfen.«

Oh, dann habe ich das erste Mal wohl komplett überhört. »Und?«

Während sie wieder losläuft, erkläre ich ihr, dass da ein Fehler passiert sein müsse, denn ich komme ja aus einem ganz anderen Dorf als die anderen. Schließlich bleibt sie vor unserem Klassenzimmer stehen und öffnet die Tür. Die anderen Kinder strömen an uns vorbei in die Klasse, und sie erklärt mir, dass das schon alles seine Richtigkeit habe, denn ich sei ja katholisch, so wie die meisten anderen hier, während die Kinder aus meinem Dorf alle evangelisch seien. Um den katholischen Religionsunterricht besuchen zu können, sei es einfacher gewesen, mich in diese Klasse zu den anderen Katholiken zu stecken. Mittlerweile sind alle Kinder an uns vorbei und toben durch den Raum. Ich stehe vor Frau Schulz an der geöffneten Tür und glotze sie mit offenem Mund an, woraufhin sie beginnt, mir den Sachverhalt erneut zu erklären, viel langsamer jetzt, so als rede sie mit einem Schwachsinnigen. Noch bevor sie fertig ist, drehe ich mich um, gehe ins Klassenzimmer und setze mich an eines der freien Pulte.

16

Nachdem sie die Tür hinter sich geschlossen hat, lehnt Frau Schulz gelassen am Lehrerpult. Dabei schafft sie es irgendwie, streng über ihre neue Klasse zu blicken. Wyatt Earp in Jeans und Strickpulli. Das zeigt Wirkung. Innerhalb kürzester Zeit haben sich alle Rumhampler beruhigt und sich einen Platz an einem der Schülertische gesucht. Klar, dass sich niemand zu mir setzt. Ganz langsam steigt Wut in mir auf. Über diesen verkorksten Schulanfang, über mich selbst und meine Schusseligkeit und darüber, dass ich wegen dieses bescheuerten Religionsunterrichtes nicht mit Felix und Markus in einer Klasse bin.

Es werden kleine Pappschildchen ausgeteilt. Auf die sollen wir unsere Namen schreiben. Lustlos kritzle ich mein »René« auf die Pappe, falte sie in der Mitte und stelle sie vor mich auf den Tisch. Jetzt müssen auch noch alle reihum ihre Namen laut sagen. Zu dem einen Markus vom Planeten Ork kommt noch ein zweiter hinzu. Waren die hier in der Gegend im Dutzend billiger? Ich versuche gar nicht erst, mir die anderen Namen einzuprägen, und als ich an der Reihe bin, kommt mir mein »René« nur zögerlich und halb geflüstert über die Lippen.

»Wat?! Wie heißt der?« Das war ausnahmsweise mal kein Markus, sondern ein Rolf oder Ralf, vorne aus der zweiten Reihe. Ein rotgesichtiger, großer Typ mit wulstigen Lippen, die aussehen wie zwei fette rosa Maden.

»René! Ich heiße RENÉ!«

»Hä?! Was'n das für'n Name?«

Frau Schulz schaltet sich ein. »Das ist ein französischer Name ... außerdem möchte ich, dass ihr euch meldet, bevor ihr etwas zum Unterricht beitragt.«

»Ahhh! Jeannette, Baguette ... Du verstehen unsere Sprach'? Le Tatar, der frische Franzos'!« Der kriegt sich gar nicht mehr ein mit seinem schlecht nachgemachten französischen Akzent. Soll ich mich jetzt etwa die nächsten fünf Jahre mit diesem Trottel rumschlagen? Zum Glück findet nur er das lustig. Doch als er dann auch noch anfängt, laute Kussgeräusche von sich zu geben, wird mir alles zu viel, und die angestaute Wut steigt in mir hoch wie Kohlensäure in einer Sprudelflasche und spannt einen roten Schleier von innen vor meine Augen.

»Halt dein Scheißmaul!!!« Ohne es bemerkt zu haben, bin ich aufgesprungen und stehe jetzt schwer atmend da, bereit, mich auf ihn zu stürzen und ihm das doofe Grinsen aus dem schmierigen Madenmaul zu hauen. Und tatsächlich verschwindet das Grinsen schlagartig, und auch sonst ist es plötzlich sehr still geworden, und ich spüre, wie alle in der Klasse mich anstarren. Dann schlägt Frau Schulz dreimal mit der flachen Hand auf ihr Pult.

»Okay … jetzt beruhigen wir uns erst mal und setzen uns wieder auf unseren Platz.« Aber so leicht geht das nicht, denn noch immer kocht mein Blut. »Ich sagte: Wir beruhigen uns und setzen uns hin!«

Zögerlich gehorche ich, und als ich endlich sitze, starre ich auf meine zu Fäusten geballten Hände, die ich vor mir auf dem Tisch abgelegt habe.

Langsam weicht die Anspannung aus dem Klassenraum, und einer nach dem anderen wendet sich wieder Frau Schulz zu, die angefangen hat, irgendetwas über Schulbücher zu erzählen. Nur ein Blick ist da noch, das kann ich spüren. Und als ich aufschaue, um zu sehen, wer da nicht aufhören kann, mich anzuglotzen, ist es um mich geschehen, und ein unbekanntes warmes Kribbeln breitet sich in meinem Bauch aus. Der Auslöser für dieses seltsame Gefühl sind zwei katzenhafte braungrüne Augen, umrahmt von halblangem, braunem Wuschelhaar. Darunter eine Stupsnase mit einem kleinen Höcker in der Mitte.

Und der Mund ist scharf geschnitten, nicht zu schmal, nicht zu breit und eingerahmt von zwei frechen Grübchen. Ganz zierlich ist die und klein, und ich wundere mich, warum sie mir nicht schon früher aufgefallen ist. Wie heißt die noch gleich?

Das Pappschildchen kann ich von meinem Platz aus nicht lesen, da sie in der Reihe schräg vor mir sitzt. Nadine ... oder nein ... Nadja ... Interessiert blickt sie mich mit ihren Katzenaugen an. Aber nicht so, wie man etwa ein schillerndes Seepferdchen betrachten würde, sondern eher wie ein Ding, etwas Fremdartiges, wie einen Unfall auf der Autobahn, von dem man einfach nicht den Blick lassen kann. Verschämt schlage ich die Augen nieder, und alle Wut ist aus mir raus und hat der traurigen Gewissheit Platz gemacht, dass dieses Zauberwesen mich für alle Ewigkeit blöd finden wird. Gleichzeitig versuche ich zu ergründen, warum mich diese Tatsache so betrübt. Alle Mädchen sind doch bekanntlich doof. Warum ist es mir dann nicht gleich, was sie von mir hält? Die Traurigkeit weicht einer tiefen Verwirrung, und ich denke, was ist das bloß für ein idiotischer Tag! Ständig werde ich von einem Extrem ins andere gestürzt. Von heißer Wut in Verwirrung, in Trauer, in Aufregung. Und dazu noch die ganzen neuartigen Eindrücke und unbekannten Gesichter, und ich merke, wie mein Gehirn langsam in den Tilt-Modus schaltet und sich ein Affe mit einer großen Kesselpauke in meinem Kopf einnistet.

Frau Schulz teilt die Stundenpläne und Bücherlisten aus. Die hat meine Mutter natürlich vorher schon bekommen, sodass ich den Teil der Bücher, die wir uns neu besorgen mussten, bereits habe. Und während der ganzen Zeit denke ich nur »Schulz«, ha, ha, Schulz! Als es endlich zur kleinen Pause läutet, bin ich total überdreht und hampele rum, was ja sonst eigentlich gar nicht meine Art ist, und gebe jedem die Hand, die ich dann viel zu lang und zu kräftig schüttele, und ein paar der

Mädchen, außer der mit den Katzenaugen natürlich, schmatze ich sogar einen Kuss auf den Handrücken, worüber die kichern müssen, und der Affe in meinem Kopf schlägt unaufhörlich die Pauke. Rolf oder Ralf drückt sich währenddessen allein in der hintersten Ecke rum und beobachtet mich misstrauisch. Dem habe ich anscheinend einen gehörigen Schrecken eingejagt. Gut so.

17

Heute gab es noch keinen regulären Unterricht, denn es ist Einführungstag. Nachdem wir uns die fehlenden Bücher aus dem Magazin geholt hatten, haben wir noch die Turnhalle, den weiter den Berg rauf gelegenen Sportplatz und schließlich das Tonlabor besichtigt. Die ganze Zeit über war ich total aufgedreht, und Frau Schulz musste mich mehrfach zur Ordnung rufen. Mir kam es jedoch so vor, als gefielen meine Tiraden den anderen Kindern, denn sie lachten viel über mich und feuerten den Affen in meinem Kopf dadurch nur noch mehr an. Mir scheint, die mögen mich, und vielleicht hat mein kleiner Ausraster während der Vorstellungsrunde ihnen sogar Respekt eingeflößt: Schaut her! Da kommt der Junge mit dem französischen Namen. Den sollte man besser nicht zu sehr reizen, sonst wird er zum Tier!

Jetzt sind wir mitten in der vierten und letzten Stunde. Der Affe kauert verkatert in einer Ecke meines Kopfes, hat die Klöppel zur Seite gelegt und hält sich mit beiden Händen die Stirn. All meine Energie ist während der letzten drei Stunden verpufft wie trockenes Stroh in einem Hochofen, und es fällt mir immer schwerer, die Augen offen zu halten.

Frau Schulz steht vorne an der Tafel, auf die sie vier Namen geschrieben hat. Einer davon ist meiner. Gerade entfaltet sie ein Zettelchen, das sie aus einem kleinen Korb gefischt hat, und liest vor. Wieder »René«. Dann macht sie einen weiteren Strich an die Tafel, hinter meinen Namen. Das war jetzt schon der Elfte. Volker hat zwei Striche, Rolf einen – der hat sich offensichtlich selbst gewählt – und Nancy immerhin fünf. Ein paar Zettel befinden sich noch im Korb, aber rein rechnerisch ist jetzt schon klar, dass der neue Klassensprecher der 5d René heißen wird. Wäre ich nicht so matschig im Kopf, könnte ich es kaum fassen. Was wohl Felix und Markus dazu sagen werden? Ich bin den beiden nur kurz während der großen Pause auf dem Schulhof begegnet. Aber die waren zu sehr mit ihren neuen Klassenkameraden beschäftigt, und auch ich wollte den Anschluss nicht verlieren und ging zurück zu den Jungs aus meiner Klasse, die damit beschäftigt waren, die Mädchen zu piesacken.

Endlich sind alle Zettel ausgezählt. Mit einem deutlichen Vorsprung habe ich die Wahl für mich entschieden. Frau Schulz verkündet das Ergebnis und bittet mich mit einem leicht säuerlichen Unterton zu sich nach vorne. Offensichtlich hätte sie lieber jemand anderen als Klassensprecher gesehen. Vielleicht eines der braven Mädchen. Aber es hilft nichts, die Demokratie hat entschieden, und als ich vor ihr stehe, fragt sie mich, ob ich die Wahl annehme. Mehr als ein Nicken bringe ich nicht zustande. Dann fragt sie mich, ob ich mir bewusst sei, dass der Klassensprecher stets Vorbild für die anderen sein müsse. Wieder kann ich nur nicken. Oh Mann, die tut ja so, als wäre ich Bundeskanzler geworden. Gleich lässt sie mich womöglich auf die Bibel schwören, und ich wünsche mir den Affen in meinen Kopf zurück. Vielleicht würde dem ja etwas Lustiges einfallen. Der bleibt jedoch still, und so setze ich mich unter dem müden

Beifall meiner Klassenkameraden mit hochrotem Kopf wieder an meinen Platz.

Danach erzählt Frau Schulz noch etwas von einer Radioshow, die in der nächsten Woche live aus unserer Turnhalle übertragen wird. Aha, denke ich, kann mir aber nichts darunter vorstellen.

Nadja hat mich nach unserem ersten Blickkontakt komplett ignoriert. Bestimmt hat sie für Nancy gestimmt. Das scheint ihre beste Freundin zu sein, denn sie sitzen nebeneinander und verbrachten auch sämtliche Pausen zusammen. Ich kann mir immer noch keinen Reim auf das seltsame Bauchkitzeln machen. Vor jeder Pause habe ich mir vorgenommen, sie anzusprechen, um den schlimmen Eindruck, den ich anscheinend bei ihr hinterlassen habe, wieder auszubügeln. Aber jedes Mal, wenn ich versuchte, mich ihr zu nähern, gefror mein Blut zu süßem Erdbeereis, und nix ging mehr. Also gab ich meinem Affen Zucker und blödelte lieber noch ein bisschen für die anderen herum.

Endlich ertönt der Gong. Das ist nicht einfach eine schrille Klingel wie in meiner Grundschule, sondern eine sanfte Abfolge von vier Tönen, die sich irgendwie metallisch zu einem wohlklingenden Akkord vereinen. Wenn dieser Wohlklang die Schüler zu mehr Besonnenheit verführen soll, dann hat er sein Ziel weit verfehlt, denn alle springen auf wie von der Tarantel gestochen und stürmen Richtung Ausgang. Ich lasse mir ein bisschen mehr Zeit, denn auch Nadja und ihre Freundin räumen erst in aller Ruhe ihre Federmäppchen ein, um sie dann mit vollendeter Grandezza in ihren Schulranzen zu verstauen.

Ich habe mir vorgenommen, hinter ihnen zu bleiben und eine günstige Gelegenheit abzuwarten, um Nadja anzusprechen. Am besten wäre es, wenn die lästige Nancy kurz mal ihrer eigenen Wege gehen würde. Was ich sagen soll, weiß ich immer noch nicht, aber ein »Hey, na?« muss als erste Idee reichen. In meinem Kopf gehe ich die möglichen Betonungen durch. Vielleicht doch besser »Hallo«. Das klingt doch irgendwie erwachsener als ein schludriges »Hey«. Aber dann könnte ich das »Na« auch gleich durch »Nadja« ersetzen. »Hallo Nadja« also. Hm, das klingt doch ganz schön steif. Und so bilden sich seltsame Wortschleifen in meinem Kopf, während ich hinter den beiden plappernden Mädchen zur Bushaltestelle schleiche. Gerade als ich mich mit mir selbst auf ein verwegenes »Na, du?« geeinigt habe, werde ich von hinten geschubst, sodass ich fast auf den Gehweg knalle.

»Hey I-Dötzchen! Alles klar?« Ohne dass ich es bemerkt habe, sind Markus und Felix hinter mir aufgetaucht. Wütend drehe ich mich zu den beiden um. »Hey, ihr Spastis! Jetzt hört mal auf mit dem Mist!« Aber als ich sehe, wie Felix sich den Bauch hält vor Lachen, kann ich nicht anders und stimme mit ein. Gemeinsam gehen wir zu unserem Bus. Von den beiden Mädchen aus meiner Klasse ist nichts mehr zu sehen. Ist irgendwie auch nicht mehr so wichtig. Auf dem Heimweg erzählen wir uns gegenseitig von unseren Erlebnissen, und als ich ihnen verkünde, dass ich Klassensprecher geworden bin, fangen sie sofort an, mich damit aufzuziehen. Ein I-Dötzchen als Klassensprecher ... das habe es ja noch nie gegeben, es sei nur ein weiterer Beweis für die Schwachsinnigkeit der Leute aus dem anderen Dorf. Aber ich spüre, dass sie auch ein bisschen beeindruckt sind, und kann mich deshalb nicht wirklich über ihre Sticheleien ärgern.

18

Wie King Kong wütet Rüdiger durch meine Legolandschaft. Gerade fällt mein schöner Lego-Baukran seinen ungestümen Schlägen zum Opfer. »Uahhhhh!!! Bäm, Bäm!!!« Dabei lacht er irre, und mir bleibt nichts anderes übrig, als gute Miene zum bösen Spiel zu machen. Schließlich will ich ja nicht als Baby dastehen. Rüdiger hat schon lange aufgehört mit Lego zu spielen. Das sei doch Kinderkram, sagte er, als er heute am späten Nachmittag in mein Zimmer kam. Am liebsten würde ich ihn packen und in hohem Bogen rauswerfen. Aber das geht schlecht, denn heute feiert mein Vater Geburtstag und gleichzeitig die Einweihung seines Kellerreiches, und deshalb sind die Bremers mitsamt ihrem angeberischen Sohn zu Besuch. Außerdem sind noch der Herr Kleber mit Frau und ein paar andere Freunde und Saufkumpane meines Vaters da. Die sind alle unten im Kaminzimmer, wie sein Wohnzimmer ab sofort genannt wird, und saufen sich schon mal warm. Eigentlich sollte draußen im Garten gegrillt werden, aber wie so oft im Westerwald ist der Himmel grau, und ein feiner Nieselregen hat alles in unangenehme Feuchtigkeit getaucht.

Endlich hat Rüdiger sich beruhigt und tritt nur noch ein paarmal halbherzig auf meine Lego-Hebebühne ein. »Und? Wie ist's hier so in dem Kaff?« Wie das schon klingt. Kaff. Als würde der aus der Großstadt kommen. Dabei ist sein Dorf höchstens genauso groß wie unseres, wahrscheinlich sogar noch kleiner.

»Ja, ist okay. Hier in der Straße wohnen zwei Jungs, die sind ganz in Ordnung ... wenn nur nicht dieser durchgedrehte Hagen wäre.« Mist, warum habe ich das denn jetzt gesagt?

»Hagen, was ist mit dem?«

»Ach nichts.«

»Wie, nichts?«

»Na ja, der wohnt auch hier in der Straße, und manchmal verkloppt der uns ...«

»Echt? Wie euch? Euch alle drei? Könnt ihr euch nicht zusammentun?«

»Haben wir schon versucht ...«

»Und?«

»Lief nicht so gut.«

»Okay ... Wie alt ist der denn?«

»Na ja, also ... weiß nicht so genau ...«

»Na, ist der bei euch an der Schule? In welche Klasse geht der denn? In die Siebte, Achte ... Neunte?«

Bei jeder Zahl schüttele ich den Kopf.

»Hä? Was denn jetzt?«

Verlegen fange ich an, die Legos in eine Kiste zu packen.

»Hallo?!«

»Ja, Mist, der geht noch in die Grundschule hier im Dorf!«

Fassungslos starrt er mich an, prustet dann los und kann eine ganze Weile nicht mehr aufhören zu lachen. Jetzt wirft er sich auch noch auf den Boden und hält sich den Bauch. Völlig übertrieben. »Bist du dir sicher, dass er nicht noch in den Kindergarten geht?« Und wieder kringelt er sich.

Innerlich kochend versuche ich ihn zu ignorieren und räume weiter meine Legos in die Kiste.

»Wollen wir ein bisschen rausgehen?« Er hat sich wieder eingekriegt, und plötzlich ist da so ein übermütiges Funkeln in seinen Augen. Sofort ist mir klar, dass er am liebsten auf Hagen treffen würde, um mir zu zeigen, was für ein toller Hecht er ist. Eigentlich habe ich keine Lust, bei dem miesen Wetter rauszugehen, aber nach kurzer Überlegung komme ich zu dem Schluss, dass ich nur gewinnen kann, sollten wir tatsächlich auf meinen verhassten Widersacher treffen. Entweder bekommt

Hagen seine wohlverdiente Abreibung, oder – und das halte ich für deutlich wahrscheinlicher – Rüdiger bekommt endlich mal sein großes Maul gestopft. Die Chancen, ihn tatsächlich anzutreffen, stehen gar nicht mal so schlecht, denn er ist meistens draußen. Dass es daran liegen könnte, dass er nicht gerne zu Hause ist, kommt mir erst viel später in den Sinn.

Meistens hängt er ein paar Häuser weiter vor dem kleinen Aschebolzplatz auf der Betontischtennisplatte rum und lässt monoton einen alten Tennisball springen. Schon oft habe ich mich darüber geärgert, weil deshalb der Bolzplatz und die Tischtennisplatte für Markus, Felix und mich tabu sind. Und tatsächlich: Noch bevor wir ihn sehen, kann ich das gleichmäßige »Tok« des Tennisballes hören. Als wir bei der Platte ankommen, bemerkt er uns eine Weile nicht. Seine Beine baumeln über den Betonrand, und er wirft vornübergebeugt den Ball zwischen seinen Knien hindurch auf den Boden, um ihn sogleich wieder aufzufangen und erneut zu werfen. Das könnte fast etwas Meditatives haben, wäre da nicht diese Wut, die in jedem Wurf deutlich zu spüren ist.

»Der da?«

Ich nicke.

Fassungslos schüttelt Rüdiger den Kopf, was wohl so viel bedeuten soll wie: »Von dem kleinen Würstchen lasst ihr euch auf der Nase rumtanzen?« Na ja, denke ich, wir werden ja sehen.

»Hey! Arschloch! Mach ma' Platz! Wir wollen 'ne Runde Tischtennis spielen.« Aber wir haben doch gar keine Schläger dabei, kann ich gerade noch denken, doch bevor ich etwas sagen kann, ist Hagen schon aufgesprungen und hat sich auf Rüdiger gestürzt. Es ist wirklich ganz erstaunlich, wie der aus dem Nichts loslegen kann. Rüdiger ist offensichtlich genauso erstaunt, denn schon liegt er auf dem Rücken, die Arme unter Hagens Knien, und kassiert ein paar kräftige Backpfeifen. Ich halte genügend Sicherheitsabstand, um bei Bedarf loslaufen zu können, falls er es auch auf mich abgesehen haben sollte. Rüdiger tut mir fast ein bisschen leid. Aber nur fast. Schon laufen ihm die Tränen über die Wangen, und er kreischt wie ein kleines Mädchen. Ich versuche, mir diesen Anblick ganz genau einzuprägen, um später davon zehren zu können. Plötzlich blickt Hagen auf, schaut mich an und scheint zu begreifen, dass er sich gerade zu meinem Werkzeug macht. Genauso schnell, wie er sich auf Rüdiger gestürzt hat, lässt er von ihm ab und kommt auf mich zu. Ich weiche ein paar Schritte zurück und bleibe erst stehen, als er stehen bleibt. Während Rüdiger sich im Hintergrund stöhnend wieder aufrappelt, stehen wir uns reglos gegenüber. Plötzlich macht Hagen einen halben Schritt in meine Richtung, ein kurzer Impuls, der ausreicht, um mich in die Flucht zu schlagen. Erst als ich schwer atmend an unserer Haustür ankomme, gestatte ich mir einen Blick über die Schulter. Von Hagen keine Spur. Dafür kommt Rüdiger mit rot gehauenem, nass geheultem Gesicht angelaufen. Als er vor mir steht, kann ich mir ein »Tja, lief nicht so gut, was?« nicht verkneifen.

»Halt bloß die Klappe! Und wehe, du erzählst meinen Eltern was davon!« Warum seine Eltern nichts davon erfahren sollen, leuchtet mir nicht sofort ein. Später kommt mir die Idee, dass sie es vielleicht nicht ertragen würden, dass ihr perfekter Sohn eine Niederlage einstecken musste.

19

»Fly the metal bird to Hiroshima, let the sky explode …« Mit geschlossenen Augen wiegt meine Schwester sich im Takt und singt hingebungsvoll zur Musik, die aus den Boxen meines Vaters dröhnt. Sie hat ein Mikrofon an den Verstärker angeschlossen und übertönt so mit ihrer Stimme irgendwie dumpf das Original. Die Erwachsenen haben größtenteils ihre Gespräche unterbrochen, um der Darbietung zu lauschen. Als der Song endlich vorbei ist, johlen und klatschen die meisten. Die haben eindeutig schon gehörig einen im Tee.

Einige Zeit vorher haben Rüdiger und ich unser selbst ausgedachtes Hörspiel vorgespielt. Das haben wir mit meinem Kassettenrekorder aufgenommen, auf dem ich sonst immer meine Märchenkassetten zum Einschlafen höre. Aber das darf Rüdiger natürlich nicht wissen. Überhaupt hat er nach seiner Abreibung erstaunlich schnell sein altes Selbstbewusstsein wiedererlangt, so als wäre gar nichts passiert und als wäre er nicht gerade von einem Grundschüler verkloppt worden. Unser Hörspiel hatte eher mäßigen Erfolg. Es hat niemand gebuht oder so, aber bei der einen oder anderen Länge, die sich zugegebenermaßen in unser Machwerk eingeschlichen hatte, war doch hier und da ein gequältes Aufstöhnen zu hören, und trotz des artigen Schlussapplauses waren alle erleichtert, als es endlich vorbei war.

Jetzt stehe ich hier unten im Kaminzimmer zwischen den Erwachsenen, wo es furchtbar laut und aufgedreht zugeht. Hans brüllt gerade eine Geschichte heraus. Dabei geht es darum, wie mein Vater während eines Skiurlaubs eine Frau namens Helga über den Haufen gefahren hat, woraufhin eine andere Frau gerufen haben soll: »Schau, da liegt der Herbert auf der Helga!« Alle lachen. Ein paar der Frauen kreischen regelrecht. Alles ist viel zu ausladend, schrill und überdreht, und eigentlich bin ich hundemüde und möchte ins Bett, aber ich kann mich nicht von diesem Überschwang losreißen. Rüdiger liegt nebenan im Plüschbett und schläft bereits. Wie er das bei dem Lärm schafft, ist mir schleierhaft.

Meine Mutter hat schon zwei Versuche unternommen, auch mich ins Bett zu bringen, aber ich bin jedes Mal sofort in den Quengelmodus übergegangen und habe steif und fest behauptet, ich sei noch kein bisschen müde. Resigniert ließ sie mich gewähren, aber lange werde ich wohl nicht mehr damit durchkommen. Mein Bruder hat sich gar nicht erst hier unten blicken lassen. Der hockt wahrscheinlich wieder in seinem Zimmer und nutzt den Lärm der Party, um seine heiß geliebten Pink Floyd in voller Lautstärke zu hören.

Meine Mutter hat meinem Vater eine Uhr geschenkt. Der hatte sich eine Fliegeruhr gewünscht. Keine Ahnung, was eine Fliegeruhr ausmacht. Auf einem Foto, das meine Mutter aus einem Katalog rausgesucht hatte, sah die aus wie eine Taucheruhr, also mit so einem Ziffernkranz, den man verdrehen kann. Das Modell, das sie schließlich ausgewählt hat, sieht ganz anders aus, und offensichtlich gefällt es meinem Vater nicht besonders, denn gerade eben hat er die Uhr abgenommen und ins Kaminfeuer geworfen. Meine Mutter stand daneben und hat so ein Gesicht gemacht, ganz unbewegt, aber so, als würde von innen etwas Fürchterliches dagegendrücken. Jetzt nimmt mein Vater den Schürhaken und fischt die neue Uhr aus der Glut. Dabei postuliert er, das sei ein Qualitätsprodukt und müsse die Hitze aushalten. Um die Uhr abzukühlen, lässt er sie in sein volles Bierglas fallen. Alle lachen. Nur meine Mutter nicht. Die steht nur da und schüttelt resigniert den Kopf. Als ihr Blick auf mich fällt, ahne ich, dass es diesmal keine Ausflüchte mehr geben wird. Nach kurzer Verhandlung einigen wir uns auf einen

Kompromiss. Ich solle nach oben gehen, Zähne putzen und meinen Schlafanzug anziehen und dürfe dann noch mal kurz runterkommen, um Gute Nacht zu sagen.

Als ich kurz darauf mit frisch geputzten Zähnen in meinem Frotteeschlafanzug die Kellertreppe runtersteige, komme ich an der halb geöffneten Tür der Vorratskammer vorbei. Darin steht ein Regal meiner Mutter voller Einmachgläser mit Kirschen von unserem Baum. Aber auch die Getränke lagern hier, und in einer Ecke hat mein Vater sein Weinregal aufgestellt. Gerade will ich im Vorbeigehen die Tür schließen, als ich zwei Stimmen aus dem Inneren der Kammer höre. Sofort erkenne ich, dass es sich um Hans und meinen Vater handelt.

»… nee, die hatte heute keine Zeit … die spielt auf einer Hochzeit.« Rike, seine Tochter spielt manchmal als Alleinunterhalterin mit einer Orgel auf Familienfesten und singt Partyhits wie »Oh La Paloma Blanca« oder »Hier fliegen gleich die Löcher aus dem Käse«, um sich ein paar Mark dazuzuverdienen. »Aber haste die in letzter Zeit mal gesehen? Was der obenrum für Dinger wachsen?«

»Ja, ja, aber das ist bei meiner nich' anders! Da weiß man manchmal gar nicht, wo man hingucken soll …«

Schnell schiebe ich mich an der Tür vorbei, und als ich gerade zurück ins Kaminzimmer will, höre ich, wie die beiden hinter mir die Vorratskammer verlassen.

»Bubu? Bist du immer noch nicht im Bett?« So nannte mein Vater mich früher immer. Heute nur noch, wenn er einen gesoffen hat. Gefolgt von Hans und mit zwei Flaschen Wein unterm Arm kommt er auf mich zu.

»Ich wollte noch kurz Gute Nacht sagen …«

»Na, dann aber schnell!« Und schon haben sie sich an mir vorbeigeschoben, zurück in die verrauchte, schwitzige, dröhnende Bierseligkeit der Party. Ich trotte hinterher und suche den Raum nach meiner Mutter ab. Bevor ich sie jedoch entdecke, sehe ich, dass eine Gestalt mit schwarzer Hornbrille von außen gegen die Scheibe klopft. Mit vor Wut verzerrtem Gesicht scheint sie etwas zu rufen, was jedoch beim lauten Wummern der Musik nicht zu hören ist. Es sieht fast ein bisschen komisch aus, wie im Stummfilm. Dann erkenne ich, dass es sich bei der Gestalt um Markus' Vater handelt. Ich winke ihm zu, doch er scheint mich gar nicht bemerkt zu haben. Als plötzlich meine Mutter neben mir steht, zeige ich mit ausgestrecktem Arm in Richtung unseres Nachbarn. Sie begreift sofort, was er will, und läuft zur Anlage, um die Musik leiser zu drehen. Ein enttäuschtes »Ohh« geht durch die Menge der Partygäste, als die Musik mit einem Mal nur noch Zimmerlautstärke hat. Sofort wird von draußen das Pochen und Rufen hörbar. Wie bei einem Tennismatch, denke ich, wenden sich alle Köpfe zuerst meiner Mutter und kurz darauf dem Fenster zu.

»Was soll das denn?« Das war Hans, der sich auch schon in Richtung Ausgang in Bewegung gesetzt hat, gefolgt von meinem Vater, meiner Mutter und noch ein paar anderen Gästen. Auch mich treibt die Neugier nach draußen. Vor mir wankt Frau Bremer, deren Augen schon wieder gefährlich nah am Rand der Augenhöhlen balancieren, durch den schmalen Kellerflur. Ein paarmal muss sie sich an der Wand abstützen, aber irgendwie gelingt es mir, mich an ihr vorbeizuquetschen.

»He! Passss doh' au du Beng'l!« Genau, Engel mit einem B davor, das bin ich. Als ich durch die Kellertür auf den kleinen Vorplatz trete, empfängt mich ein wüstes Geschrei. Unser Nachbar droht damit, die Polizei zu rufen, sollte es nicht augenblicklich still werden bei uns. Jetzt tritt Hans vor und schafft es, allein durch seine Präsenz, den Störenfried zum Schweigen zu bringen. So ungefähr muss es aussehen, wenn Hagen auf uns losgeht.

»Pass mal auf, du kleiner Pisser! Du hältst jetzt erst mal die Fresse, und dann schleichst du zurück in das Loch, aus dem du gekrochen bist. Und wenn hier gleich die Bullen auftauchen, dann finde ich dich, reiß dir den Kopf ab und scheiß dir in den Hals, kapiert?«

Wie ein geprügelter Hund läuft Markus' Vater zurück nach Hause. Fast meine ich, ihn winseln zu hören, und die ganze Situation ist mir irgendwie peinlich. Nicht für ihn, sondern weil ich mich dabei ertappe, wie diese rohe Demonstration der Macht einen Teil meiner selbst in tiefe Befriedigung taucht. Bei meiner Mutter hingegen schlägt die Verzweiflung ausnahmsweise in Wut um: Sie schnauzt den Kleber an, dass der ein Arschloch sei und dass sie vorhabe, noch länger hier zu wohnen und nun sehen müsse, wie sie mit den Nachbarn klarkomme. Auch die »Ach-Bambi«-Umarmungen meines Vaters können sie nicht zur Ruhe bringen. Ich schleiche mich zurück ins Haus und verkrieche mich, ohne Gute Nacht zu sagen, in mein Bett.

Ein paar Jahre später bekam dieses unbändige Eastwood-Image des Herrn Kleber ein paar gehörige Risse, als mein Vater und ich ihn abholen wollten, um irgendetwas zu unternehmen, und wir vor seinem Haus standen und hupten und sich eines der oberen Fenster öffnete und ein glatzköpfiger, zahnloser Typ den Kopf nach draußen steckte. Es dauerte eine Weile, bis ich begriff, dass es sich bei dem Männchen um den Kleber handelte, der sein Toupet noch nicht auf- und sein Gebiss noch nicht eingesetzt hatte.

20

Das ist ein offener Putsch! Wo zum Teufel bleibt meine Armee, um diese aufständischen Verräter in ihr eigenes Blut zu tauchen? Kurz erfreue ich mich an der Vorstellung, dass eine Horde Krieger über meine Feinde herfällt. Meine Kämpfer sehen aus wie eine Mischung aus D'Artagnan und Bruce Lee und machen sich gerade bereit, ihr schauriges Werk zu verrichten, doch im letzten Moment schreite ich ein und befehle ihnen den Rückzug. Sofort werfen sie sich in den Staub und verlassen unter tiefen Verbeugungen, rückwärtsgehend unser Klassenzimmer. Der Putsch ist niedergerungen, Nadja schmachtet mich voller Bewunderung an, aber ich zeige ihr erst einmal die kalte Schulter – schließlich gilt es, zuerst die Staatsräson wieder vollständig herzustellen.

Leider verschwindet das Traumbild ebenso schnell, wie es gekommen ist, und ich gebe mich wieder der totalen Gleichgültigkeit hin. Gerade faselt Rolf etwas davon, dass er sich nicht vertreten fühle und dass er lieber jemanden hätte, zu dem er wie zu einem Vorbild aufschauen könne. Ich finde, das ist jetzt ein bisschen dick aufgetragen, und Frau Schulz sieht das genauso, denn mitten in seinem Vortrag würgt sie ihn mit einem gereizten »Ja, ja« ab. Offensichtlich möchte sie diese Farce schnell hinter sich bringen, was mir eigentlich ganz recht ist.

»Wer ist dafür, einen neuen Klassensprecher zu wählen?« Teilnahmslos nehme ich zur Kenntnis, wie sich die gesamte Klasse meldet. Nadja wirft mir sogar noch einen gehässigen Blick über die Schulter zu, während sie den Arm hebt. Was habe ich der bloß getan? Und überhaupt: Was ist nur aus dem Prinzip der geheimen Abstimmung geworden? Tja, so schnell kann's gehen: Eben noch gewählter Volksvertreter und Klassenclown, im nächsten Moment schon Persona non grata.

Anfangs habe ich noch redlich versucht, meine Rolle als Klassenkasper auszufüllen, was mir jedoch mit der Zeit immer schwerer gefallen ist. Irgendwie war mir die Leichtigkeit abhandengekommen, und nach und nach drängte sich Rolf an meine Stelle, und ich verstummte immer mehr. Ich weiß nicht, warum das so ist, aber die Schule paralysiert mich. Nichts von dem, was die Lehrer in ihrem Unterricht von sich geben, interessiert mich. Also wirklich gar nichts, nicht das kleinste bisschen. Es ist auch nicht so, dass ich trotzig bin und die Schule aus rebellischem Antrieb heraus als eine Institution der Unterdrückung ablehne. Vielmehr erzeugt sie in mir ein Vakuum, das jede Farbe aus meiner Umgebung zu saugen scheint. Mehr und mehr werde ich zu einem Untoten, einem Zombie, der sich mühsam durch das graue Gallert der Flure und Klassenzimmer schiebt, und in meinem Kopf entsteht eine enervierende Leere, die nichts mit dem beruhigenden Nichts zu tun hat, welches das, wie ich es nenne, »Tauchspiel« in mir auslöst.

Manchmal am Sonntag, wenn meine Mutter frei hat, fährt sie mit mir in eine nahe gelegene Sauna. Dort hält sie sich dann, abgesehen von ein paar Schwitzsitzungen, die meiste Zeit im Ruheraum auf. Eingehüllt in einen flauschigen Bademantel, liest sie auf einer Liege vor dem flackernden Kaminfeuer Utta Danella oder Konsalik oder schläft einfach. Das Schwitzen in der Sauna gefällt mir nicht besonders, aber es gibt dort auch ein Schwimmbecken. Stundenlang kann ich damit zubringen, mich am Beckenrand festzuhalten und immer im Wechsel unter- und wieder aufzutauchen. Untertauchen und mit geöffneten Augen ausatmen. Das diffuse Hellblau der Beckenbeschichtung, durchzogen von den Blasen meines aufsteigenden Atems, umgibt mich. Auftauchen und mit geschlossenen Augen Luft holen, um sogleich wieder in die dumpfe Unschärfe der Unterwasserwelt abzutauchen. Immer im gleichen Rhythmus, bis nach einer Weile mein Kopf ganz leer wird und da nichts mehr ist, kein Gedanke, weder gut noch böse, kein Gefühl, sondern nur tiefe innere Ruhe.

Die Leere, die die Schule in mir erzeugt, ist eine gänzlich andere. Die ist wie ein durchgehender hoher Ton, der alles andere aus meinem Kopf vertreibt und nichts zurücklässt als ein fiebriges Nichts.

Hinzu kommt, dass sich seit der Sache mit dem Kleber und der lärmenden Geburtstagsparty meines Vaters das Verhältnis zu Markus mal wieder deutlich abgekühlt hat. Als könnte ich etwas dafür. Was hätte ich denn tun sollen? Hätte ich mich etwa vor seinen Vater werfen und den Herrn Kleber mit den Worten »Hebe dich hinweg, Ruchloser!« aufhalten sollen? Wohl kaum, aber so langsam ist mir auch das egal. Die Markusse haben eh alle einen an der Waffel und können mir gestohlen bleiben. Und Felix auch. Der hält natürlich zu seinem alten Sandkastenkumpel und ignoriert mich nun ebenfalls.

Der Höhepunkt der Scheißigkeit und der letztendliche Auslöser meiner Amtsenthebung war dann die Radioshow, die ein lokaler Sender live aus unserer Turnhalle übertragen hat. In unserer Turnhalle gibt es eine kleine Tribüne. Auf der sollte die Schülervertretung sitzen. Also auch ich. Davor hatte man eine Bühne aufgebaut, auf der ein DJ mit seinen Plattenspielern stand und ein Radiomoderator mit Gelfrisur aufgekratzt mit einem schnurlosen Mikro von links nach rechts hampelte. Auf der Seitenbühne saßen auf zwei Sitzreihen die Lehrer und überwachten alles mit Argusaugen. Und vor der Bühne, uns gegenüber, die gesamte restliche Schülerschaft. Neben mir lümmelte sich ein älterer Junge in seinen Sitz. Der war bestimmt schon in der achten, und auf seinem pickligen Gesicht bildete sich ein erster Flaum. Er wurde Festus genannt, wie ich später herausfand. Unten auf der Bühne mühte sich der Moderator durch eine laue Spielshow, immer wieder unterbrochen von einzelnen Musikstücken.

Obwohl ich mich schnell zu Tode langweilte, war ich doch irgendwie aufgeregt wegen meiner exponierten Position, und je länger die Veranstaltung dauerte, desto präsenter wurde wieder der Affe mit der Kesselpauke in meinem Kopf und trieb mich dazu, mein gesamtes Repertoire an unsäglichen Faxen abzuspulen. Ich grimassierte in Richtung des Moderators, der mich als Einziger im Raum nicht sehen konnte, oder ich stellte mich schlafend und schnarchte so laut, dass ich ihn einmal sogar aus dem Konzept brachte und er sich irritiert umdrehte, woraufhin ich wiederum pfeifend in die Luft schaute, als gäbe es an der Hallendecke irgendetwas Interessantes zu entdecken. Nach einer Weile erfasste mein Irrsinn auch den armen Festus neben mir, und wir begannen gemeinsam, eine Show von zweifelhafter Witzigkeit abzuziehen, ungeachtet der Tatsache, dass uns immer öfter böse Blicke seitens des Lehrkörpers trafen.

Der Höhepunkt des Irrsinns kam während einer Quizrunde. Der Moderator beschrieb einen Künstler. Der sei Musiker und lebe in Bochum. Dann wurde ein Musiktitel des Gesuchten angespielt, und es gab noch ein paar weitere Hinweise. Schließlich meldete sich ein Mädchen aus meiner Klasse. Sie hieß Annegret, ist das größte Kind in unserer Klasse und sieht viel älter aus als alle anderen. Dabei ist sie irgendwie massig, nicht fett, aber mein Vater würde sagen, sie hat schwere Knochen. Sie hieß Annegret, weil sie außer den Lehrern danach nie wieder jemand mit ihrem richtigen Namen ansprach. Sie ging also schüchtern zur Bühne, und als der Moderator ihr freundlich das Mikro hinhielt, damit sie die Lösung reinsprechen konnte, holte sie tief Luft und sagte: »Ist das vielleicht Mozart?«

Nach kurzer, vollkommener Stille brach die Hölle los in unserer voll besetzten Turnhalle. Alle johlten und lachten, selbst die, die nicht wussten, wer Mozart ist, und immer wieder schrie jemand »Mozart!!!«. Auch Festus und ich stimmten in das Geschrei ein, und während sich die Halle langsam wieder beruhigte, führte ich ein kleines durchgedrehtes Mozart-Tänzchen auf der Tribüne auf und merkte gar nicht, dass ich plötzlich der Einzige war, der sich noch nicht wieder eingekriegt hatte. Das war zu viel für Frau Schulz. Sie erhob sich, kämpfte sich resolut durch die Sitzreihen der Tribüne, bis sie mich erreicht hatte, packte mich fest am Arm und führte mich zum Ausgang, um mich wortlos vor die Tür zu setzen.

Dieser Vorfall führte schließlich dazu, dass ich in der nächsten Unterrichtsstunde entmachtet wurde. Die arme Annegret hieß für die nächsten fünf Jahre nur noch Mozart, und deshalb tat mir mein unsäglicher Ausraster leid, aber ich redete mich vor mir selbst damit heraus, dass mein Tänzchen nicht ihrer Unwissenheit gegolten hatte, sondern dem Affen mit der Pauke in meinem Kopf.

21

Es ist Weihnachten. Mein Vater sitzt auf dem rustikalen Sofa im Kaminzimmer, hat das Schifferklavier umgeschnallt und singt gerade »Seemannsbraut ist die See, denn nur ihr kann er treu sein …« Er knödelt ein bisschen und versucht sich an einer Hans-Albers-Imitation, hat aber eigentlich eine recht schöne, volle Stimme. Immer wenn er singt, kommt irgendwann die Geschichte, dass er am liebsten Sänger geworden wäre. Er liebt Chöre, und gerade in dieser Zeit sitzt er oft hier unten in seinem Ohrensessel vor dem leise im Kamin knisternden Feuer und legt eine seiner Platten von den Thomanern oder Ivan Rebroff auf. Dann darf man ihn nicht stören. Überhaupt ist er mit seinem Kellerreich sehr eigen, und nur zu besonderen Anlässen wie eben an Weihnachten ist es der Restfamilie gestattet, sich hier unten aufzuhalten.

Irgendwann im Spätherbst habe ich zusammen mit Markus und Felix die Verfilmung von *Romeo und Julia* auf dem Fernseher neben dem Kamin angeschaut. Meine Eltern waren in der Kantine. Dachte ich zumindest. Als jedoch mein Vater unerwartet früh auf den Vorplatz gefahren kam, schafften wir es nicht rechtzeitig, alle Spuren zu beseitigen und das Kaminzimmer zu verlassen. Mein Vater ist komplett ausgerastet, als er uns die Kellertreppe hochkommen sah. Geschrien hat er und getobt. Was wir da unten gemacht hätten und ob ich nicht wüsste, dass ich dort nichts zu suchen hätte. Als ich ihm kleinlaut gestand, dass wir nur einen Film angeschaut hätten, hat er den Fernseher gepackt und in hohem Bogen in den Kellerflur geworfen, wo er in tausend Teile zerbrochen ist.

Doch heute ist eben einer dieser besonderen Tage, an denen wir einträchtig um meinen Vater herumsitzen und grinsend seiner Darbietung lauschen, denn zwischendurch macht er Faxen und bringt uns alle zum Lachen. Bis auf meine Mutter. Die findet, wir sollten weiter gemeinsam Weihnachtslieder singen. Nachdem wir vorhin jedoch »O Tannenbaum« und »Ihr Kinderlein kommet« gesungen haben, was wirklich ganz furchtbar geklungen hat, kamen wir mit einer Vier-zu-eins-Mehrheit zu dem Beschluss, dass es nun genug sei. Bella hat sich vor dem Kamin zusammengerollt und gibt ab und zu einen wohligen Seufzer von sich, wir lachen viel, und gleich werden wir hoch ins Esszimmer gehen und noch ein paar Runden Doppelkopf spielen.

Fast könnte man meinen, wir seien eine richtige Familie. In Wirklichkeit hat sich in der letzten Zeit jedoch vieles verändert. Meine Schwester hat die Realschule abgeschlossen und macht in der 20 Kilometer entfernten Kleinstadt eine Ausbildung zur Einzelhandelskauffrau. Sie hat nun eine eigene Wohnung in der Nähe des Sportgeschäftes, in dem sie während der nächsten drei Jahre lernen wird, Sportklamotten an den Mann oder die Frau zu bringen. Einerseits finde ich es schade, dass sie nicht mehr bei uns wohnt, andererseits sind ihre Launen in der letzten Zeit immer unberechenbarer geworden. Oft erzählt sie lang und breit eine Geschichte und lacht währenddessen übertrieben viel. Ganz aufgekratzt ist sie dann. Doch schon im nächsten Augenblick kann diese überdrehte Fröhlichkeit in das genaue Gegenteil umschlagen. Dann reicht eine winzige Kleinigkeit aus, und sie heult los oder schnauzt einen grundlos an. Das macht mir oft Angst, ich weiß dann nicht, wie ich mit ihr umgehen soll, was wiederum dazu führt, dass ich versuche, mich von ihr fernzuhalten. Keine Ahnung, ob meinen Eltern das nicht auffällt oder ob sie dieser Wesensveränderung genauso hilflos gegenüberstehen wie ich. Ich glaube, viele Leute finden meine Schwester einfach nur anstrengend, aber immer wenn es besonders schlimm ist, bin ich mir sicher, dass irgendeine Sicherung in ihrem Kopf durchgebrannt ist und man sich schnellstens darum kümmern sollte, das wieder in Ordnung zu bringen.

Und deshalb ist es auch heute ein bisschen so, als würden wir mit einer tickenden Zeitbombe am Esstisch sitzen, denn man weiß nie, wann die gute Laune meiner Schwester ins Gegenteil umschlagen wird. Mein Vater bleibt in solchen Momenten erstaunlich ruhig und versucht beruhigend auf sie einzureden. Meine Mutter und ich verstummen in der Regel. Mein Bruder dagegen hat keinerlei Toleranz gegenüber den Launen meiner Schwester und streitet mit ihr bis aufs Messer.

Während unserer zweiten Runde Doppelkopf ist es dann

schließlich so weit. Mein Bruder und meine Schwester spielen mit den Kreuzdamen gegen meinen Vater und mich. Meine Mutter hat gegeben und setzt aus. Bei einem Stich ist mein Bruder der Meinung, meine Schwester hätte den mitnehmen müssen, um ihr sogleich zu bescheinigen, dass sie einfach zu doof sei für dieses Spiel. Manchmal ist er aber auch wirklich ein furchtbarer Klugscheißer und außerdem wahnsinnig unsensibel, wenn es um den Gemütszustand meiner Schwester geht. Die dreht natürlich ansatzlos komplett durch und fängt an zu toben und zu schreien. Mein Vater wiederum ergreift Partei für meine Schwester, was meinen Bruder nun vollends zur Weißglut bringt.

»M-m-m-m-it d-d-d-d-der k-k-k-k-k-k—k-kann man a-a-a-a-a-einfach n-n-n-n-nicht spielen!!! U-u-u-u-u-u—und jetzt bin ich wieder Schuld oder was?!! M-m-m-macht euren Scheiß d-d-d-doch al-l-l-leine!!!« Mit diesen Worten packt er Bella, die sich neben seinem Stuhl niedergelassen hatte, am Halsband und zerrt die arme Hündin so rabiat hinter sich her, dass sie gequält aufjault. Mein Vater ist nun ebenfalls aufgesprungen und stürzt sich von hinten auf meinen Bruder, der sich gerade anschickt, den Hund hinter sich herschleifend, das Esszimmer zu verlassen. Doch er ist schon 18 und einen halben Kopf größer, und anstatt den Angriff meines Vaters über sich ergehen zu lassen, dreht er sich um und stößt ihn unbeholfen von sich. Mein Vater, der nicht mit dieser Gegenwehr gerechnet und obendrein auch noch gehörig einen sitzen hat, taumelt zurück. Dabei formt sein ganzes Gesicht ein O. Auch dann noch, als er über seinen Stuhl stolpert und rücklings gegen den Esszimmerschrank kracht, um schließlich hilflos wie ein Käfer auf dem Rücken liegen zu bleiben.

Währenddessen ist meine Mutter still und grau sitzen geblieben, und meine Schwester heult haltlos vornübergebeugt in ihre Löwenmähne. Mein Bruder heult nun ebenfalls und schreit dabei meinen reglos auf dem Boden liegenden Vater an, dass der ein ungerechtes Arschloch sei und er sich das nicht mehr länger gefallen lasse. Während ich neben meinem Vater hocke, um zu sehen, was mit ihm ist, schiebt meine Mutter meinen Bruder mit sanfter Gewalt aus dem Zimmer. Nach einer Weile dreht er sich um und stürmt mit dem Hund am Schlafittchen raus, knallt die Türen zu und rennt die Treppe hoch in sein Zimmer.

Schwer schnaufend liegt mein Vater da, immer noch das O im Gesicht. Dann rappelt er sich mühsam auf. Als er es endlich geschafft hat, bleibt er einen kurzen Moment stehen, reibt sich den Hinterkopf und blickt vorwurfsvoll und irgendwie gekränkt auf meine Mutter herab. Als könne die etwas dafür. Dann stürmt er ebenfalls aus dem Zimmer, und wir sind heilfroh, als wir hören, dass er nicht die Treppe nach oben nimmt, sondern hinabsteigt in sein Kellerreich.

Würde meine Schwester nicht leise wimmern, wäre es mucksmäuschenstill. Meine Mutter steht da wie graues Salz, die Arme um sich geschlungen. Dann geht sie zu meiner Schwester und streichelt ihr über den Rücken, bis die schließlich aufsteht und sich in die Umarmung meiner Mutter fallen lässt. Ich stehe in der Ecke neben dem Esszimmerschrank, wo eben noch mein Vater gelegen hat, und bin seltsam unbeteiligt. Irgendwann schleiche ich mich nach oben in mein Zimmer.

Da meine Schwester ausgezogen ist und mein Bruder in seinem Zimmer bleiben wollte, bewohne ich nun ihren Riesenraum mit den zwei Fenstern und den Dachschrägen auf beiden Seiten. Mein Bett steht, wenn man zur Tür reinkommt, rechts an der Wand. Das Zimmer meines Bruders grenzt an diese Wand, deshalb kann ich wie häufig in der letzten Zeit hören, wie mein Bruder seinen Hund züchtigt. Ich kann mir nicht erklären, was das arme Tier falsch gemacht haben könnte, und so liege ich da, die Decke über den Kopf gezogen, und das schmerzerfüllte Fiepen und Winseln dieses freundlichen Hundes kriecht in meine Ohren, und ich weiß nicht, warum ich es nicht schaffe, rüberzugehen und meinen Bruder anzuschreien, endlich damit aufzuhören. Und zum ersten Mal kommt mir der Gedanke, dass die Gewalt bleibt. In der Welt bleibt und weiterwütet und immer weitergegeben wird und niemals vergeht.

Erstes Zwischenspiel

Frühjahr 2018

»Hage!?«

Na, endlich. Endlich hat sich der Typ von schräg gegenüber dazu durchgerungen, mich anzusprechen, und wir können das jetzt hoffentlich schnell hinter uns bringen. Ich schaue noch einen Moment nach draußen, wo die Landschaft fast lautlos mit 200 Sachen an mir vorbeirast. Als ich mich schließlich zu ihm umdrehe, überlege ich kurz, ihm zu sagen, er solle sich verpissen.

Unter normalen Umständen finde ich solche Situationen nicht schlimm. Im Gegenteil. Es ist doch eine schöne Bestätigung, wenn anderen Menschen gefällt, was man macht.

Diese Begegnungen laufen fast immer nach dem gleichen Muster ab. Irgendwann merke ich, wie mich jemand anstarrt. Manchmal holt der oder die Betreffende sogar das Handy heraus, googelt meinen Namen und gleicht das Gesicht auf dem Display mit meinem ab. Danach dauert es in der Regel ein paar Augenblicke, bis er oder sie sich einen originellen Spruch überlegt hat, um mich anzusprechen. Meist kommt dann ein freudiges »Hage?« oder häufiger noch »Rapante!? Rapante!?«, und ich lache höflich, und wir machen ein Selfie zusammen, oder ich kritzle irgendwo mein Autogramm drauf.

Heute jedoch steht mir nicht der Sinn danach. Bevor mir aber ein unschönes Wort über die Lippen kommt, denke ich, dass der Typ ja erstens nichts dafür kann, dass die Umstände heute eben nicht normal sind, und es zweitens wahrscheinlich unkomplizierter sein wird, sich kurz freundlich auf ihn einzulassen.

»Können wir ein Selfie machen? Meine Freundin ist dein größter Fan! Die wird total ausflippen, wenn die das sieht!«

Auch das ist typisch. In den seltensten Fällen wollen die Leute das Bild oder Autogramm für sich selbst. Fast immer für einen Freund oder die Freundin. Manchmal frage ich mich dann, wie die Freundin wohl reagieren wird. Ob sie wirklich »total ausflippt« oder nur kurz draufschaut und lapidar sagt: »Ach, der … gibt's den noch?«

Seitdem ich kaum noch im Fernsehen zu sehen bin, sind diese Begegnungen selten geworden. Und selbst als meine kleine Berühmtheit ihren Höhepunkt erreicht hatte, wurde ich nur von wenigen Menschen erkannt. Denn die eigentlichen Stars sind meine Puppen, oder besser gesagt eine Puppe: ein blinder, fürchterlich stotternder Maulwurf, der hoffnungslos in eine Barbie verliebt ist. Ich selbst stehe, während ich mit meinen Puppen spiele, unsichtbar hinter einem schwarzen Paravent, und so habe ich in der Regel meine Ruhe.

»Ja klar«, sage ich und ringe mir ein Lächeln ab.

Der Typ, dessen Freundin angeblich mein größter Fan ist, schiebt sich sofort neben mich auf die Sitzbank des Bordrestaurants und zückt sein Handy. Lächeln, Daumen hoch und schon ist es geschafft. »Schöne Grüße an die Freundin!«, bringe ich noch hervor, während es mir immer schwerer fällt, die aufsteigenden Tränen zurückzuhalten.

Ja, ich bin extrem nah am Wasser gebaut. Das war schon immer so. Meine geliebte Freundin meint, ich sei das Mädchen in unserer Beziehung. Abgesehen davon, dass ich ihr bei Gelegenheit mal sagen muss, dass ich den Spruch latent sexistisch finde, stört mich die Tatsache nicht besonders. Außerdem habe ich heute alles Recht zu heulen, denke ich, denn ich sitze hier in diesem Zug, weil morgen mein Bruder beerdigt wird. Schnell wende ich mich wieder dem Fenster zu, und die Landschaft draußen verschwimmt und löst sich auf in einem Meer aus ineinanderfließenden Farben.

Nach einer Weile verlasse ich das Bordrestaurant und setze mich wieder auf meinen Fensterplatz im Großraumabteil des ICE nach Stuttgart. Glücklicherweise ist der Zug nicht besonders voll und der Platz neben mir frei. Gerade verlassen wir den Erfurter Bahnhof, ein paar der zugestiegenen Fahrgäste schieben sich noch durch die Gänge auf der Suche nach einem Platz. Neben mir, auf dem freien Sitz, steht mein Rucksack, was ich eigentlich asozial finde, aber ich hätte heute wirklich gerne meine Ruhe, und da sonst noch genug Plätze frei sind, hält sich mein schlechtes Gewissen in Grenzen. Plötzlich sehe ich, wie eine Gruppe von vier Grünen das Abteil betritt. Früher hätte ich die schon gerochen, bevor ich sie gesehen hätte. Bis in die 90er hatten die so einen ganz speziellen Geruch an sich, den ich überall sofort wiedererkannt habe. Keine Ahnung, ob das an der Stiefelwichse oder dem Waschpulver gelegen hat.

Die heutigen Grünen haben diesen spezifischen Geruch verloren. Überhaupt sind sie viel seltener geworden, seit die Wehrpflicht abgeschafft wurde. Und trifft man doch mal welche an, sind sie irgendwie ruhiger. Wenn ich früher in einen Zug gestiegen bin, wusste ich schon, ob Grüne an Bord sind, sobald sich die Türen vor mir geöffnet haben. Dann suchte man sich lieber ein Abteil, das möglichst weit von denen entfernt lag, denn wenn die in ihrem Grünzeug auf Heimaturlaub waren, haben die immer gesoffen, und es wurde laut und rau.

Nachdem wir aus dem Bundeswehrlager ausgezogen waren, war ich nur noch selten dort und hatte kaum noch Kontakt mit den Grünen. Das änderte sich kurzzeitig noch mal, als mein Bruder seinen Grundwehrdienst absolvierte. Plötzlich hatten wir an den meisten Wochenenden den Geruch bei uns zu Hause.

Teil II
Herrenjahre

1

Frühling 1985

Ich befinde mich in meinem letzten Jahr auf der Hauptschule, die ich vermutlich im Sommer mit Ach und Krach abschließen werde. Immerhin bin ich nicht sitzen geblieben, und so werde ich gerade mal 15 sein, wenn man mich in den Ernst des Lebens entlässt. So wie es aussieht, mache ich danach eine Lehre als Kfz-Mechaniker. Mein Vater hat in der Mercedes-Werkstatt, in die er immer sein Auto bringt, seine Beziehungen spielen lassen. Bevor sie mir aber einen Ausbildungsvertrag geben, soll ich dort erst ein zweitägiges Praktikum absolvieren, damit sie sehen, mit wem sie es zu tun kriegen. Mir ist das alles schrecklich egal. Abschluss oder nicht, Kfz-Lehre oder Müllmann – ich kann gar nicht in Worte fassen, wie wenig mich das alles interessiert.

Vieles hat sich verändert in den letzten vier Jahren. Mein Bruder ist jetzt bei den Grünen und nur noch an den Wochenenden zu Hause. Ich glaube, er hätte lieber verweigert, aber das wäre für meinen Vater einem Verrat gleichgekommen. Schließlich, so argumentierte er, verdankten wir alle unseren Reichtum der Bundeswehr, und es würde ein schlechtes Licht auf ihn werfen, wenn sein Ältester sich vor dem Dienst am Vaterland drücken würde. Für ihn sind alle Zivildienstleistenden langhaarige Bombenleger, die man am besten ins Arbeitslager stecken sollte. Ich weiß nicht, warum mein Bruder sich schließlich dem Willen meines Vaters gebeugt hat. Er war immerhin schon 20, als er eingezogen wurde, und damit durchaus alt genug, seine eigenen Entscheidungen zu treffen.

Meine Kinderhörspiele wurden von der Neuen Deutschen Welle verdrängt, jeden Sonntagabend um sieben sitze ich vor meinem Radiokassettenrekorder und nehme die Top Ten auf. Dabei ärgere ich mich jedes Mal, wenn der Moderator in die von mir begehrten Hits von Tears for Fears oder Falco reinquatscht. Am Nachmittag danach diskutiere ich dann immer mit Felix und Markus, welches Lied endlich aus der Top Ten fliegen sollte und welcher Neuzugang am besten ist. Oder wir hören uns kichernd »Annemarie« von Extrabreit auf unseren Walkmans an: »Annemarie, du bist blond wie Bier, Annemarie, bitte fick mit mir.« Insgesamt hat sich mein Verhältnis zu den beiden jedoch ziemlich abgekühlt. Mir fällt es zunehmend schwerer, nachmittags einen auf beste Kumpels zu machen, um dann am nächsten Vormittag in der Schule wieder komplett ignoriert zu werden.

Außerdem hat sich meine Haltung den Mädchen gegenüber grundlegend verändert. Die sind plötzlich nicht mehr alle doof, sondern sehr interessant und zugleich wahnsinnig einschüchternd.

Ein paar Sachen sind aber noch genauso wie früher. Noch immer baue ich Dinge mit Lego und versuche Hagen aus dem Weg zu gehen, und noch immer löst die Schule diese furchtbare Agonie in mir aus. Auch meine Haltung einem speziellen Mädchen gegenüber hat sich nicht verändert, abgesehen davon, dass ich nun dazu in der Lage bin, meine seltsamen Gefühle ihr gegenüber einzuordnen. Ich bin verknallt in Nadja. Nein, nicht verknallt, in mir brennt viel mehr das alles verzehrende Feuer der Liebe. Nur habe ich es während der letzten vier Jahre leider nicht geschafft, mehr als drei Sätze mit ihr zu sprechen, da ich in ihrer Gegenwart zu Stein werde wie die griechischen Helden beim Anblick der Medusa. Doch im Gegensatz zur Medusa ist es nicht ihre Hässlichkeit, die zu meiner Versteinerung führt, sondern Nadjas vollendete Schönheit und Anmut. Wie sie den Kopf hält, wenn sie nachdenkt, ihr freches Lachen, das ihre

Grübchen in einer Weise hervortreten lässt, die mich fast in die Besinnungslosigkeit treibt, ihr schlanker Hals und vor allem diese katzenhaften Augen, die immer so etwas Verschmitztes ausstrahlen, als würde hinter jedem ihrer schlauen Gedanken noch eine witzige Pointe lauern. Und je näher das Ende der verhassten Schulzeit rückt, desto panischer werde ich, dass ich Nadja aus den Augen verliere, ohne es wenigstens versucht zu haben, ihr meine grenzenlose Liebe zu gestehen.

Aber das soll sich heute ändern. Gerade ist die erste große Pause vorbei, und während ich äußerlich ruhig im Deutschunterricht sitze, dröhnt jeder Schlag meines Herzens wie Donner in meinen Ohren. Frau Kurze-Clark, unsere neue Klassenlehrerin, versucht vergeblich, sich Gehör zu verschaffen. Die hat es wirklich nicht leicht, denn ein paar der Jungs aus meiner Klasse sind völlig außer Rand und Band. Rolf ist besonders schlimm. Der turnt auf seinem Tisch herum, beschimpft unsere Lehrerin als Schrulle und kräht, sie solle ihre Fresse halten. Bei Frau Schulz hätte es das nicht gegeben, aber die ist vor zwei Jahren nach Hamburg oder Berlin gezogen. Frau Kurze-Clark ist mal wieder kurz davor, heulend aus der Klasse zu stürmen, aber ich bekomme von alldem kaum etwas mit, so als wäre ich unter Wasser, und die Geräusche und das Gekreische dringen nur gedämpft an meine Ohren. Denn in der großen Pause bin ich zu Nancy gegangen und habe ihr gesagt, sie solle Nadja fragen, ob sie mit mir gehen will. Mehr nicht. Ich bin zu ihr hin, als ich sicher war, dass Nadja nicht in der Nähe ist, und habe nur diesen einen Satz gesagt.

»Hey Nancy, kannst du Nadja fragen, ob sie mit mir gehen will?« Sie hat mich nur blöde angeglotzt, und so habe ich mich umgedreht und bin davongelaufen. Seit Wochen, vielleicht sogar Monaten habe ich in meinem Kopf an den verschiedensten Szenarien herumgebastelt. Übrig geblieben ist diese zugegebenermaßen eher schlichte Variante. Danach habe ich mich in sicherer Entfernung und doch gut sichtbar mit pochendem Herzen auf dem Schulhof herumgedrückt, während sich in meinem Kopf wildes Triumphgeheul mit dem Wunsch abwechselte, die Erde möge sich auftun und mich verschlingen. Als endlich der Gong ertönte und wir uns schließlich wieder in unser Klassenzimmer schoben, hielt Nancy mich auf und flüsterte mir drei Worte ins Ohr: »Ja, sie will!«

Und so sitze ich nun wie in Watte gepackt zwei Sitzreihen hinter meiner Angebeteten und habe den Eindruck, dass sämtliche Sicherungen in meinem Gehirn durchgebrannt sind. Wie geht es jetzt weiter? In den Simulationen in meinem Kopf war an dieser Stelle alles ganz einfach: Nadja und ich haben zuerst schüchtern Händchen gehalten, um uns dann, in einem unbeobachteten Moment, den ersten Kuss zu schenken. In der rauen Wirklichkeit sitzt sie zwei Meter von mir entfernt und hat mich bis jetzt noch keines Blickes gewürdigt. Was zum Henker wird von mir erwartet?

Die nächsten vier Stunden treiben mich an den Rand des Wahnsinns und darüber hinaus. Meine Umwelt ist von mir abgerückt, ich nehme alles wie durch einen Tunnel wahr, während in meinem Kopf Endlosschleifen heiß laufen und beginnen, Rückkopplungen zu bilden. Wie auf dem Cover einer der Pink-Floyd-Platten meines Bruders. Die hat den seltsamen Titel »Ummagumma«. Da ist ein Zimmer abgebildet, durch die offene Tür blickt man raus in einen Garten, und an der Wand hängt ein Bild von dem gleichen Zimmer mit Garten, und in dem hängt wiederum dieses Bild und wieder und wieder, bis die Wiederholung im Strom der Unendlichkeit zerfließt. Und obwohl es noch zwei kleine und eine große Pause gibt, schaffe ich es nicht, mich aus diesem Hirnstrudel zu befreien und Nadja einfach anzusprechen. Erst auf dem Weg zur Bushaltestelle gelingt es mir unter größter Anstrengung und getrieben von der Angst, den ganzen restlichen Tag und die kommende Nacht in diesem Zustand zu verbringen, meine Schüchternheit zu überwinden und ihr von hinten auf die Schulter zu tippen.

»Hey, na?«

Sie bleibt stehen und schaut mich verständnislos an. Selbst unter Androhung von Folter wäre es mir jetzt nicht möglich, nur noch ein einziges weiteres Wort zu sagen. Irgendwann wird auch ihr klar, dass von mir nichts mehr zu erwarten ist, und sie dreht sich mit den Worten »Oh, Marek! Nancy hat dich doch nur verarscht!« um und läuft zu ihrem Bus. Ich stehe da. Und weiter nichts. Stehe nur da und glotze ihr hinterher und nichts weiter. In meinem Kopf breiten sich die unendlichen Weiten des Alls wie kaltes Vakuum aus, das von meinem Körper Besitz ergreift, und wie aus weiter Ferne nehme ich wahr, wie ich mich in Bewegung setze und in meinen Bus steige.

Drei Jahre später, als ich gelegentlich als Skilehrer für die Volkshochschule auf unserem Idiotenhügel arbeitete, bin ich Nancy einmal wiederbegegnet. Ihre kleine Schwester war in meinem Kurs, und Nancy hat sie gebracht und wieder abgeholt und auch ein paarmal zugeschaut. Gegen Ende des Kurses hat sie mich angesprochen und gefragt, ob wir nicht mal was zusammen unternehmen wollen. Danach stieg lange Zeit ein wohliges Gefühl der Genugtuung in mir auf, wenn ich daran dachte, wie eiskalt ich sie abblitzen ließ. Dass sie vielleicht schon damals in der Schule mit 14 in mich verknallt gewesen sein könnte, kam mir erst viel später in den Sinn, und wahrscheinlich ist das auch Quatsch.

2

Die Wochen nach meiner Gefühlsoffenbarung waren zunächst geprägt von grenzenloser Scham. Was hatte ich mir nur dabei gedacht? Jeder Vollidiot hätte geschnallt, dass Nadja nix von mir will. Selbst dann nicht, wenn ich der letzte Junge auf Erden gewesen wäre. Außerdem ist es ja wohl klar, dass das so nicht funktionieren kann. Vier Jahre lang den Fisch zu machen und dann einfach zu fragen, »Willst du mit mir gehen«, und zu glauben, dass wir uns plötzlich verstehen und ein Paar werden. Manchmal ist es wirklich anstrengend, so grenzenlos dumm zu sein.

Irgendwann verwandelte sich die Scham in bleierne Gleichgültigkeit. Und unter dieser Gleichgültigkeit lauerte eine diffuse Aggression, die ich, das wusste ich, nur schwer würde kontrollieren können, sollte sie sich jemals Bahn brechen. Der Schule begegnete ich nun mit noch größerem Desinteresse als jemals zuvor, wenn das überhaupt möglich war: morgens in den Bus einsteigen und alle Körperfunktionen auf das Minimum herunterfahren, das zur bloßen Lebenserhaltung nötig ist. Also atmen, hier und da die unvermeidlichen Ausscheidungen verrichten und sonst nichts. Nachmittags aus dem Bus aussteigen, langsam den Zombiemodus verlassen und versuchen, die vergangenen sechs Schulstunden aus meinem Kopf zu löschen.

Heute gab es in der zweiten großen Pause eine Attraktion, die mich kurzzeitig aus meiner Starre riss. Gestern hatte Deutschland Fußball gegen die Türkei gespielt. Ein Freundschaftsspiel, das Deutschland für sich entschieden hatte. Wie hoch, kann ich nicht sagen, da ich mich noch nie sonderlich für Fußball interessiert habe.

Vor dem heutigen Tag hatte ich kaum Notiz von der kleinen

Gruppe türkischer Mitschüler genommen, denn es gibt nur sehr wenige von denen an meiner Schule, in meiner Klasse nicht einen einzigen. Dieses sogenannte Freundschaftsspiel führte jedoch dazu, dass sich seit heute Morgen die Stimmung zwischen den türkischen und den deutschen Schülern immer mehr aufheizte, was schließlich darin gipfelte, dass sich die vermeintlich stärksten Jungs der beiden Gruppen für die zweite große Pause zum Kampf verabredeten. Irgendwie kam das meiner destruktiven Gemütsverfassung entgegen, und so fand ich mich mit den meisten anderen Schülern zur angegebenen Zeit in einer abgelegenen Ecke des Schulhofes ein, um dem Kampf der Titanen beizuwohnen. Schnell hatte sich ein Kreis um die beiden Kontrahenten gebildet. Auf der einen Seite Andreas, ein mittelgroßer Typ in Lederjacke, von dem es heißt, er habe ein extremes Problem mit seiner Impulskontrolle. Um den machst du besser einen großen Bogen, denn du weißt nie genau, ob er sich nicht im nächsten Moment auf dich stürzt, um dir das Gesicht zu zermatschen. Ihm gegenüber Özdan, ein untersetzter, stämmiger Troll mit wildem Blick und Bartschatten. Der rasiert sich bestimmt schon, seit er zehn ist, dachte ich gerade, als der Kampf auch schon begann. Leider war er viel zu schnell vorbei. Anfangs hüpfte Andreas um den reglos in der Mitte stehenden Özdan herum und beschimpfte ihn als Kanaken und Kümmeltürken. Als er endlich zum Angriff überging, ging alles sehr schnell. Özdan packte seinen Gegner am Kragen, zog ihn zu sich heran und verpasste ihm eine Kopfnuss. Klock. Und schon lag Andreas auf dem Boden, blutete die Steine voll, und in meinem Inneren jubelte ein stark behaartes Tier aus grauer Vorzeit, mit Zähnen und Klauen und allem.

Augenblicke später stürmte Konrektor Strohwenger in die Mitte des Kreises und verlangte zu erfahren, was hier los sei. Andreas hatte sich halbwegs aufgerappelt und legte den Kopf in den Nacken, um die Blutung zu stillen. Özdan war längst in der Gruppe seiner türkischen Mitschüler untergetaucht. Als Herr Strohwenger dem noch ziemlich benommenen Andreas auf die Beine helfen wollte, stieß der ihn rabiat von sich und taumelte auf die Jungentoilette. Und schon war die ganze Show vorbei, und ich schaffte es irgendwie, die letzten beiden Schulstunden zu überstehen, ohne dem plötzlichen Hirntod zu erliegen. Manchmal stelle ich mir vor, dass ich meinen Stoffwechsel so weit herunterfahre, bis nicht mal mehr die grundlegenden Funktionen wie Herzschlag oder Atmung ausgeführt werden und ich einfach starr und tot sitzen bleibe, während vorne an der Tafel der Lehrer versucht, uns Mathe oder irgendeinen anderen Quatsch beizubringen, und erst wenn es gongt und alle aufspringen, um zu ihren Bussen zu eilen, wird man bemerken, dass kein Leben mehr in mir ist. Himmel, wie ich das alles hasse!

Jetzt blicke ich auf das Mofa meines Bruders. Das steht in dem Durchgang zwischen Haus und Garage. Irgendwie hat sich nach dem heutigen Tag das totale Scheißegal-Gefühl in mir so breitgemacht, dass ich gar nicht mehr weiß, wohin damit. Was wollen die denn alle? Scheißschule, Scheißlehrer, Scheißmädchen, Scheiße alles! Die können alle kommen und sich von mir auch mal so 'ne Kopfnuss abholen! Genau! Und deshalb werde ich jetzt eine Runde auf der blauen Hercules Prima 5S meines Bruders drehen. Rebellion des Stumpfsinns!

Meine Eltern sind natürlich in der Kantine, und mein Bruder wird erst am Wochenende wieder da sein und mit seiner stinkenden Uniform die Luft verpesten. Außerdem hat der schon ein Auto, so einen durchgerosteten Käfer, und braucht das Mofa gar nicht mehr. Trotzdem hütet er es wie all seine Sachen, als würde sein Leben daran hängen, und ab und zu macht er noch immer seine idiotischen Erkundungsausflüge durchs Schießgelände. Das Problem ist nur, dass ich keinen Schlüssel habe, aber so schwer kann das ja nicht sein, denn die Schlüssel für diese Mofas sehen alle gleich aus. In der Regel ist das so ein circa zwei Millimeter starker Blechstreifen mit schwarzem Plastikgriff. Schließlich kommt mir eine Idee, und ich laufe ins Haus, um mir einen Kugelschreiber und eine Zange zu holen. Wieder zurück im Durchgang, biege ich die Edelstahlklammer des Kulis so lange hin und her, bis sie abbricht, um sie dann mithilfe der Zange in das Zündschloss des Mofas einzuführen und zu drehen. Ins Schloss kriege ich das Scheißding, nur drehen lässt es sich nicht. Immer verzweifelter fuhrwerke ich an dem Schloss herum und beginne, leise vor mich hin zu fluchen.

»Was wird das denn, wenn's fertig ist?«

Erschrocken fahre ich herum und lasse vor lauter Schreck die Zange fallen. Auf der Straße vor dem Durchgang steht Hagen mit verschränkten Armen und grinst mich frech an. Seit unserer ersten Begegnung vor vier Jahren hat er sich extrem verändert. Aus dem pummeligen Kind ist ein drahtiger Junge geworden, der genauso in die Höhe geschossen ist wie ich.

»Das geht dich 'n Scheiß an, du Wichser!«

Ganz plötzlich verschwindet das Grinsen, und er macht einen Schritt auf mich zu. »Jetzt mal nich' frech werden, ja?«

Auch ich mache einen Schritt in seine Richtung. Komm doch her, denke ich, mir ist eh alles scheißegal. Und ich stelle mir vor, wie ich ihm eine Kopfnuss verpasse. Ganz genau gezielt, mit der Stirn auf die Nasenwurzel, mit voller Wucht. BÄM! Und dann liegt er da in seinem Blut, der kranke Wichser.

Doch anstatt auf mich loszugehen, steckt er seine Hand in die Tasche seiner Jeans und holt einen Mofaschlüssel hervor.

»Brauchst du das hier?«

Verdutzt nicke ich.

»Mach ma' Platz.« Und schon hat er sich an mir vorbeigeschoben, die Kuliklemme aus dem Zündschloss gefischt, stattdessen seinen Schlüssel in die Öffnung gerammt und umgedreht.

»Bitte!« Er macht eine Geste wie ein Gebrauchtwagenhändler, der seinen Kunden zur Probefahrt einlädt. Und jetzt? Ich habe keine Ahnung, wie man das Mofa startet, geschweige denn fährt. Mit diesem Problem wollte ich mich in aller Ruhe befassen, nachdem ich das Schloss überwunden hätte. Im Film treten die immer so einen Hebel nach unten, der am Motor angebracht ist. Kickstarter heißt der, glaube ich. Aber hier gibt es keinen Hebel, sondern nur Pedale wie bei einem Fahrrad. Logisch. Heißt ja auch Motorfahrrad. Also steige ich auf und trete in die Pedale. Und tatsächlich. Nach einer knappen Umdrehung fängt das kleine Maschinchen stotternd an zu laufen, um dann jedoch, nachdem ich am Gasgriff gedreht habe, sofort wieder mit einem kläglichen Geräusch abzusterben. Mist. Also noch mal. Und wieder beendet die Betätigung des Gases den Versuch.

»Choke«, kommt es trocken von Hagen.

»Was?«

»Choke!«

Joke? Ist der doof? Ich weiß selbst, dass das ein Witz ist! Blöde Scheißkarre!

Er beugt sich vor und zieht einen kleinen Hebel, der sich auf der rechten Lenkerseite befindet. Aha, denke ich und versuche es erneut. Sofort fällt der Motor in ein ruhiges Standgas und jault auf, sobald ich am Gasgriff drehe. Mein Glück ist jedoch nur von kurzer Dauer, denn abgesehen davon, dass ich keine Ahnung habe, wie man das Ding zum Fahren bringt, ist der Motor auch schon wieder ausgegangen.

»So 'ne Scheiße!«

»Haste den Benzinhahn aufgedreht?«

»Den was?«

»Benzinhahn!«

Wieder beugt er sich vor und legt nun einen kleinen Hebel am Tank um. Oh Mann, wie kompliziert ist das denn?

»Bist du überhaupt schon mal gefahren?«

Lügen hilft mir jetzt nicht weiter, deshalb schüttle ich kleinlaut den Kopf. Nächsten Monat will ich den Mofaführerschein machen, damit ich ihn auf jeden Fall rechtzeitig zu meinem 15. Geburtstag besitze, aber bis jetzt habe ich noch nie auf so einem Ding gesessen.

»Lass mich mal.« Schon haben wir die Plätze getauscht, und mit einer Routine, als hätte er in den letzten Jahren nichts anderes gemacht, tritt Hagen die Maschine an, legt den ersten Gang ein, braust aus der Durchfahrt und dreht eine Runde. Ich laufe auf die Straße und schaue ihm hinterher. Als er schließlich neben mir wieder zum Stehen kommt, will er, dass ich hinten auf den Gepäckträger springe, da sein Vater ihn umbringen würde, sollte der ihn hier in der Straße mit dem Mofa sehen. Zögernd folge ich seiner Aufforderung, dann fahren wir gemeinsam unter Ächzen und Stöhnen des kleinen Motors die Straße neben unserem Haus hinauf und weiter über den Feldweg bis zur Schutzhecke. Nachdem mir Hagen gezeigt hat, wie man die Zwei-Gang-Handschaltung und die Kupplung bedient, brettere ich ein paarmal am Fuße der Schutzhecke über den Feldweg hin und her. Nach einer Weile klappt das schon ganz gut. Dummerweise steht in ein paar Vertiefungen noch das schlammige Wasser vom letzten Regenguss, und als wir irgendwann genug haben, sieht die geliebte Hercules meines Bruders aus, als hätte sie an einer Motocross-Rallye teilgenommen. So kann ich die unmöglich wieder in die Durchfahrt stellen. Hagen meint, wir könnten sie vor der Garage seiner Oma mit dem Gartenschlauch abspritzen.

3

»Was soll das?«

»Was?« Hagen kommt gerade mit dem Gartenschlauch aus der geöffneten Garage seiner Oma. Draußen an der Wand ist ein Wasserhahn angebracht. In der Garage herrscht ein chaotisches Durcheinander aus Werkzeugen und Regalen voller öliger Blechkisten. Am hinteren Ende steht eine Werkbank mit Schraubstock und allem. In den Schraubstock eingeklemmt ist ein Mofamotor mitsamt Getriebe. Überall liegen ölige Lappen, Schrauben und Mofateile herum. Und mitten in dem Chaos steht eine halb auseinandergebaute Zündapp CS25. Die Zündapp ist auch ein Mofa, sieht aber mit dem liegenden Tank und der langen Sitzbank eher wie ein richtiges Moped aus. All das wird beleuchtet von einer einzigen, nackten Neonröhre, die staubig an der Decke hängt.

»Na, das hier!«

»Das ist meine Tuning-Werkstatt.«

»Das mein ich nicht …«

Gerade hat er das eine Ende des Schlauches über eine Plastikmuffe mit dem Hahn verbunden. Klick. Jetzt richtet er sich auf und blickt mich irritiert an.

»Na ja … also ich meine, warum verkloppst du mich nicht?«

»Soll ich?«

»Versuch's doch!«

Er dreht den Wasserhahn auf und fängt an, den Schlamm vom Mofa meines Bruders zu spülen.

»Weiß nicht. Hab schon lange niemanden mehr verkloppt. Ich glaub, ich bin zu alt für den Scheiß.«

Stimmt. Wenn ich es mir recht überlege, sind mindestens drei Jahre vergangen, seit er mich das letzte Mal verdroschen hat.

»Und wem gehört die Karre da drin?«

»Mir, wem sonst?«

»Aber du darfst die doch noch gar nicht fahren!«

»Ja und? Du doch auch nicht. Außerdem werde ich im Herbst fünfzehn ... Bis dahin soll die tipptopp laufen.«

»Cool.«

Eine Weile kümmern wir uns still darum, die Hercules wieder in ihren ursprünglichen Zustand zu versetzen. Irgendwann dreht Hagen das Wasser ab, tritt ein Stück zurück und betrachtet kritisch das nun wieder blaue Mofa.

»Okay, oder?«

Ich nicke.

»Ist eh 'ne lahme Scheißkarre. Komm, ich zeig dir mal was.«

Mit diesen Worten dreht er sich um und geht in die Garage zu dem im Schraubstock klemmenden Motor.

»Bei dem hier bau ich den Zylinder ab und fräse den Einlass und den Auslass auf. Außerdem will ich den Kolben fenstern. Den Ansaugstutzen habe ich schon auf achtzehn aufgebohrt. Fehlt nur noch der 21er-Vergaser, den ich mir bestellt habe ... war nicht billig das Mistding.« Während er all das aufzählt, hat er begonnen, mit einem seltsamen Werkzeug, das ratternde Geräusche von sich gibt, ein paar Schrauben an einem Ding zu lösen, das ich für den Zylinder halte.

Ich verstehe nur Bahnhof. Um überhaupt etwas zu sagen, frage ich, woher er die Kohle hat.

»Ich helfe manchmal bei meinem Alten. Und mittlerweile bezahlt der mir sogar 'n bisschen was. Sonst könnt' er seinen Scheiß alleine machen!«

Sein Vater ist der Klempner im Dorf, oder wie Felix sagt: Der macht in Gas, Wasser, Scheiße. Außerdem heißt es, er säuft gerne mal einen zu viel und noch ein paar andere unerfreuliche Dinge.

»Stimmt es?«

»Was?«

»Dass dein Vater dich manchmal verdrischt?«

Er hält inne und schaut mich an, und sein Blick macht mir einen kurzen Augenblick lang Angst.

»Wer sagt das?«

»Weiß nicht, Felix hat vielleicht mal so was gesagt …«

»Der soll mal besser seine Fresse halten, der kleine Pisser!«

Kurz wendet er sich noch mal dem Motor zu, lässt aber bereits im nächsten Augenblick das Werkzeug wieder fallen. »So, ich muss jetzt los … Vergiss deine Schrottkarre nicht.«

Und schon ist er aus der Garage gestapft. Ich schaffe es gerade noch raus ins Freie, bevor er das Tor mit einem lauten Scheppern zuknallt.

Ich verstehe die Welt nicht mehr.

»Hä? Was'n jetz' los?«

Aber da ist er auch schon losgelaufen, die Straße runter, und mir bleibt nichts anderes übrig, als das Mofa meines Bruders zu nehmen und nach Hause zu schieben. Den Schlüssel hat Hagen wieder eingesteckt.

Als ich an die nächste Ecke komme, sehe ich gerade noch, wie Felix aus seinem Haus auf die Straße tritt und fast von ihm umgerannt wird.

»Was' denn mit dem los?«, fragt Felix irritiert, als ich bei ihm ankomme.

»Weiß nicht … Immerhin hat er mich nicht verkloppt.«

»Und was machst du mit der Karre da? Das is' doch die von deinem Bruder, oder? Du darfst doch noch gar nicht fahren!«

»Ja, ja …«

»Kommste später mit zur Jungschar?«

»Was soll ich denn da? Ich bin Katholik, schon vergessen?«

Die Jungschar ist eine evangelische Jugendgruppe. Die treffen sich einmal pro Woche in der Kirche und lesen sich gegenseitig die Lügengeschichten aus der Bibel vor.

»Ja, schon klar, aber die wollen für nächste Woche Samstag 'ne Fahrt ins Phantasialand organisieren. Heute ist die letzte Chance, sich einzutragen! Da können alle mit, auch so komische Katholiken wie du.«

»Hm ... Mal sehen.« Ich wende mich ab und schiebe das Mofa stöhnend den Berg neben unserem Haus hinauf, um es wieder in dem Durchgang abzustellen.

»Um vier geht's los ... Markus kommt auch.«

»Ja, ja ... Mal sehen.«

4

Heute ist schon der zweite Tag meines Praktikums in der Mercedes-Werkstatt. Der gestrige Tag war ganz okay, abgesehen davon, dass ich mich fast zu Tode gelangweilt habe. Denn natürlich lässt man mich noch nichts machen, außer hier und da mal einem Gesellen ein Werkzeug anzureichen oder ein Ersatzteil aus dem Lager zu holen. Es wäre allerdings auch nicht ratsam, mich mit wichtigeren Arbeiten zu betrauen, da ich von Tuten und Blasen keine Ahnung habe. Und so stehe ich die meiste Zeit neben irgendeinem Mechaniker und schaue zu, wie der an irgendwelchen Autos herumschraubt. Und eigentlich interessiert mich das alles überhaupt nicht.

Die Werkstatt ist in zwei Arbeitsbereiche eingeteilt. Es gibt eine große Halle mit einer circa 20 Meter langen Grube für Lkws und eine etwas kleinere für Pkws, in der fünf Hebebühnen in einer Reihe nebeneinanderstehen. Gestern verbrachte ich den ganzen Tag in der Obhut eines Gesellen aus der

Lkw-Abteilung. Der hieß Brenner, war sehr nett zu mir und hat hier und da sogar erklärt, was er gerade macht. Die meiste Zeit standen wir in der Grube unter einem Bus, um, wie er mir erklärte, das Differenzialgetriebe auszuwechseln. Das Einzige, was ich mir merken konnte, war, dass »Neoplan« übersetzt »Null Plan« heißt, was wohl witzig sein sollte. Na ja, immerhin.

Heute bin ich einem Gesellen aus der Pkw-Abteilung zugeteilt. Der heißt Alfred Naab und ist ungefähr so alt wie mein Vater, untersetzt, mit blondem, schütterem Haar und Schnauzbart. Was mir jedoch zuerst aufgefallen ist, sind seine Augen. In denen liegt immer so etwas Abschätziges, so ein zynischer Von-oben-herab-Blick. Obwohl er bis jetzt nett zu mir war und auch sonst kein böses Wort verloren hat, habe ich doch die ganze Zeit das Gefühl, als würde er der Welt im Allgemeinen und mir im Speziellen nichts als Verachtung entgegenbringen.

Gerade beugt er sich über den Motor einer grauen Limousine. An der hochgeklappten Motorhaube hängt eine Stablampe und taucht den Motorraum in kaltes Neonlicht. Ich stehe daneben und überlege, dass es doch sicher bald Zeit für die Frühstückspause sein müsse, als er mich fragt, ob ich wisse, was das für ein Motor sei.

»Wie ... was für ein Motor?«

Nach einer kurzen Pause und einem Blick, als hätte er es mit einem Schwachsinnigen zu tun, wird er genauer. »Na, Benziner oder Diesel?«

Dabei zeigt er mit der Hand auf den Motor, als wäre dadurch alles klar. Mir ist jedoch überhaupt nichts klar, ich habe keinen blassen Schimmer, was den Unterschied zwischen diesen beiden Gattungen ausmacht, außer dass man beim Tanken aufpassen muss, die richtige Säule zu benutzen. Also rate ich.

»Ein Diesel?«

Noch mal dieser Blick, jedoch eine Spur freundlicher. »Gut, woran haste das denn erkannt?«

In meinem Kopf wieder mal das weiße Rauschen, bis ich schließlich das Erste sage, was mir in den Sinn kommt. »Ich mach viel mit Lego …«

Verdutzt schaut er mich an, und ich halte seinem Blick stand, so gut es eben geht. Plötzlich fängt er laut an zu lachen. Er lacht und lacht, als hätte ich den besten Witz des Jahrhunderts gebracht. Unsicher lache ich ein bisschen mit. »Ah, ha, ha …« Als er endlich aufhört, wischt er sich sogar ein Tränchen aus dem Augenwinkel. »Lego! Sehr gut. Du bist echt 'n Komiker!« Und damit beugt er sich wieder vor und schraubt an irgendeinem Teil herum, von dessen Funktion ich nicht die geringste Ahnung habe.

Dann ist es endlich so weit, alle traben wie auf ein geheimes Zeichen zuerst in das kleine Waschkabuff, um sich mit Waschsand das Öl von den Händen zu schrubben, und dann weiter in den Frühstücksraum. Der liegt im ersten Stock, über dem Verkaufsraum. Die Belegschaft besteht aus fünf Gesellen, einem Meister, der sich während der Frühstückspause jedoch nicht blicken lässt, und vier Azubis. Einer im dritten, zwei im zweiten und einer im ersten Jahr. Eigentlich nehmen die jedes Jahr zwei neue Jungs in die Lehre, aber es kommt wohl immer wieder vor, dass einer vorzeitig die Segel streicht.

Laut geht es zu, bis endlich alle ihren Platz an dem großen Tisch in der Mitte des Raumes eingenommen haben. Ein Geselle mit Namen Feger, der, wie ich später erfahre, der Autoelektriker ist, befindet sich offenbar in der Hackordnung ganz unten, denn alle, selbst der Lehrjunge aus dem dritten, lassen keine Gelegenheit aus, um sich über ihn lustig zu machen. Der scheint das schon gewohnt zu sein und reagiert äußerlich gelassen auf den Spott und die Häme. Nachdem alle auf ihren angestammten Plätzen sitzen, suche auch ich mir einen freien Stuhl und packe meine Butterbrotdose aus.

»Wo bleibt der Osterhase?«

Das war Kuchler, der Karosseriebauer. Ein riesiger Kerl, der aussieht wie Brutus aus den Popeye-Comics, mit wildem schwarzem Bart und Pranken wie Gullydeckel. Er meint den Stift. Stift ist das Äquivalent zu I-Dötzchen, also der Azubi aus dem ersten Jahr. Der heißt Ostermeyer, wird aber von allen Osterhase genannt und sollte eigentlich schon längst wieder aus der Stadt zurück sein. Jeden Morgen läuft er eine knappe Stunde vor der Frühstückspause die zwei Kilometer in die Innenstadt, um die Gesellen mit Fleischwurst, Buletten und *Bild*-Zeitungen zu versorgen. Was er dabei über das Reparieren von Autos lernt, ist mir schleierhaft. Als ich gestern den Gesellen Brenner danach fragte, sagte der nur: »Lehrjahre sind keine Herrenjahre.« Seitdem versuche ich mir vorzustellen, was das bedeuten könnte: Herrenjahre. Und mein Kopf wird bevölkert von Männern in altertümlicher Kleidung, mit Rüschen und Schnallenschuhen, und die sind die Herren über eine Armee von Knechten, und wenn die Herrenjahre vorbei sind, dann kommen die Damenjahre, und alles wird Pomp und Plüsch und …

»Steh mal auf!«

Neben mir steht der Osterhase und verlangt meinen Platz. Er ist ein großer, schlaksiger Typ mit kurzen, schwarzen Haaren, einer piepsigen Stimme und irgendwie samtenen Rehaugen. Also nicht gerade eine Autoritätsperson, zumal er ja kaum älter ist als ich. Da ich aber nun mal der Praktikant und er immerhin der Stift ist, mache ich ihm Platz und ziehe aus einer Ecke einen dreibeinigen Hocker an den Tisch. Außerdem bin ich viel zu verschüchtert, um zu widersprechen.

Inzwischen hat Kuchler sich auf den Osterhasen eingeschossen. »Warum hat das so lang gedauert, hä?!«

Während Ostermeyer die Tüten mit den Einkäufen auf dem Tisch verteilt, bringt er nur ein halblautes »Hm«, gefolgt von einem vagen Schulterzucken heraus.

»Hallo? Ich rede mit dir! Die Pause is' fast um ... Kannst die Fleischwurst gleich selber fressen! Geld kriegste auf jeden Fall keins von mir.«

»Okay ...«, kommt es kleinlaut vom armen Stift. Dabei bewegt er kaum die Lippen, und sein Gesicht ist maskenhaft erstarrt. Man könnte fast meinen, man hätte es mit einem Bauchredner zu tun.

»Was?!!«

»Okay!!!«

Kuchler gibt ein kurzes, bellendes Lachen von sich und greift sich dann mit seinen riesigen Pranken eine Papiertüte mit einem Metzgerei-Logo. Während der ganzen Zeit hat der Geselle Naab feixend die Szene beobachtet.

»Ich glaub«, hebt Feger an, »der Wenger wollte noch was von ihm, und da ist er erst so spät losgekommen.« Wenger ist der Meister. Der Osterhase wäre also vollkommen unschuldig an der späten Lieferung. Alle blicken zum Feger, der sich mit diesen Worten schützend vor den Azubi gestellt hat. Schlagartig verschwindet das Grinsen aus Naabs Gesicht.

»Was mischst du dich denn da ein? Seid ihr jetzt ein Liebespaar, oder was?« Alle lachen, und damit ist die Sache gelaufen. Für einen weiteren Versuch fehlt dem Feger dann doch der Mut. Er ist ein etwas schwammiger Typ, mit Doppelkinn und einer spitzen Kaspernase und scheint ganz in Ordnung zu sein. Wie ich später am eigenen Leib erfahren werde, hat er jedoch so furchtbare Schweißfüße, dass es eine echte Qual ist, mit ihm zu arbeiten.

Der restliche Tag verläuft zäh und ereignislos. Eine Stunde vor Feierabend beginnen die drei Azubis aus den ersten beiden

Lehrjahren, die Halle zu schrubben. Ich helfe, so gut ich es eben kann, stelle mich aber ziemlich tollpatschig an.

Schließlich traben alle erneut ins Waschkabuff und danach zur Stechuhr, die gleich daneben aufgestellt ist.

Draußen auf dem Hof steht das Auto meines Vaters. Von ihm keine Spur, deshalb schaue ich im Verkaufsraum nach. Dort stehen hinter zwei Verkaufspulten jedoch nur Katharina und Anja, die beiden jungen Frauen aus dem Service. Die eine ist blond, die andere brünett, und beide sind sehr hübsch. In ihrer Gegenwart fällt es mir schwer, nicht rot zu werden und in ganzen Sätzen zu sprechen. Als sie mich sehen und mir freundlich zuwinken, spüre ich sofort, wie mir wieder das Blut in den Kopf steigt. Das fällt wohl auch ihnen auf, denn sie schauen sich an und fangen an zu kichern. Zum Glück kommt gerade der Chef, gefolgt von meinem Vater, die Treppe runter, die hoch in die Verwaltung führt.

Ich finde, Herr Merz hat große Ähnlichkeit mit Freddie Mercury. Er ist noch recht jung, hat das Geschäft früh von seinem Vater übernommen, und wie er da mit seinem kräftigen dunklen Schnauzbart und den vorstehenden Schneidezähnen die Treppe runterkommt, würde es mich kaum wundern, wenn er plötzlich anfangen würde zu singen: »I want to break free ...« Stattdessen dreht er sich, unten angekommen, zu meinem Vater um und sagt: »Also Herbert, dann machen wir das so.« Dann zu Anja: »Mach mal bitte den Lehrvertrag für den jungen Marek fertig.«

Daraufhin geben sich die beiden Männer die Hand, und Freddie tänzelt die Treppe wieder nach oben und verschwindet in seinem Büro.

Also ist es nun beschlossen. Ich werde Kfz-Mechaniker. Okay, denke ich und nichts weiter. Mir ist das ganz egal, und ich weiß auch nicht, warum das so ist.

Manchmal denke ich, was für ein undankbarer kleiner Scheißer ich doch war. Die Jungs aus meiner Klasse wurden grün vor Neid, als sie davon erfuhren. Jeder Hauptschüler wollte damals Kfz-Mechaniker werden. Und dann auch noch bei Mercedes. Mein Vater hatte sich wirklich für mich eingesetzt. Ganz zu schweigen davon, dass er erst versucht hatte, mich in einer Flugzeugwerft als Flugzeugmechaniker unterzubringen. Er kannte den Werkstattmeister, und wir sind eines Nachmittags mit meinem Halbjahreszeugnis im Gepäck da hingefahren. Der Bekannte machte meinem Vater jedoch wenig Hoffnung, denn er meinte, man bräuchte Realschule für die Ausbildung oder doch wenigstens einen sehr guten Hauptschulabschluss. Ich konnte weder mit dem einen noch mit dem anderen dienen, aber vielleicht hatte er auch nur mein totales Desinteresse gespürt. Mein Vater wollte, glaube ich, wirklich etwas für mich finden, was mich glücklich machen würde. Auch wenn er das so nie gesagt hätte. Das wäre ihm wahrscheinlich viel zu unmännlich vorgekommen. Ein Mann redet nicht lange um den heißen Brei, sondern macht.

Viele Jahre später, meine Eltern hatten die Kantine längst aufgegeben und fuhren auf Drängen meines Vaters nun Reisebus, bin ich während einer Leerfahrt bei ihm mitgefahren und berichtete ihm von meinem mit 1,8 bestandenen Vordiplom in Mathematik. Ein vollkommen unterspanntes »Schön« war das Einzige, was er dazu zu sagen hatte. Später berichtete mir meine Mutter, wie stolz er gewesen sei, ja dass er sich überhaupt nicht mehr eingekriegt habe. Seltsam, diese Nachkriegsmänner mit ihrer totalen Unfähigkeit, Gefühle zu zeigen. Was ist bei denen nur schiefgelaufen?

5

Der Himmel verfärbt sich bereits rot, und ein paar der Autos, die mit uns gemeinsam die Autobahn befahren, haben schon das Licht eingeschaltet. Wir pressen unsere Gesichter in den Spalt zwischen den Sitzen und schauen Wange an Wange aus dem Heckfenster des Busses, der uns nach unserem Ausflug ins Phantasialand zurück in unser Dorf bringt. Nur Karin und ich sitzen in der hintersten Reihe, und da inzwischen Ruhe in der restlichen Jungschar eingekehrt ist, könnte man fast meinen, wir wären alleine. Aber eigentlich ist es mir auch ganz egal, ob da noch jemand ist oder ob morgen die Welt untergeht. Mein gesamtes Bewusstsein hat sich in meiner linken Wange versammelt und versucht, alle Aspekte der warmen Mädchenhaut zu ergründen, die sich dort an mich geschmiegt hat. Meine Nase ist erfüllt vom Duft nach Haargel, süßlichem Parfüm und minzigem Kaugummiatem. Eine gefühlte Ewigkeit schauen wir nun schon dicht an dicht und stumm auf die langsam dunkler werdende Autobahn, und ich spüre, dass auch ihr Herz wild pocht. Sehr langsam, Millimeter für Millimeter drehen wir unsere Gesichter zueinander, bis unsere Münder schließlich aufeinanderliegen. Mein erster Kuss, schießt es mir durch den Kopf, und sofort steigt neben dem Kribbeln am ganzen Körper eine leichte Panik in mir auf. Mache ich das richtig? Ist es normal, dass da so viel Spucke im Spiel ist, und was wird jetzt von meiner Zunge erwartet?

Aber irgendwie scheint alles gut zu sein, und je länger der Kuss andauert, desto mehr entspanne ich mich. Himmel, das ist mit Abstand das Aufregendste, was mir je passiert ist! Da bin ich nun vier Jahre lang einem Hirngespinst nachgejagt, mit dem Ergebnis, dass die Welt um mich herum in grauem Chaos versinkt, und plötzlich ist alles vergessen und neu und wunderbar.

Warum ich schließlich doch zum Treffen der Jungschar gegangen bin, kann ich nicht mehr sagen. Jedenfalls war ich dort, ertrug die Stunde christlicher Verblödung und schrieb mich in die Liste für den Ausflug ins Phantasialand ein. Bei diesem Treffen in der Kirche habe ich sie zum ersten Mal bewusst gesehen. Denn obwohl Karin auch aus unserem Dorf kommt und dieselbe Schule besucht, hatte ich bislang nichts mit ihr zu tun. Sie wohnt am anderen Ende, im Neubauviertel, und geht mit Markus und Felix in eine Klasse. Klar, denn wäre ich nicht dieser verqueren Sektenlogik zum Opfer gefallen, wäre ich ja ebenfalls in der 9a. In der Jungschar wiederum ist Karin die Einzige, die mit den beiden in einer Klasse ist, und da ich ja zumindest nach der Schule mit Markus und Felix befreundet bin, zeichnete sich schnell ab, dass wir vier, nach dem Prinzip des kleinsten gemeinsamen Nenners, eine kleine Gruppe bilden würden.

Ich mochte sie vom ersten Augenblick an. Sie hat dunkelbraune Locken, ist schlank wie eine Gerte und fast so groß wie ich. Außerdem hat sie so ein verschmitztes Lachen, das ihre blauen Augen zum Strahlen und ihre süße, etwas knubbelige Nase zum Kräuseln bringt. Seltsam, dass sie mir nicht schon früher aufgefallen ist. Muss wohl an meiner Obsession für Nadja gelegen haben.

Heute, am Samstag nach dem Ende meines Praktikums, war es dann schließlich so weit. Um acht Uhr früh war Treffpunkt vor der kleinen evangelischen Dorfkirche, wo wir noch ziemlich verschlafen in den schon bereitstehenden Bus geschlichen sind. Genauso verschlafen war auch die etwa eineinhalbstündige Fahrt nach Brühl, die ich in der Abgeschiedenheit meines Walkmans verbrachte. »Shout« schrie es aus meinen Kopfhörern, gefolgt von Murray Heads »One Night In Bangkok«. Die Neue Deutsche Welle ist so gut wie tot, aus Deutschland schafft es nur noch Kotzmusik wie die von Modern Talking in die Charts.

Am Freizeitpark angekommen, war die Schläfrigkeit plötzlich wie weggeblasen, und unsere beiden erwachsenen Aufpasser hatten alle Hände voll zu tun, die etwa 20-köpfige Gruppe pubertierender Teenager im Zaum zu halten.

Markus, Felix, Karin und ich blieben den ganzen Tag über zusammen. Wir standen gemeinsam in den endlosen Schlangen zur Geisterrikscha oder Colorado-Bahn, und da Pat und Patachon in den Fahrgeschäften stets nebeneinandersaßen, durfte ich immer neben Karin sitzen. Seltsamerweise war meine Redehemmung, die sich sonst immer in Gegenwart schöner Mädchen einstellte, wie weggeblasen, und Karin und ich sprachen und lachten viel, und der Tag verging wie im Rausch.

Ich kann schon nicht mehr sagen, worüber wir sprachen und kicherten, weil alles verschwamm in einem Strudel aus Achterbahn und Zuckerwatte, und vielleicht ist das auch gar nicht wichtig, aber als wir schließlich wieder in den Bus stiegen, steuerte sie zielstrebig die letzte Bank an, und ich folgte ihr. Nur etwa die Hälfte der Plätze ist belegt, und da sich die meisten im vorderen Bereich aufhalten, um aufgeregt von ihren Erlebnissen zu berichten, haben wir die ganze hintere Bank für uns allein. Nachdem wir uns in die hinterste Ecke gequetscht hatten, sprachen und lachten wir nicht mehr, sondern blickten uns nur noch in die Augen. Vorsichtig ergriff ich ihre Hand. Irgendwann wandte sie den Blick ab und schaute durch den Spalt zwischen unseren Sitzen auf die stetig aus dem Heck des Busses gleitende Straße. Meine Hand ließ sie jedoch nicht los, und so zwängte ich mein Gesicht neben das ihre, und da sind wir nun und tauschen Speichel aus, und die Welt ist ganz Honigkuchenland.

Obwohl mir die Fahrt durch den Westerwald endlos vorkommt, passieren wir viel zu schnell das Ortsschild unseres Dorfes. An der Kirche angekommen, steigen wir aus und stehen noch kurz unschlüssig voreinander. Küssen will sie mich jetzt nicht mehr. Noch nicht mal zum Abschied, als Markus mir zuruft, ob ich nicht mitkäme. Warum das so ist, weiß ich nicht. Vielleicht ist es ihr peinlich vor den anderen, oder vielleicht habe ich irgendetwas falsch gemacht, aber ich kann sie auch nicht fragen, denn schon steigt wieder diese vermaledeite Mädchenpanik in mir auf. Mir bleibt nichts anderes übrig, als ihr mit weichen Knien zum Abschied zu winken, um mich dann Markus und Felix auf den Heimweg in unsere Straße anzuschließen. Unterwegs grinsen mich die beiden dämlich an und stoßen sich gegenseitig die Ellbogen in die Rippen. Sollen sie ruhig.

Ich bin in Gedanken ganz bei Karin und unserem verkorksten Abschied. Na ja, denke ich, übermorgen ist Montag und wieder Schule und dann sehen wir weiter. Nie zuvor habe ich die Schule so sehr herbeigesehnt wie in dieser Nacht und am darauffolgenden Sonntag.

6

Der Sonntag klebt an mir wie Fichtenharz. Das Frühstück habe ich ausgelassen, weil ich in der Nacht kaum geschlafen habe. Erst als der Ausschnitt, den meine beiden Fenster vom Himmel zeigen, langsam von Schwarz zu Grau wechselte, fiel ich in einen unruhigen Schlaf. Um das Mittagessen kam ich jedoch nicht herum, denn gestern, während ich wahrscheinlich gerade neben Karin im 3-D-Kino saß und die »Schatzinsel« bestaunte, ist mein Bruder aus seiner Kaserne gekommen, was meine Mutter zum Anlass nahm, einen Braten in die Röhre zu schieben. Dass mein Bruder auf Heimaturlaub ist, erkannte ich sofort, als ich am gestrigen Abend unser Haus betrat, an dem penetranten grünen Geruch, der alles andere überdeckte. Ihn selbst habe ich nicht zu Gesicht bekommen, da er sich wie immer sofort in die ehemalige Räucherkammer zurückgezogen hatte, um zu programmieren.

Pünktlich um zwölf stand der Sauerbraten auf dem Tisch, und obwohl mein Vater mal wieder den restlichen Alkohol des Vorabends ausdünstete, war er guter Laune, und das Essen verlief harmonisch. Überhaupt hat er sich in den letzten paar Jahren etwas beruhigt und seine cholerischen Anfälle fast gänzlich überwunden. Ich berichtete etwas halbherzig von meinem Besuch im Phantasialand, und selbst als mein Bruder unter großer Mühe von seiner Woche bei den Grünen und seinen Erlebnissen als Fernmeldesoldat erzählte, blieb mein Vater erstaunlich gelassen.

Nach dem Essen stürzte sich mein Gehirn wieder in endlose Konjunktivschleifen. Was hätte ich gestern Abend anders machen sollen? Hätte ich uns vielleicht besser an eine etwas abgeschiedenere Stelle manövrieren sollen, um mich zu verabschieden? Und der nagendste Gedanke: Sollte ich womöglich heute noch zu ihr fahren, um ganz ungezwungen Hallo zu sagen? Oder wäre das zu aufdringlich? Andererseits denkt sie vielleicht, dass ich es nicht ernst meine, sollte ich mich heute nicht bei ihr melden. Allerdings weiß ich gar nicht genau, wo sie wohnt. Und ich kann ja schlecht sämtliche Häuser im Neubauviertel abfahren und auf die Klingelschilder schauen. Ich könnte jedoch einfach eine Runde durch die Straßen drehen. Als würde ich ganz zufällig vorbeikommen. Was natürlich totaler Quatsch ist. Dort kommt man nicht zufällig vorbei, diese Straßen führen nirgendwohin.

Nach zwei Stunden Hirnerweichung kam ich dann endlich zu einer Entscheidung.

Und jetzt drehe ich gerade eine Runde durchs Neubauviertel und gehe in meinem Kopf immer wieder die Erklärung durch, die ich mir zurechtgelegt habe, sollte ich tatsächlich auf Karin stoßen. »Nee, natürlich habe ich nicht nach dir Ausschau gehalten … Mir war nur etwas langweilig … also eigentlich ist mir fast nie langweilig, aber heute eben doch so ein bisschen, und da habe ich mir gedacht, ich schau mal, wie sich unser Dorf so verändert hat in letzter Zeit. Ich war schon ewig nicht mehr hier, und die bauen ja überall wie die Blöden. Also ich meine nicht, dass die, die hier bauen, blöde sind … ganz im Gegenteil!«

Oh Mann, selbst Robert De Niro könnte diese Erklärung mit all seiner Schauspielkunst nicht anders klingen lassen als das, was sie ist: totaler Schwachsinn. Egal, bis jetzt ist weit und breit keine Spur von ihr zu sehen, und wenn ich noch zweimal alle Straßen abfahre, dann wird es, falls sie mich aus einem der Fenster beobachten sollte, richtig peinlich, und keine Erklärung der Welt könnte mir da raushelfen.

Also mache ich mich einigermaßen niedergeschlagen und doch irgendwie erleichtert auf den Weg nach Hause. Als ich an Hagens offener Tuning-Garage vorbeikomme, sehe ich, wie er drinnen an der Werkbank steht und mir lässig zuwinkt. Unschlüssig bleibe ich stehen. »Na?«

»Na?«

»Was treibst du so?«

»Siehste doch … der Vergaser ist endlich angekommen, aber das Scheißding passt nicht richtig auf den Ansaugstutzen.«

»Aha.«

»Und du?«

»Weiß nicht … ich fahr so rum …«

»Apropos rumfahren … Sollen wir 'ne Runde auf der Hercules drehen? Ich hab hier kein' Bock mehr.«

»Geht nicht, mein Bruder ist da. Wird eh spannend, ob der checkt, dass wir damit unterwegs waren. Würde mich nicht wundern, wenn er den Sprit abgemessen hätte.«

»Hm …«

Eine Weile schauen wir uns unschlüssig an, dann hat Hagen plötzlich eine Idee. »Komm, wir fahren zum Steinbruch.«

»Willste baden?«

»Quatsch! Ist doch noch viel zu kalt! Nee, einfach so … 'n paar Steine springen lassen.«

»Okay!«

Und schon strampeln wir mit unseren Rädern los, durch den mittelalterlichen Dorfkern, vorbei am Schloss, um gleich nach dem Ortsschild in einen kleinen Feldweg einzubiegen. Nach einer Viertelstunde erreichen wir den Steinbruch, der sich unweit des Dorfes im Wald versteckt. Früher wurde hier Schiefer abgebaut, aber das ist schon viele Jahre her. Zurückgeblieben ist ein Loch in der Landschaft, das sich mit Wasser gefüllt hat und dessen Ränder dicht mit Sträuchern und Farnen bewachsen sind. Über einen schmalen Pfad gelangen wir an das seichte Ufer, wo wir unsere Fahrräder achtlos ins Gebüsch fallen lassen. Weiter oben, ein paar Meter abseits des Pfades, hat es sich ein Liebespaar auf einer Decke gemütlich gemacht. Etwas zu sehen gibt es da jedoch nicht. Die sitzen vollkommen bekleidet und keusch auf ihrer Decke und winken uns freundlich zu, als wir vorbeikommen. Schade eigentlich, aber im Grunde wäre es mir ziemlich egal gewesen, wenn man was gesehen hätte, denn in meinem Kopf ist nur noch Platz für Karin.

Sofort fangen wir an, den Uferstreifen nach flachen Steinchen abzusuchen, was nicht schwer ist, da überall Schieferbruch herumliegt. Diese flachen Steinplättchen sind ideal, um sie über die spiegelglatte Oberfläche des kleinen Sees hüpfen zu lassen. Hagen ist darin eindeutig besser als ich. Jetzt habe ich auch noch eines der Schieferplättchen zu steil geworfen, sodass es mit einem Platschen untertaucht und dabei einen winzigen Tropfen Wasser auf Hagens Jeans spritzt.

»He! Pass doch auf!« Grinsend hat er nun ebenfalls ein Steinchen so geworfen, dass ich von Spritzern getroffen werde. Okay, denke ich, das kannst du haben, und suche den Boden nach einem größeren Stein ab, um ihn sogleich vor Hagens Füße ins Wasser platschen zu lassen. In kürzester Zeit eskaliert unsere kleine Schlacht zu einem handfesten Krieg. Immer größer werden die Steine, bis wir sie kaum mehr hochbekommen, und immer dichter werfen wir sie vor die Füße des anderen. Ächzend wie ein Kugelstoßer schleudert Hagen einen Findling in meine Richtung, während ich gleichzeitig einen Schritt zur Seite mache, um ihm auszuweichen. Zur falschen Seite, wie sich herausstellt, denn das Geschoss trifft mich knapp über dem Ohr am Kopf. Wie aus weiter Ferne nehme ich wahr, dass ich ganz langsam, wie in Zeitlupe, in den See wanke. Immer weiter geht es vorwärts ins eiskalte Wasser, bis ich schließlich bis zum Bauchnabel im See stehe und verwundert eine Libelle betrachte, die vor mir aufgetaucht ist und mich eine Weile auf Augenhöhe anglotzt. Ganz grün und schillernd ist die, und ich meine, in ihren Facettenaugen das tausendfache Abbild meiner selbst zu sehen.

Dann, ganz plötzlich nimmt die Realität wieder Fahrt auf, die Libelle huscht davon, und ein furchtbarer Schmerz fährt mir in den Kopf, und ich muss mich sehr zusammenreißen, um nicht vollends im See zu landen. Gleichzeitig fange ich an zu schreien. »Aua!!! Ahhhhh!! Ohh!« Als ich mir an die Stelle über dem Ohr fasse und dann die Hand wegnehme, merke ich, dass sie feucht und rot ist von meinem Blut. So langsam registriere ich auch die Kälte an meinen Beinen und kämpfe mich vor Schmerzen gekrümmt zurück ans Ufer. Sofort ist Hagen zur

Stelle und versucht, meine Hand vom Kopf wegzuziehen, um zu sehen, wie schlimm es ist. Unter fortgesetzten »Auas« und »Uhhhs« lasse ich ihn gewähren. Immerhin fange ich nicht an zu heulen.

»Is' halb so schlimm ... Muss nicht genäht werden.«

»Woher willst du das denn wissen, du Spast?« Ich habe mich von ihm losgerissen und funkle ihn wütend an.

»Bleib mal locker, war ja keine Absicht. Was kann ich denn dafür, wenn du versuchst, den Stein volley zu nehmen?«

»Was ist denn hier los?« Wir fahren gleichzeitig herum und sehen, wie die Frau, gefolgt von ihrem Lover, gerade das Ufer erreicht.

Betreten blicken wir zu Boden.

»Du blutest ja! Zeig mal her!« Und schon hat sie Hagen zur Seite geschoben und begutachtet nun ebenfalls das Loch in meinem Kopf. »Ist halb so wild ... Muss nicht mal genäht werden.« Haben die sich abgesprochen, oder was? Und überhaupt, wer ist die denn? Für 'ne Ärztin sieht die eindeutig zu jung aus.

»Aber die nasse Hose musst du ausziehen. Sonst holst du dir eine Blasenentzündung.«

Wie bitte? Ich dachte, die kriegen nur Mädchen. Aber ihr strenger Blick duldet keine Widerworte. Außerdem steht ihr Typ zwei Schritte entfernt, hat die Fäuste in die Hüften gestemmt und nickt eifrig. Hagen steht untätig daneben und muss sich das Grinsen verkneifen. Na, warte, denke ich, das zahl ich dir irgendwann heim. Doch vorerst füge ich mich in mein Schicksal und schäle mich ächzend aus der nassen Jeans, die mir kalt an den Beinen klebt.

»Und jetzt die Unterhose.«

Mein erschrockener Blick bringt sie zum Glück schnell ab von ihrer Wahnsinnsidee. Stattdessen wendet sie sich an Hagen. »Gib mir deine Jacke!«

Ohne zu zögern, reicht Hagen ihr seine dünne Windjacke, die sie mir sogleich um die Hüften bindet. Langsam wird mir diese Frau unheimlich. Ihr Typ hat sicher nicht viel zu lachen, denke ich, während wir unsere Fahrräder aus dem Gebüsch holen und uns auf den Heimweg machen. Die Rückfahrt ist ein Albtraum, denn ich versuche vergeblich, gleichzeitig in die Pedale zu treten und Hagens Jacke zwischen den Beinen festzuklemmen, damit nicht alle sehen, dass ich untenrum nur mit einem Schlüpfer bekleidet durchs Dorf fahre. Hoffentlich taucht jetzt nicht Karin irgendwo auf und sieht mich so.

Gerade als ich das denke, kommt sie mit ihrem Fahrrad aus der Straße, die ins Neubaugebiet führt. Was hat sie denn da für einen seltsamen Korb vorne am Lenker und was will sie denn in dem transportieren, denke ich irrsinnigerweise, als sie mich auch schon entdeckt. Ich tue so, als wäre alles ganz normal, und winke ihr im Vorbeifahren zu. Sie schaut mich verwirrt an, und ihre rechte Hand, die sie zum Gruß erhebt, verharrt mitten in der Bewegung. Ich spüre ihren Blick in meinem Rücken, aber jetzt ist mir alles egal. Bloß schnell weg hier. Anstatt weiter darauf zu achten, meine nackten Beine mit Hagens Jacke zu verdecken, erhebe ich mich und trete, stehend und so schnell ich kann, in die Pedale und überhole Hagen mit im Wind flatterndem Lendenschurz.

Zu Hause spielt sich in meinem Kopf wieder und wieder die gleiche Szene ab. Ich nehme dabei die Beobachterposition ein und sehe mich selbst, wie ich stehend an Karin vorbeifahre, untenrum mit nichts als meinem ollen Feinrippschlüpfer mit Eingriff bekleidet, während Hagens Windjacke mir um die käsigen Beine flattert. Und jedes Mal krümme ich mich innerlich zusammen, und die Scham treibt mir das Blut ins Gesicht.

Währenddessen ziehe ich trockene Sachen an, wasche das Blut von der Wunde und stelle fest, dass die beiden »Experten«

wohl recht gehabt haben mit ihrer Einschätzung, dass da nichts genäht werden muss.

Nachdem die Peinlichkeit einigermaßen verflogen war, habe ich mit Hagen in der nächsten Zeit viel über unseren Ausflug gelacht, und wir verbrachten einige Zeit damit, pantomimisch meinen Zombiegang in den See nachzustellen. Überhaupt scheint es so, als wären wir jetzt Freunde. Seltsam.

7

»Schatten im Blick, dein Lachen ist gemalt …«

Bestimmt schon zum zehnten Mal fordert Herbert Grönemeyer sein Herz zurück. In voller Lautstärke. Ich sitze im Kaminzimmer und bade in Selbstmitleid. Vielleicht wäre es am einfachsten, diesem schlechten Witz, genannt Leben, endlich ein Ende zu bereiten. Und ich male mir aus, wie alle heulend an meinem Grab stehen. Meine Eltern, meine Geschwister und natürlich sie: Karin. Und alle würden ihr verstohlene Blicke zuwerfen, schließlich wäre es ja ihre Schuld, dass ich tot und kalt im Sarg läge, aber das würde sie gar nicht bemerken, denn sie wäre viel zu sehr damit beschäftigt, haltlos in ihr Taschentuch zu schluchzen.

Das Blöde ist nur, dass ich nicht dabei sein könnte, zumindest nicht lebendig, und welchen Sinn hätte das dann alles?

Aber von vorne. Als ich heute früh mit klopfendem Herzen in den Bus stieg, holte ich mir meine erste Enttäuschung ab: Karin war nicht da. Als ich Markus möglichst unauffällig auf ihr Fehlen ansprach, meinte der nur lapidar, dass sei nichts Besonderes, die sei häufiger nicht im Bus, denn manchmal würde ihre Mutter sie auf dem Weg zur Arbeit mitnehmen.

Ich würde lieber barfuß den ganzen Weg zur Schule laufen, als mich von meiner Mutter bringen zu lassen, und überhaupt, warum musste sie ausgerechnet heute die mütterliche Mitfahrgelegenheit in Anspruch nehmen? Aber es half nichts: Sie war nicht da, und auch auf dem Weg vom Bus in die Schule konnte ich sie nirgends entdecken.

Also blieb mir nichts anderes übrig, als die zwei quälenden Stunden Deutsch bei Frau »Schrulle« Kurze-Clark über mich ergehen zu lassen, und ich könnte unter der schlimmsten Folter nicht mehr sagen, worum es da gegangen ist. Überhaupt ging es in der Schule nur noch darum, irgendwie die letzten Wochen hinter mich zu bringen, da ich den Lehrvertrag mit der Kfz-Werkstatt ja bereits in der Tasche hatte.

In der ersten großen Pause sah ich sie dann endlich. Sie stand zusammen mit zwei Freundinnen in einer Ecke des Schulhofes und trank ihre Schokomilch. Als sie mich kommen sah, drehte sie sich schnell weg. Ich war so irritiert von dieser Reaktion, dass ich zu nichts anderem fähig war, als einfach stehen zu bleiben und sie anzuglotzen wie einer dieser seltsamen Perversen, die den Geschichten nach die Parks der Großstädte bevölkern. Erst als eine ihrer Freundinnen auf mich aufmerksam wurde, sie anstieß und mit einem Kopfnicken in meine Richtung deutete, drehte sie sich zu mir um, verdrehte die Augen und stapfte zu mir. Aber sie ging an mir vorbei, und erst als sie mir einen wütenden Blick über die Schulter zuwarf, begriff ich, dass ich ihr folgen sollte. Also folgte ich ihr hinter die Turnhalle, wo sonst niemand war und wo man sich während der Pause auch nicht aufhalten durfte.

Dort standen wir eine Weile voreinander, beide darum bemüht, den anderen nicht anzublicken. Irgendwie schien sie sauer zu sein, aber ich konnte mir beim besten Willen nicht erklären, was ich falsch gemacht haben könnte. Vielleicht lag es an unserer gestrigen Begegnung, und wieder stieg mir das Blut ins Gesicht, und ich sah mich gezwungen, ihr zu erklären, wie es zu meinem exhibitionistischen Anfall gekommen war.

»Also hör mal ... mit gestern ... na ja, das war so, dass ich und Hagen ... äh, Hagen und ich, also wir waren im Steinbruch. Du weißt schon. Hagen, aus der achten. Und da hat er mir einen Stein an den Kopf geworfen, also nicht mit Absicht – hier schau mal die Beule –, und dann war da diese Frau, und die hat gesagt, ich soll die Hose ausziehen, also weil ich in den See gegangen bin – also wegen des Steins – und dann ...«

»Ich hab einen Freund.«

Stille.

»Aha ... Okay. Aber wer ...«

»Den kennst du nicht. Der kommt nicht aus unserem Dorf und geht auf die Realschule.«

Ich hatte keine Ahnung, was ich dazu sagen sollte, und so standen wir noch eine Weile da, blickten uns jetzt aber immerhin in die Augen. Und ich weiß nicht, woher ich den Mut nahm, doch als sie sich an mir vorbeischieben wollte, um zurück zu ihren Freundinnen zu gehen, trat ich einen Schritt in ihren Weg, sodass wir uns ganz nah waren, und wie von selbst, als wäre es das Natürlichste der Welt, küssten wir uns und hörten erst auf, als in der Ferne der Gong ertönte, der uns zurück in unsere Klassen rief.

Beim Abschied schien sie wieder wütend zu sein und sagte, ich solle sie in Ruhe lasse, das ginge so nicht, und ich verstand gar nichts mehr, denn auch während der zweiten großen Pause bekam ich nichts von ihr zu sehen als die kalte Schulter, was meine Verwirrung und Verzweiflung komplett machte.

Das kann doch alles nicht wahr sein! Warum küsst sie mich erst, um mir dann zu verraten, dass sie einen Freund hat, um mich dann erneut zu küssen und mir schließlich zu sagen, ich solle sie in Ruhe lassen. Vielleicht sind ja doch alle Mädchen doof! Aber warum müssen die dann so gut riechen und so schön und so lustig und überhaupt so ganz wunderbar sein?

Zum elften Mal setze ich die Nadel zurück an den Anfang von »Flugzeuge im Bauch«, versuche die Mysterien der weiblichen Natur zu ergründen und fühle mich am Ende doch nur leer und verbraucht.

8

Es ist geschafft. Vorbei. Aus. Ende. Mit Ach und Krach habe ich meinen Hauptschulabschluss bekommen, und der Gedanke, von nun an nie wieder an diesen die Lebensfreude verschlingenden Ort zu müssen, hat etwas zutiefst Unwirkliches. Nun liegen volle zwei Monate Ferien vor mir, denn meine Ausbildung beginnt erst im September.

Während der letzten Sommerferien habe ich in der örtlichen Maschinenfabrik gejobbt, dabei jedoch den Fehler begangen, vorher nicht genau abgeklärt zu haben, wie viel ich verdienen würde. »Da werden wir uns schon einig ...« und »Bis jetzt hat sich noch keiner beschwert ...«, hatte der Vorarbeiter während des Einstellungsgespräches zu mir gesagt, und damit waren meine Bedenken zerstreut. Als die vier Wochen stumpfsinniger Arbeit schließlich rum waren und sich herausstellte, wie niedrig mein Stundenlohn war, wurde ich wütend, nannte den Vorarbeiter einen gierigen Halsabschneider und fragte ihn, ob er sich nicht lieber einen Job als Sklaventreiber in Bangladesch suchen wolle. Deshalb und weil ich mir sagte, dass ich ab September genug richtige Arbeit am Hals haben würde, beschloss ich, meine letzten Ferien ausschließlich dem Faulenzen, dem

Mofa-Tuning und Karin zu widmen. Außerdem weiß ich gar nicht, wofür ich überhaupt arbeiten soll. Ich bekomme zwar meine Eltern nur selten zu Gesicht, weil sie nach wie vor von morgens bis abends in der Kantine schuften, kriege dafür aber fast immer alles, was ich zu brauchen meine. Manchmal denke ich, das ist so eine Art Ablasshandel, was irgendwie krank ist, aber mittlerweile komme ich ganz gut alleine zurecht, und der Umstand, nicht dauernd unter Beobachtung zu stehen, hat durchaus seine Vorteile.

Also bin ich seit meinem 15. Geburtstag Anfang Juni stolzer Besitzer eines eigenen Mofas. Es ist ebenfalls eine Hercules, aber ein neueres Modell als das meines Bruders und außerdem weiß. Meinetwegen hätte ich auch seine blaue 5S übernehmen können, aber mein Bruder ist, wie schon erwähnt, mit seinen Sachen etwas eigen. Obwohl er bei den Grünen fertig ist und im Herbst nach Heidelberg gehen wird, um dort Physik zu studieren, ist er der Meinung, sein Mofa unbedingt zu benötigen, sollte er mal nach Hause zu Besuch kommen. Mir soll es recht sein, auch wenn ich noch viel lieber eine CS25 wie die gehabt hätte, an der Hagen seit Monaten rumschraubt. Denn wie sich herausgestellt hat, ist es um einiges aufwendiger, meine Hercules unauffällig zu tunen, als die Zündapp. Und unauffällig sollte es sein, denn ich habe keine Lust, dass mir die Polizei oder schlimmer noch mein Vater auf die Schliche kommt. Deshalb fallen Brachialmaßnahmen wie die Montage eines dickeren Krümmers und überhaupt jede Manipulation am Auspuff flach. Es gibt immer wieder Idioten, die sägen ein Stück von der Flöte ab. Die Flöte ist ein Schalldämpfer, der ganz hinten im Auspuff sitzt. Das hat jedoch nur den Effekt, dass die Karre doppelt so laut, wenn überhaupt aber höchstens drei km/h schneller wird.

Natürlich kann man sich den Zylinder vornehmen, aber da

der Ansaugstutzen einen rechten Winkel aufweist und sich damit allen Versuchen, ihn aufzubohren, widersetzt, bleibt hier immer ein Nadelöhr, das der zugeführten Menge an Benzin-Sauerstoffgemisch klare Grenzen setzt. Also haben Hagen und ich uns damit begnügt, etwas halbherzig den Ein- und Auslass aufzubohren und ein bisschen mit verschiedenen Düsen herumzuprobieren, bis mein Mofa schließlich satte 40 anstatt der erlaubten 25 km/h lief. Bei Hagens Maschine sieht das ganz anders aus. Während der letzten Wochen habe ich ihm geholfen, alle möglichen und unmöglichen Maßnahmen zu ergreifen, um aus seinem Mofa ein ballistisches Geschoss zu machen. Auspuff, Krümmer, Zylinder, Kolben, Ansaugstutzen, Vergaser und Luftfilter – alles wurde so verändert und ideal aufeinander abgestimmt, dass die 49 ccm Hubraum mit möglichst viel Gemisch befeuert werden. Außerdem haben wir natürlich das originale, vordere 11er Ritzel durch ein 18er ersetzt, um die unbändige Kraft des kleinen Motors adäquat in Geschwindigkeit umzusetzen. Alle Kanäle wurden von uns nicht nur aufgebohrt, sondern auch noch mit einer Reibahle behandelt und anschließend poliert. Das Ergebnis ist, dass Hagens CS knapp über einhundert Kilometer in der Stunde läuft. Blöd ist nur, dass er erst im September 15 wird und deshalb bislang nur heimlich und unter hohem Risiko Testfahrten absolvieren kann.

Abgesehen von der Zeit mit Hagen in der Tuning-Garage, verbringe ich fast jeden zweiten Nachmittag in Karins Zimmer mit Knutschen. Was irgendwie noch viel kränker ist als der Ablasshandel mit meinen Eltern, denn daran, dass sie einen Freund hat, hat sich nichts geändert. Wenn wir uns in der Öffentlichkeit begegnen, tun wir so, als würden wir uns nicht kennen, um dann kurz darauf stundenlang in ihrem Zimmer auf der Couch zu sitzen und Unmengen an Speichel auszutauschen. Wie sie es hinkriegt, dass ihr Freund nichts davon mitbekommt oder zumindest nicht misstrauisch wird, kann ich nicht sagen – wir reden wenig miteinander –, und es ist mir auch ziemlich egal. Immerhin ist es ihr Freund und nicht meiner, und so hält sich auch mein schlechtes Gewissen diesem Marcel gegenüber in Grenzen. Ich kenne den ja nicht mal. Aber natürlich stellen sich mir Fragen. Warum ist sie noch mit dem zusammen, wenn sie offensichtlich so viel Gefallen daran findet, mir stundenlang ihre Zunge in den Hals zu stecken? Bin ich ihr vielleicht peinlich? Küsst sie den anderen genauso gerne? Wobei ich dieser letzten Frage nur ganz kurz erlaube, durch meinen Kopf zu huschen, weil damit die Vorstellung verbunden ist, dass sich sein Speichel mit ihrem und damit indirekt auch mit meinem vermischt. Jedenfalls merke ich, wie dieses Verhältnis meiner geistigen und seelischen Gesundheit auf Dauer nicht zuträglich ist und ich mir nicht sicher bin, wie lange ich mich dem noch aussetzen möchte oder kann.

Der dritte kranke Vorgang spielt sich gerade in meinem alten Kinderzimmer ab. Mein Vater ist jetzt Mitte 40 und fabuliert ständig vom »Sprenkelkrebs«, der ihn sicher bald von innen zerfressen wird, und der Gedanke, dass sein bisheriger Lebenswandel nicht dazu beiträgt, sich noch lange an selbigem zu erfreuen, hat ihn dazu gebracht, sich ein häusliches Hobby zu suchen. Ich glaube, er hofft, sich dadurch von den allabendlichen Sauftouren mit seinen Kumpels abhalten zu können. Wir werden sehen.

Jedenfalls wird mein altes Kinderzimmer jetzt komplett von einer gigantischen Modelleisenbahn ausgefüllt. Und wenn ich komplett sage, meine ich komplett. Die Tür lässt sich gerade noch so öffnen, und drinnen haben höchstens zwei Leute Platz.

Da mein Vater handwerklich nicht besonders begabt ist, musste mal wieder sein alter Kumpel Winfried ran, um schwitzend und stöhnend den gesamten Raum, bis auf die Aussparung an der Tür, auf einer Höhe von 1,20 Meter mit einer Sperrholzplatte auszukleiden. Von Elektrik und Löten versteht er noch viel weniger, und so verbringt nun mein Bruder, unter der gestrengen Aufsicht meines Vaters, seine freie Zeit zwischen Grundwehrdienst und Studium damit, unter der Sperrholzplatte herumzukriechen und all die Weichen, Oberleitungen und Lichter zu verkabeln und mit Strom zu versorgen. Ein richtiges Gemeinschaftsprojekt ist das geworden. Ich halte mich da raus, denn erstens kann ich Modelleisenbahnen nicht das Geringste abgewinnen, und zweitens sind die Kompetenzen eindeutig verteilt, und ich würde den beiden nur den ohnehin knapp bemessenen, kostbaren Platz rauben.

Also betrachte ich eher aus der Ferne und mit einem wachsenden Gefühl der Unwirklichkeit, wie die Eisenbahn immer gigantischere Ausmaße annimmt. Immer mehr Schienen werden verlegt, Berge und Tunnel entstehen, Straßen, Bäume, Büsche, Bahnhöfe und ganze Dörfer wachsen wie Pilze aus dem Sperrholz. Und da den beiden die gut 15 Quadratmeter meines alten Zimmers nicht ausreichen, haben sie auch noch zwei Löcher in die Wand geschlagen und Schienenstränge bis in das angrenzende Computerzimmer gelegt, wo die Bahn noch einmal fast drei Quadratmeter für sich beansprucht. Das i-Tüpfelchen bildet die alte Überwachungskamera, die mein Vater noch aus der Kantine übrig hatte und die jetzt krisselige Schwarz-Weiß-Bilder aus dem Nebenraum an die Schaltzentrale übermittelt.

Erstaunlich ist, wie harmonisch die Zusammenarbeit zwischen meinem Vater und meinem Bruder verläuft. Und das, obwohl ich selten zwei Menschen getroffen habe, die unterschiedlicher sind. Wären die beiden nicht zufällig verwandt, würden sie keine zwei Worte miteinander wechseln, selbst dann nicht, wenn sie die letzten beiden Menschen auf der Welt wären. Mein Vater ist impulsiv, raumgreifend, immer aus dem Bauch heraus entscheidend, schaut jedem Rock nach und verachtet jede Form von Intellektualität. Er ist ein strammer Rechtskonservativer, der es bedauert, dass er außerhalb von Bayern nicht seine geliebte CSU wählen darf.

Mein Bruder hingegen ist, wie schon erwähnt, der Inbegriff des Nerds. Seit 1981 verbringt er die meiste Zeit seines Lebens vor dem Computer, ist so analytisch verklemmt, dass Mr. Spock neben ihm wie der totale Emo wirkt, ließ sich, bevor er eingezogen wurde, die Haare lang wachsen, hört Hippiemusik und hat, seit er volljährig ist, nie etwas anderes als die Grüne Partei gewählt. Aber ich glaube, je mehr mein Vater meinen Bruder herabgesetzt hat, desto mehr wollte der ihm gefallen. Egal. Von mir aus können sie das ganze Haus mit Modelleisenbahnen zupflastern, wenn sie sich dadurch nur aussöhnen.

9

Während ich mit Blick auf die Stechuhr eine weitere Runde durch die Mercedes-Werkstatt beende, versuche ich hartnäckig den Gedanken zu unterdrücken, der sich seit Anfang meiner Lehrzeit in meinen Kopf geschlichen hat und sich seitdem mit aller Macht in den Vordergrund drängen will: Was in aller Welt habe ich mir nur dabei gedacht? Ich bin gerade fünfzehn geworden, spiele gerne mit Lego, und das soll es nun also sein? Das hier soll bis zu meiner Rente, die eine abstrakte Unendlichkeit vom Jetzt entfernt liegt, die Tätigkeit sein, mit der ich mich von nun an acht Stunden tagtäglich befassen soll? Und die furchtbare Wahrheit ist: Nichts habe ich mir dabei gedacht.

Absolut gar nichts! Und deshalb ist das hier nun ganz allein meine Schuld, deshalb muss ich da jetzt wohl durch, und bei dem Gedanken an dieses Wort durch blitzt in meinem Kopf schon wieder die gefühlte Unendlichkeit auf. Also setze ich, während tödliche Langeweile und Schockstarre wie zwei vorzeitliche Leviatane einen Zeitlupenkampf in mir führen, meinen Weg durch die Werkstatt fort.

Die erste Woche war noch relativ aufregend, weil alles neu und ungewohnt war. Mir wurde Arbeitskleidung ausgehändigt, eine blaue Latzhose und eine ebenso blaue Arbeitsjacke, beides aus einem widerstandsfähigen, jeansähnlichen Stoff, und schon ging es los, das Leben eines Erwachsenen mit acht Stunden Arbeit, schlüpfrigen Witzen in den Pausenräumen und kargem Lohn am Ende des Monats.

Ziemlich schnell stellte sich jedoch heraus, dass es nicht viel Arbeit für mich gibt und dass die Arbeit, die man mir zutraut, scheißlangweilig ist. Öl ablassen und Reifen wechseln sind die einzigen berufsnahen Tätigkeiten, mit denen ich betraut werde. Der Rest ist Anreichen, Holen, Bringen, Putzen und ganz viel Langeweile, die ich damit zu bezwingen versuche, dass ich unablässig und in möglichst niedrigem Tempo mit den Händen in den Hosentaschen die immer gleiche Runde durch die Werkstatt drehe. Am Ende jeder Runde werfe ich einen Blick auf die Stechuhr und bin jedes Mal geschockt vom unheimlichen Gegensatz aus gefühlter und tatsächlich vergangener Zeit. Die einzige Abwechslung bietet mein allmorgendlicher Gang in die Stadt, um für die Mechaniker und anderen Lehrlinge Fleischwurst und *Bild*-Zeitung zu holen. Gleich am ersten Tag nahm mich der Osterhase beiseite und erklärte mir mit seiner Piepsstimme, dass er mich genau einmal auf dem Einkaufsweg begleiten werde und dass ich von da an für die Versorgung der Kollegen zuständig sei. Denn schließlich sei ich ja nun der Stift und er immerhin schon im zweiten Lehrjahr. Mir war das völlig egal, und mittlerweile bin ich sogar dankbar für die Dreiviertelstunde, in der ich der Rauheit und dem öligen Mief der Werkstatt entfliehen kann.

Und wieder der Blick auf die Stechuhr. Und wieder diese Fassungslosigkeit über die schier grenzenlose Dehnbarkeit der Zeit. Und auf zur nächsten Runde. Die einzige Herausforderung ist, dass mich der Wenger nicht mit den Händen in den Hosentaschen ertappen darf. Unser Meister kommt mir vor wie der schlimmste Choleriker, den es überhaupt geben kann. Dagegen ist mein Vater ein buddhistischer Zen-Mönch. Der Wenger ist Mitte 50, hat einen Bauch, ohne fett zu sein, und eine spiegelglatte Glatze. Außerdem ist er durch seinen blauen Kittel, den er stets über Jeans und Hemd trägt, sofort als Meister zu erkennen. Dass seine Birkenstock-Latschen, in denen er bei jeder Witterung durch die Werkstatt schlappt, im krassen Gegensatz zu den Arbeitsschutzbestimmungen stehen, scheint ihn nicht weiter zu interessieren, denn in seiner Werkstatt gelten seine Regeln und sonst gar nichts. Außerdem spricht er das brutalste Westerwälder Platt, das ich je gehört habe. Nach meinen Jahren hier in der Gegend verstehe ich das zwar, kann es aber selbst nicht sprechen. Meine Eltern sprechen bayerisch, oder besser gesagt oberpfälzerisch miteinander. Diesen gutturalen Dialekt, der meines Erachtens nach von steinzeitlichen Höhlenbewohnern überliefert wurde und in dem fast alle Vokale durch o und u ersetzt werden, beherrsche ich ebenso wenig, und ich bin dankbar dafür, dass meine Eltern mit uns Kindern hochdeutsch sprechen.

Während ich also gerade über die Eigenheiten der verschiedenen Dialekte nachdenke, schlendere ich an der Grube vorbei. Plötzlich streckt der Wenger seine Glatze unter dem Bus hervor, der da zur Reparatur steht. Als er mich mit den Händen in den Hosentaschen sieht, verfärbt sich sein Gesicht sofort dunkelrot. Mist, denke ich, und ziehe schnell die Hände hervor, als er auch schon loslegt.

»Ei Jung! Wat mäst dau da do?!! Hul mir sofort de Brenner hei hi!!!« Das R klingt im Westerwald genauso wie bei den Cowboys in den USA.

Den Brenner soll ich ihm also holen. Okay, denke ich und flitze sofort los, rüber in die Pkw-Abteilung, wo der Brenner, wie ich von meinen Rundgängen weiß, gerade mit dem Auspuff eines Strich-Achters beschäftigt ist.

»Hey, Brenner! Du sollst zum Wenger kommen, der steht in der Grube unter dem Nullplan.«

Genervt verdreht er die Augen. »Was will der denn schon wieder?«

»Keine Ahnung …« Und schon nehme ich meinen Rundgang im gewohnt langsamen Tempo wieder auf, vorbei an der Stechuhr, bis ich nach einer gefühlten Ewigkeit wieder an der gleichen Stelle neben dem Bus ankomme. Wieder streckt der Wenger seinen Kopf heraus, und als er mich sieht, treten seine Augen regelrecht aus den Höhlen, und sein ganzer Kopf wechselt einem Chamäleon gleich die Farbe in ein sattes Purpur. Nachdem er seine Fassung wiedererlangt hat, brüllt er los: »Ei Jung!!! Wat es da met dir los! Wu es dä Brenner??!!! Hul mir sofort de Brenner hei hi!!!«

Ja, was soll ich denn machen? Soll ich ihn an seinem Schnauzbart herziehen? Also antworte ich, äußerlich um Gelassenheit bemüht: »Der Brenner kommt gleich.«

Einen kurzen Moment blickt er mich fassungslos an, dann bricht die Hölle los. Ob ich denn vollkommen durchgedreht sei, warum ich mich seinen Befehlen widersetzen würde und wenn in zwei Sekunden nicht der Brenner vor ihm stehen würde, könne ich mir meine Papiere abholen und bräuchte hier nie wieder aufzutauchen. Irgendwann dämmert mir, dass er nicht den Gesellen Brenner meint, sondern den Schweißbrenner, der natürlich nicht von alleine angelaufen kommen wird. Aber da ist es auch schon zu spät, und zu allem Überfluss kommt in diesem Moment auch noch der Kollege Brenner angeschlurft und fragt, was denn der Wenger von ihm wolle, er habe ja schließlich noch andere Dinge zu tun. Schnell renne ich los, nun meinerseits mit hochrotem Kopf, um den Schweißbrenner zu holen, der ganz in der Nähe in einer Ecke steht. Als dem Brenner klar wird, was hier gerade passiert ist, fängt er an zu lachen, was ein bisschen Dampf aus der Situation nimmt, den Wenger jedoch nicht davon abhält, mich weiter zu beschimpfen. »Jung Jung, Butterdung ... Dau seist e Kerl wie e Pond Worscht!«

Irgendwann ist auch dieser Tag geschafft, und ich setze mich niedergeschlagen auf mein Mofa, um die 20 Kilometer nach Hause zu fahren, wofür ich fast 45 Minuten brauche. »Lehrjahre sind keine Herrenjahre« hat sich zu meinem Mantra entwickelt, aber das hilft mir auch nicht weiter.

10

Die Situation eskaliert zusehends. Es ist Winter. Januar 1986. Obwohl der Schnee meterhoch liegt, fahre ich jeden Morgen mit dem Mofa in die Werkstatt. Ich habe mir einen signalfarbenen, wasserabweisenden Overall besorgt, den ich jeden Morgen mit zerknülltem Zeitungspapier ausstopfe. Hände und Füße werden dennoch zu Eis, und ich mache mir ernsthafte Sorgen, eines Tages nach der 40-minütigen Fahrt einen Finger oder Zeh an die Kälte zu verlieren. Meine Mutter sagt, sie sei als Kind jeden Morgen zehn Kilometer in die Schule gelaufen, barfuß und bei Wind und Wetter, und hätte sich zwischendurch in frische Kuhscheiße gestellt, um ihre Füße aufzuwärmen. Damals hat man die Kinder aber auch noch mit dem Rohrstock malträtiert. Meinetwegen bin ich halt eine verweichlichte Sissi, aber wenn ich irgendwann mit einem amputierten kleinen Finger in einer Plastiktüte nach Hause komme, dann kann sie sich ihre Kuhscheiße in die Haare schmieren und fuck you, Herrenjahre.

Gerade bin ich in der Werkstatt angekommen, habe es irgendwie geschafft, mich aus meinem vereisten Overall zu schälen, und flitze, noch in meinen privaten Klamotten, hoch ins Lager. Dort befindet sich eine Lastenluke, die vom Lager im ersten Stock in die Lkw-Halle führt. An der Decke ist ein Stahlträger mit Flaschenzug angebracht, um schwere Lasten von der Halle ins Lager zu befördern oder umgekehrt. Jetzt klettere ich aus der Luke auf die große Umluftheizung, die sich einen knappen Meter rechts von mir unter dem Dach der Lkw-Halle befindet. Unter mir geht es gute vier Meter in die Tiefe. Wenn ich mit meinen klammen Fingern vom Rahmen der Luke abrutsche, wird der gefliesste Hallenboden meinem Leid sicher ein schnelles Ende bereiten. Was habe ich eigentlich hier oben verloren? Die Zeitschaltuhr, die eigentlich dafür sorgen sollte, dass die Heizung eine Stunde vor Arbeitsbeginn anspringt, ist defekt, und nun muss ich mich jeden Morgen in Todesgefahr begeben und zur Heizung rüberhangeln, um dort einen roten Knopf zu drücken. Sobald das Gebläse mit einem dumpfen Grollen anspringt, mache ich mich wieder auf den Rückweg und versuche, mit halbem Spagat den dräuenden Abgrund zu überwinden. Geschafft. Jetzt schnell zurück in den Umkleideraum und in die Arbeitsklamotten schlüpfen. In der Werkstatt ist es kaum wärmer als draußen. Das wird sich den ganzen

Tag über auch nicht ändern, weil die großen Schiebetore klemmen, die sich an den Stirnseiten der Lkw-Halle befinden. Und sobald sie einmal geöffnet sind, um einen Lkw oder Bus hereinzufahren, bleiben sie einfach offen, weil es fünf Leute braucht, um sie zu bewegen.

Meine Füße sind immer noch die reinsten Eisklumpen, als ich mich auf meine Runde durch die Werkstatt begeben will. Sofort hat mich der Wenger entdeckt. »Jong! Wat schleichst dau da wirra he röm? Kumm mo hä!«

Anscheinend setzt auch ihm die Kälte zu, denn statt seines obligatorischen Hemdes trägt er einen Strickpulli unter seinem Meisterkittel und dazu auch noch Wollsocken in seinen Latschen. Als ich bei ihm ankomme, packt er mich unsanft am Arm und führt mich in die Mitte der Halle neben die Grube und zeigt zur Decke. »Säust dau dat?«

Ich folge mit meinem Blick seinem ausgestreckten Arm und entdecke ein Loch in der Hallendecke. Da hat wohl mal jemand einen Kipper zu weit ausgefahren und ist durch den Rigips gebrochen. Ich nicke stumm.

»Do gait os de ganze Wärm flöten ... dat moss gesopft wärn!«

Verständnislos blicke ich ihn an. Wie stellt der sich das denn vor? Soll ich da hochschweben und eine Sperrholzplatte davor nageln? Und überhaupt. Die meiste Zeit stehen die bekackten vier mal acht Meter großen Tore offen, und da soll ich nun ein Loch von gerade mal einem halben Meter Durchmesser stopfen? Ich weiß jedoch, dass jede Diskussion sinnlos wäre. Ebenso gut könnte man mit einem Haus oder einem Berg diskutieren. Also nicke ich erneut. »Okay ... und wie?«

Dann erklärt er mir, ich solle ins Lager gehen und mir ein Stück Pappe in der richtigen Größe suchen und damit über die Dachbodentreppe in den Zwischenboden steigen und die Pappe auf das Loch legen. Aber ich solle vorsichtig sein und nur auf die Balken treten, da die Gipsdecke mein Gewicht nicht halten und ich, sollte ich danebentreten, unweigerlich auf den Hallenboden klatschen würde. Wollen die mich hier vernichten?

Aber es hilft nichts, Befehl ist Befehl, und so mache ich mich auf den Weg ins Lager, um ein passendes Stück Pappe zu besorgen. Der Lagerist ist ein mürrischer alter Knochen, dessen Namen ich mir selbst nach fünf Monaten Lehrzeit auf Teufel komm raus nicht merken kann. Als ich ihm mein Anliegen erkläre, blickt er mich einen Moment an, um dann mit seiner flachen Hand die Bewegung eines Scheibenwischers vor seinem Gesicht zu imitieren. Ob das auf mich oder den Wenger gemünzt ist, kann ich nicht sagen. Wahrscheinlich meint er uns beide.

Nachdem ich ein passendes Stück aus dem Berg Verpackungsmüll herausgesucht habe, führt er mich die Treppe hinauf in den ersten Stock und bleibt unter einer rechteckigen Aussparung in der Decke stehen, zeigt stumm nach oben und macht sich sogleich wieder auf den Weg zurück an seinen Lagertresen. Und während ich mich an seinen Namen zu erinnern versuche und überlege, ob ich ihn überhaupt schon mal einen Ton habe reden hören, suche ich nach dem passenden Werkzeug, um die Dachbodentreppe zu öffnen. Schließlich entdecke ich in einer Ecke den Stock mit Metallhaken, mit dem man die Treppe runterklappen kann.

Oben angekommen, versuche ich mich erst einmal zu orientieren. Der sogenannte Zwischenboden ist nichts weiter als eine flache Balkenkonstruktion, in dessen Mitte ich gerade so stehen kann und die zu zwei Seiten stetig flacher wird, bis Dach und Hallendecke an den Rändern aufeinandertreffen. Dunkel ist es und kalt, und im Schummerlicht, das durch ein paar Ritzen fällt, kann ich vage das kreuzförmige Gitter aus Balken erkennen, das sich über den Gipsboden erstreckt. Dabei beträgt der Abstand zwischen den Balken circa einen Meter.

Ganz weit hinten, wo die Konstruktion schon sehr viel flacher ist, kann ich eine deutliche Lichtquelle ausmachen. Dort muss sich das Loch befinden, aus dem angeblich die Wärme der Lkw-Halle in den Dachboden strömt. Also los. Während ich von Balken zu Balken balanciere, versuche ich nicht daran zu denken, dass ich durch den Gips brechen und satte vier Meter in die Tiefe rauschen würde, sollte ich abrutschen und danebentreten. Dann habe ich endlich das Loch erreicht. Mittlerweile auf allen vieren, denn der Dachboden ist hier nur noch einen halben Meter hoch. Trotz der Kälte habe ich angefangen zu schwitzen, und die staubige Luft hier oben reizt meine Atemwege.

Durch das Loch blicke ich in die Halle, direkt auf die Stelle, an der ich eben noch mit dem Wenger gestanden habe. Jetzt sitzt da unten der Kuchler vermutlich auf einem Schemel und schweißt am Kotflügel eines Busses herum. Er sieht irgendwie seltsam aus, denn er schwankt gleichmäßig vor und zurück, während er die Schutzgasdüse ans Blech hält und der blaue Lichtbogen aufblitzt. Schläft der etwa? Egal. Schnell die Pappe auf das Loch gelegt und dann nichts wie raus aus dieser Höhle. Während auf dem Hinweg noch ein »Das kann doch alles nicht wahr sein« in Dauerschleife durch meinen Kopf hallte, wandelt sich die Fassungslosigkeit auf dem Rückweg in Wut: »Die sind alle bekloppt hier! Total bekloppt!« Übermütig springe ich von Balken zu Balken, mittlerweile ist es mir vollkommen egal, ob ich danebentrete.

Nachdem ich wieder im Lagerflur angekommen bin und die Treppe zugeklappt habe, muss ich erst mal durchatmen, um mich zu beruhigen. Und nachdem die Wut einigermaßen abgeklungen ist, steigt langsam wieder die altbekannte Verzweiflung in mir auf. »Was habe ich mir nur dabei gedacht?«

Zurück in der Halle, schlendere ich als Erstes zum Kuchler, um zu sehen, was da los ist. Der sitzt immer noch auf seinem Schemel, schaukelt sanft vor und zurück wie ein Schiff in leichter Dünung und schweißt immer mehr Draht auf dieselbe Stelle des Kotflügels. Trotz des hellen Lichtbogens kann ich deutlich erkennen, dass sich da bereits ein faustgroßer Batzen geschmolzenen Metalls angehäuft hat. Neben mir stehen der Brenner und der Naab und feixen. Anscheinend hat der Kuchler heute Geburtstag und zu Arbeitsbeginn gleich mal 'ne Flasche Mariacron geext.

Mit einem Mal schiebt sich der Feger, begleitet von seinem penetranten Fußgeruch, zwischen uns hindurch und schaltet das Schweißgerät ab. Durch die plötzlich eintretende Stille ist das Schnarchen vom Kuchler nun deutlich zu hören.

»He!! Kuchler! Aufwachen!« Der Feger rüttelt ihn unsanft an der Schulter, bis Kuchler schließlich durch halb geöffnete Augen versucht, seinen Quälgeist zu fixieren.

»Mmhblrhe!«

Irgendwann taucht auch noch der Wenger auf, sorgt dafür, dass Kuchler in eine Ecke des Lagers geschleppt wird, wo er seinen Rausch ausschlafen soll. Oh Mann, die sind wirklich alle vollkommen bekloppt hier.

Der restliche Tag verläuft zäh wie Zement. Die einzige Attraktion ist Kuchler, der am Nachmittag wieder weit genug hergestellt ist, um erneut auf seinem Schemel Platz zu nehmen. Diesmal bewaffnet mit einer Flex, mit der er den überschüssigen Klumpen Metall, den er morgens auf den Kotflügel geschweißt hat, wieder runterschleift.

Dann ist es endlich geschafft, und ich stehe als Letzter in der Reihe vor dem Waschkabuff. Draußen ist es bereits dunkel, und ich denke mit Grauen an die Fahrt zurück durchs Mittelgebirge. Vielleicht sollte ich meine Schwester fragen, ob ich heute bei ihr pennen kann. Sie wohnt keine 500 Meter von hier entfernt, denn ihr Ausbildungsbetrieb liegt ja ebenfalls in der Kleinstadt. Während ich das Für und Wider abwäge, taucht plötzlich der Naab vor mir auf.

»Die Papiertücher sind alle.« Und als wäre es das Normalste der Welt, fängt er an, seine Hände an mir abzutrocknen. Als er fertig ist, geht er ohne ein weiteres Wort in Richtung Umkleide. Und schon kommt der Nächste und tut es ihm gleich. Wischt seine Wichsgriffel an meiner Arbeitsjacke ab. Selbst der Osterhase reiht sich ein und benutzt mich als lebendes Handtuch. Nur Feger läuft mit einem bedauernden Schulterzucken an mir vorbei, während er seine Hände an der eigenen Hose abwischt. Und ich stehe die ganze Zeit da, ohne mich zu wehren. Weil ich nicht kann. Weil ich mich nicht traue, weil ich nichts bin. Und das ist vielleicht die schlimmste Erkenntnis: nur noch ein Ding zu sein, ein Stück menschliches Arschpapier. Schlimmer als die Mofafahrt bei minus zehn Grad, schlimmer als der Irrsinn mit der Heizung oder den Schiebetoren oder dem Loch in der Hallendecke. Und in mir wächst die Gewissheit, dass ich hier nicht bleiben kann und dass ich dem Nächsten, der mit dem Spruch »Lehrjahre sind keine Herrenjahre« um die Ecke kommt, die Zähne aus der Fresse schlagen werde.

11

Niedergeschlagen und den Tränen nahe schleiche ich aus der Werkstatt. Ich beschließe, heute tatsächlich nicht mehr nach Hause zu fahren, sondern meine Schwester zu bitten, in ihrem Wohnzimmer auf der Couch übernachten zu dürfen. Das Mofa lasse ich stehen und laufe die kurze Strecke durch die verschneite

Kleinstadt. Währenddessen versuche ich zu überlegen, wie ich aus diesem Albtraum herauskomme und was ich danach mit meinem Leben anfangen könnte, sollte ich es schaffen, meine Eltern und vor allem meinen Vater davon zu überzeugen, dass ich niemals Kfz-Mechaniker sein werde. Aber es fällt mir schwer, mich zu konzentrieren, weil sich meine Gedanken schwer wie Blei durch meinen Kopf wälzen und zu allem Überfluss auch noch ständig das Bild von Karin dazwischenfunkt und zusätzlich für Verwirrung und Frustration sorgt.

Die Wohnung meiner Schwester befindet sich in einem dreistöckigen Mietshaus, ganz oben unterm Dach. Mit Erleichterung registriere ich, dass bei ihr Licht brennt, und betätige die Klingel. Als nach kurzer Zeit der Summer ertönt, schleppe ich mich die drei Stockwerke nach oben. Schon ab dem zweiten Stock höre ich die Schreierei. Meine Schwester scheint auf 180 zu sein, denn sosehr sich ihr Freund Stefan auch bemüht, er kommt nur selten zu Wort und wird sofort wieder unterbrochen. Auch das noch, denke ich und steige immer langsamer empor, so als wäre das Gekeife eine feindliche Strömung in der Luft, der ich mich mit ganzer Kraft entgegenstemmen muss.

Als ich schließlich oben ankomme, fliegt gerade die Wohnungstür auf und Stefan stürmt heraus, an mir vorbei und die Treppe runter. Ich mag ihn, denn er ist eigentlich immer nett zu mir. Heute jedoch würdigt er mich keines Blickes, sondern schlüpft nur im Davonlaufen in seine Jacke. Sein markanter Kiefer mahlt, und der blonde Schnurrbart hüpft aufgeregt auf und ab. Er besitzt drei Fitnessstudios in der Gegend und ist selbst definitiv einer seiner besten Kunden, denn unter seinem Sweatshirt türmen sich beachtliche Muskelberge auf. Die Igelfrisur mit den blond gefärbten Spitzen vervollkommnet das Bild eines Manta fahrenden Captain America. Jetzt taucht auch meine Schwester in der Tür auf und brüllt ihm nach, er solle sich verpissen und am besten nie wieder auftauchen. Dann erblickt sie mich und tritt zur Seite, um mich in die Wohnung zu lassen. Während ich mit gesenktem Kopf und hängenden Schultern in den Flur trotte, versprüht sie weiter Gift und Galle. Der sei ein eierloser Schlappschwanz, der eh keinen mehr hochkriegen würde, der solle sich selbst ficken und noch viele weitere Informationen, um die ich nicht gebeten habe. Begleitet von ihren Tiraden, schlurfe ich ins Wohnzimmer und lasse mich auf die Couch fallen. Dann sitze ich einfach da und betrachte sie, wie sie im Wohnzimmer auf und ab läuft und schreit und schließlich heult, als ihre Rage in Verzweiflung umschlägt, um kurz darauf wieder dieser unbändigen Wut Platz zu machen, die alles niederbrennt, was ihr in den Weg kommt.

Irgendwann halte ich es nicht mehr aus und fange selbst an zu heulen. Weil mir alles zu viel ist und ich fürchte, meinen Verstand zu verlieren, und schon schwappt eine dunkle Welle über mich hinweg und reißt mich mit sich, und ich bekomme es mit der Angst zu tun, dass ich nie wieder werde aufhören können. Als meine Schwester merkt, wie es um mich bestellt ist, hält sie ganz plötzlich inne und fragt, was denn los sei. Ich kriege jedoch keinen Ton raus, und so kommt sie zu mir und nimmt mich in den Arm und sagt, dass alles gut werden würde. So bleiben wir eine ganze Weile sitzen, bis ich es irgendwann schaffe, mich ein kleines bisschen zu beruhigen und ihr stockend mein Leid zu klagen. Von den Arschlöchern in der Werkstatt erzähle ich, und von den Zuständen, die dort herrschen, und dass ich das alles hasse und mich der ganze Scheiß nicht interessiert und ich niemals Kfz-Mechaniker sein werde. Ich kann gar nicht mehr aufhören und fange immer wieder an zu heulen, und die Rotze läuft mir aus der Nase.

Meine Schwester sitzt nur da und hört sich alles geduldig an. Nachdem ich alles rausgelassen habe, nimmt sie mich wieder in den Arm, und es ist ihr ganz egal, dass ich meinen Rotz auf ihrem Pulli verteile, und sie sagt, dass wir das schon hinkriegen und dass sie mir helfen würde. Wir sollten zuerst mit meiner Mutter reden, und wenn wir die auf unserer Seite hätten, würden wir uns unseren Vater vornehmen, und am Ende würde es schon nicht so schlimm werden.

Und tatsächlich wird mir leichter ums Herz, und ein Funken Hoffnung keimt in mir auf. Vielleicht habe ich doch nicht mein ganzes Leben durch Ignoranz und schiere Doofheit versaut. In diesem Moment bin ich meiner Schwester unendlich dankbar und so nahe, wie ich es noch nie war.

Zur Ehrenrettung meines Ausbildungsbetriebes kann ich aus heutiger Sicht nur sagen, dass ich wahrscheinlich der empfindlichste und unbegabteste Azubi war, den sie je gehabt haben, und dass es am Ende für alle Beteiligten und alle Autobesitzer, die mir jemals ihr Auto anvertraut hätten, ein Segen war, dass meine Eltern es schließlich eingesehen haben: Diese Ausbildung war eine komplette Themaverfehlung für mich.

12

»Und dein Alter?«

»Ist erstaunlich cool geblieben.«

»Echt? Meiner hätte mir den Arsch bis zu den Ohren aufgerissen.«

»Hm ... Achtung, er kommt!«

Mit lautem Gebell schießt der riesige schwarze Köter auf uns zu. Gleich hat er uns erreicht, und es ist klar, dass diese Bestie nicht spielen will, sondern töten. Ein mulmiges Gefühl macht sich in meiner Magengegend breit, gleichzeitig schießt mir das

Adrenalin ins Blut, doch wir weichen keinen Millimeter zurück.

Im letzten Moment wird der Hund zurückgerissen. Er jault auf, und wir hören die kräftigen Kiefer statt in unser saftiges Fleisch mit einem lauten Klacken in die Luft schnappen. Die Kette ist fest im Mauerwerk des kraftschen Bauernhofes verankert und reicht exakt bis zum gemauerten Torbogen, der die Grenze des Hofes markiert. Hagen und ich stehen einen halben Meter davor und betrachten fasziniert, wie die riesige Bestie wild die Zähne fletscht, geifert und uns mit rot unterlaufenen Augen fixiert. Mir tut das arme Tier leid, und ich wende mich ab, um zurück ins Dorf zu gehen. Der Hof des alten Kraft liegt etwas außerhalb und ist nur über eine schmale Straße zu erreichen, auf der keine zwei Autos nebeneinanderpassen. Die Wiesen und Felder, die den Bauernhof umgeben, sind feucht und schmutzig braun, und hier und da liegen noch ein paar traurige Schneehaufen, die der anhaltende Nieselregen noch nicht weggespült hat.

»Und jetzt?«

»Keine Ahnung ... Mal sehen, was in der Glotze läuft. Außerdem ist mein Bruder da ...«

Hagen verdreht die Augen. »Nee, ich meine mit Lehre und so.«

»Ach so ... Mal sehen ... wahrscheinlich wieder Schule. Vielleicht Mittlere Reife.«

»Aber dein Zeugnis war doch kacke, oder?«

»Du bist selber kacke.«

»Aber stimmt doch, oder nicht? Da nimmt dich doch keine Realschule ... Ich jedenfalls bin heilfroh, wenn ich diesen Sommer die Scheiße endlich hinter mir habe.«

Hagen macht in diesem Jahr seinen Abschluss und wird danach eine Lehre als Elektrotechniker anfangen.

»Na ja, es gibt da so 'ne Schule, die liegt schon in Nordrhein-Westfalen, und die haben da ein anderes System. Da macht man nach der Zehnten entweder den Hauptschulabschluss oder, wenn man gut genug ist, eben den Realschulabschluss. Ich geh da jetzt erst mal noch das restliche Schuljahr in die Neunte, und dann entscheiden die, ob ich für die Mittlere Reife antreten darf. Wenn nicht, bin ich am Arsch.«

Es ist Sonntag und wie üblich nichts los in unserem Dorf. Immerhin ist Hagen jetzt auch 15 und darf endlich mit seinem wahnwitzigen Mofa durch die Gegend heizen. Dafür ist das Wetter heute allerdings viel zu ungemütlich. Deshalb sind wir rüber zum Kraft geschlendert und haben uns unseren Adrenalinkick bei der bedauernswerten Kreatur abgeholt, die dort Tag und Nacht an der Kette hängt. Das ist wirklich erbärmlich, doch der Gedanke, morgen nicht wieder in die Werkstatt zu müssen, macht selbst diese Tristesse erträglich. Ein paar Formalitäten müssen noch geklärt werden, wie meine Mutter sagt, und dann werde ich hoffentlich in einer Woche wieder in die Schule dürfen. In die Schule »dürfen«. Was für ein Witz, aber ich kann es tatsächlich kaum erwarten. Nachdem die Entscheidung gefallen war, die Lehre abzubrechen, hatte meine Mutter sich kräftig ins Zeug gelegt, rumtelefoniert und mich zu unzähligen Beratungsstellen gefahren. Schließlich haben wir bei dem Rektor der Schule vorgesprochen, die ich nun hoffentlich bald besuchen werde, und obwohl er, nachdem er mein Abschlusszeugnis gesehen hatte, sehr skeptisch war, ob ich die Mittlere Reife schaffen könne, beschloss er doch, mir eine Chance zu geben.

Als wir gerade das Ortsschild passieren, reißt Hagen mich aus meinen Gedanken. »Und Karin?«

»Was soll mit der sein?«

»Hältst du mich für doof? Ich weiß doch, dass du da jeden zweiten Nachmittag rumhängst.«

Ich bleibe stehen. »Behalte das bloß für dich! Ich hab ihr versprochen, keinem was zu sagen.«

Er ist nun ebenfalls stehen geblieben und hat sich zu mir umgedreht.

»Außerdem ist das eh Geschichte«, sage ich und laufe an ihm vorbei.

»Echt? Wieso das denn?«

»Wieso? Na, die ist doch immer noch mit diesem bescheuerten Marcel zusammen, den ich übrigens noch nie zu Gesicht bekommen habe. Und wo ich schon mal dabei war, den überflüssigen Scheiß in die Tonne zu treten ... Ach egal, ich hab da keinen Bock mehr drauf.«

»Okay.«

Den restlichen Weg legen wir stumm zurück, vor unserem Haus verabschieden wir uns.

Als ich nach oben in mein Zimmer gehe, sehe ich, dass mein Bruder schon wieder gemeinsam mit meinem Vater an der Eisenbahn bastelt. Der alltägliche Wahnsinn. Heute geht es um irgendwelche Geräuschmodule, die in ein paar der Loks eingebaut werden sollen. Die beiden sind echt plemplem, aber ich kann mir ein Lächeln nicht verkneifen.

13

»Peng, Peng, Peng, mir kummen us'm G'schwemm! Peng, Peng, Penger, mir kummen us'm G'schwemmer!«

Das ist wirklich das unsinnigste Lied, das ich je gehört habe, aber wir lachen und lachen, bis uns die Bäuche wehtun.

Es ist Anfang Mai, die ersten warmen Sonnenstrahlen haben uns rausgelockt. Jetzt sitzen wir auf der Bank neben dem »Backes«. Der Backes ist eine Ziegelsteinhütte, die eigentlich ein großer Ofen ist, in dem früher einmal jede Woche für das ganze Dorf Brot gebacken wurde. Aus Folkloregründen backen die dort heute noch einmal im Jahr ein paar Brote, ansonsten steht die Hütte kalt und verschlossen an der zentralen Kreuzung des Dorfes. Eine abknickende Vorfahrtsstraße umrundet halb die gegenüberliegende Dorfkneipe, in der wir uns ab und zu treffen, um zu schocken oder Skat zu spielen und Bier zu trinken. Dass einige von uns noch keine 16 Jahre alt sind, wird dort nicht so eng gesehen.

Die meiste Zeit aber sitzen wir gegenüber auf der Bank neben dem Backes und lungern rum, trinken Bier und hecken irgendwelchen Blödsinn aus. Hagen ist da, aber auch noch ein paar andere Jungs. In unserer Gegend gibt es nichts, keinen Jugendklub, keine Freizeitangebote für pubertierende Jugendliche. Einmal pro Woche trainiert der Fußballverein, aber wenn man auf Fußball keinen Bock hat, bleibt einem nichts, als auf einer Bank an einer Kreuzung in der Mitte des Dorfes herumzulungern und Dummheiten zu planen. Ich gehöre erst seit diesem Frühjahr zu dieser Clique und kannte die meisten vorher nur vom Sehen. Felix und Markus sind selten hier. Ich glaube, denen ist der Ton zu rau. Tatsächlich habe ich manchmal das Gefühl, als schwebte hier so eine schicksalhafte Sinnlosigkeit über allem. Zumeist verbirgt sie sich hinter einer seltsamen Leichtigkeit, aber ich ahne, dass sie jederzeit in etwas Dunkles, gefährlich Fatalistisches umschlagen könnte. Und vielleicht macht gerade das den Reiz aus.

Gerade stimmen Pfennig und Strahli erneut das Lied über das G'schwemm an. Die beiden kommen aus dem Nachbardorf, und das G'schwemm bezeichnet eine Sumpflandschaft, die sich etwas oberhalb des Dorfes erstreckt.

Strahli ist ein wilder, grobschlächtiger Typ, der fast so einen krassen Dialekt spricht wie der Wenger. Seinen Namen hat er bekommen, weil er angeblich mehrere Meter weit im Strahl kotzen kann. Ich hatte bis jetzt noch nicht das Vergnügen, dieses außergewöhnliche Talent bewundern zu dürfen. Er schreit ständig, egal um was es geht, und seine Stimme klingt rau und heiser. Außerdem sorgt man besser dafür, dass er nicht wütend auf einen wird, denn er haut gerne mal zu, und wenn er einmal damit angefangen hat, kann er nur schwer wieder aufhören.

Pfennig ist gut zwei Jahre älter als wir, also schon 18, und fährt einen klapprigen Opel Kadett. Neben mir ist er so was wie Hagens bester Kumpel, und wir hängen viel zu dritt ab. Er trägt einen Oberlippenbart und sieht ein bisschen aus wie Frank Zappa. Außerdem besitzt er eine so extreme »Scheißegal«-Ausstrahlung, dass ich mir nur schwer vorstellen kann, dass es irgendetwas gibt, was ihn aus der Ruhe bringen könnte. Erst gestern sind wir in der Dämmerung mit seinem Kadett über ein paar Feldwege gebrettert. Aus den Autolautsprechern dröhnte irgendein Italo-Bootmix. Ich saß hinten und steckte meinen Kopf zwischen die Vordersitze, als Hagen aus seinem Fenster auf das Feld deutete. Offensichtlich hatten wir einen Hasen aufgeschreckt, der nun Haken schlagend davonstob. Als Pfennig ihn erblickte, sagte er völlig gelassen, »Den krieg ich …«, und riss das Lenkrad herum. Schlingernd flogen wir über den Straßengraben und holperten mit einem solchen Affenzahn über das Feld, dass meine Zähne aufeinanderschlugen und ich jeden Augenblick damit rechnete, dass die Achse der ollen Karre bricht.

Den armen Hasen hat er zwar nicht erwischt, und ich bin mir auch nicht sicher, ob er ihn wirklich überfahren hätte, aber dieser Typ scheißt sich nichts, gar nichts. Sonst ist er aber ein netter Kerl, und ich kann ihn gut leiden.

Jetzt hängen wir also, wie fast täglich, in der warmen Nachmittagssonne auf der Bank neben dem Backes ab, Pfennig und Strahli grölen ihr idiotisches G'schwemm-Lied, als ein Typ mit einer 80er um die Ecke kommt und in Richtung Ortsausgang fährt. Der kommt nicht von hier und trägt eine Lederkombi. Auf einer 80er! Was für ein Honk. Ich gucke Hagen an. »Darf ich?«

»Von mir aus.«

Sofort springe ich auf, schnappe mir seine CS und nehme die Verfolgung auf. Kurz nach dem Ortsschild habe ich den Typen auf seiner Yamaha eingeholt. Er bemerkt mich und gibt Vollgas auf der Landstraße. Ich überhole ihn im zweiten Gang, und als ich gerade auf seiner Höhe bin, schalte ich in den dritten. Mir ist klar, dass das vollkommen idiotisch ist, aber während ich ihm mit hundert Sachen, ohne Helm und nur mit Jeans und T-Shirt bekleidet, das Rücklicht von Hagens Mofa zeige, durchströmt mich Adrenalin und ein unbändiges Gefühl von Freiheit.

Ja, ich bin glücklich. Der Albtraum der Lehre rückt bereits in weite Ferne. Außerdem habe ich das Gefühlschaos mit Karin einigermaßen überwunden, und abgesehen von zwei, drei Rückfällen, sehen wir uns nicht mehr, was auch gut so ist. Das Beste aber ist meine neue Schule. Die haben mich dort sehr nett aufgenommen, und ich bin dankbar, mir in den Pausen nicht mehr das hohle Gequatsche von Typen anhören zu müssen, die damit prahlen, in welchem Puff sie am Wochenende gewesen sind. Darüber hinaus hat die traumatische Erfahrung der Kfz-Lehre dazu geführt, dass sich meine Haltung zur Schule und zum Stoff, der einem dort vermittelt werden soll, grundlegend geändert hat. Plötzlich finde ich alles interessant, und obwohl ich nach wie vor nicht lerne und nur die nötigsten Hausaufgaben erledige, da ich einfach faul bin, läuft es sehr gut, und es ist jetzt schon abzusehen, dass ich ohne Probleme für die Mittlere Reife zugelassen werde.

Ich passiere das Ortsschild des Nachbardorfes, bremse ab, wende und heize den Weg wieder zurück. Als mir Lederkombi entgegenkommt, grüße ich lässig mit der linken Hand. Er tut so, als hätte er mich nicht gesehen. Egal. Der Honk.

Wieder am Backes angekommen, haben die beiden aufgehört, ihr Lied zu singen. Stattdessen haben sich nun alle um Hagen geschart, der ihnen irgendeinen Plan erläutert. Insgesamt sind wir zu sechst. Neben Hagen, Pfennig und Strahli sind da noch Karli und der Kurze. Karli ist ebenfalls schon 18 und fährt einen roten Ford Taunus. Sein ganzer Stolz. Er hat strohiges, schwarzes Haar, trägt wie Pfennig einen Schnauzbart und absolviert in unserem Dorf gerade das letzte Jahr einer Ausbildung zum Landmaschinenmechaniker. Er wohnt jedoch nicht hier, sondern in einem winzigen Dorf in der Nähe. Es gibt dort nur zwölf Häuser und zwei Nachnamen, und es liegt versteckt in einem Tal, in das nur eine einzige Straße hinein- und wieder herausführt. Karli ist seltsam. Trotz seines jungen Alters hat er kaum noch Zähne, was ihn dazu veranlasst, immer die Hand vor den Mund zu halten, wenn er sein piepsiges Falsettlachen hören lässt, was ziemlich häufig passiert. Abgesehen davon, bleibt er meistens stumm.

Im Gegensatz zum Kurzen. Der reißt ständig seine Klappe auf und muss zu allem seinen Senf dazugeben. Sein Spitzname ist eher witzig gemeint, denn er ist ein wahrer Lulatsch und fast so groß wie mein Bruder, der immerhin über zwei Meter misst. Obwohl er schon 17 ist, hat er weder Mofa noch Moped, sondern fährt immer noch mit seinem klapprigen Herrenrad durchs Mittelgebirge. Er sagt, er spare sich die Kohle lieber für ein Auto. Ansonsten ist er ein echter Spaßvogel und versucht schon seit einiger Zeit, mir den Spitznamen Mad anzuhängen, weil er findet, ich sähe aus wie Alfred E. Neumann. Irgendwie will sich der Name aber nicht so richtig durchsetzen, und so werde ich weiterhin meistens mit meinem Nachnamen angesprochen. Wobei auch hier beharrlich das I in meinem Namen zu einem E wird. Also bin ich der Marek. Mir ist es gleich.

Hagens Plan dreht sich offenbar um das Maifest eines Nachbardorfes. Da ich zu spät von meiner kleinen Verfolgungsjagd zurückgekommen bin, verstehe ich nicht genau, worum es geht. Nur dass es irgendetwas mit Bier und dem Festzelt zu tun hat.

Egal. Ich bin natürlich trotzdem dabei, als wir beschließen, uns hier um zehn am Abend wieder zu treffen.

14

Es ist bereits dunkel, als wir zu sechst über die Festwiese des Nachbardorfes schlendern. Viel gibt es nicht zu sehen. Eine Fressbude mit Currywurst, Pommes und Nierengulasch, ein Bierrondell, ein Kinderkarussell und natürlich das große Bierzelt, aus dem »Resi, i hol' di mit dem Traktor ab«, gespielt von einer Partyband, zu uns herüberweht.

Strahli hat sich bereits am Bierrondell einen Becher der gezapften Plörre geholt. Als Hagen ihn darauf hinweist, dass wir gleich genug Bier haben würden und er, Strahli, ein Idiot sei, zuckt dieser nur mit den Schultern, schreit, er habe aber jetzt Durst, ext das Bier und entlässt ein schmetternd gerülpstes »Schulz« in die laue Nachtluft. Ein paar der einheimischen Festbesucher drehen sich kopfschüttelnd zu uns um, was uns jedoch egal ist, weil wir mit diesem Dorf eh im Clinch liegen. Warum wir gerade dieses Nachbardorf doof finden, weiß ich nicht, aber da dieser Marcel von hier kommt, habe ich auch nichts dagegen.

Wir schieben die Plane am Eingang beiseite und betreten das Zelt. Dicht an dicht stehen hier voll besetzte Bierbänke und Tische, die sich unter der Last der vielen Bierkrüge zu biegen scheinen. Rechts ist der Tresen. Neben dem einheimischen Bier aus der Zapfanlage wird als Attraktion auch bayerisches Helles aus der Flasche ausgeschenkt. Die weiß-blauen Kästen türmen sich hinter dem Tresen meterhoch vor der Zeltplane auf. Gegenüber dem Eingang ist eine kleine Bühne aufgebaut, auf der die Band nahtlos zu »Amore, Amore« von Roland Kaiser übergegangen ist. Das klingt wirklich furchtbar, denn die Band besteht nur aus einem Typen mit Orgel und einem weiteren mit Schifferklavier, dazu trällern beide, als hätten sie Wäscheklammern auf den Nasen.

Unter der Decke hängen in regelmäßigen Abständen massige Strahler, die die ganze Szenerie in ein grelles, weißes Licht tauchen. Da alle gegen die Band angrölen, ist es furchtbar laut, und der Zigarettenqualm kann sich nur mühsam gegen die Alkohol- und Schweißausdünstungen der Dörfler behaupten.

Nachdem wir die Lage sondiert und uns ein Bild vom Inneren des Festzeltes gemacht haben, lotst Hagen uns wieder nach draußen zu einer etwas abgelegenen Stelle, am Rande der Festwiese.

»Also. Da drüben ist der Stromverteiler.« Er deutet zu einem grauen Metallkasten, der keine 20 Meter von uns entfernt auf der Wiese steht. »Den übernehme ich, und Pfennig passt auf, dass mich keiner erwischt. Ihr anderen stellt euch schon mal außen vors Zelt, hinter die Kästen. Sobald der Strom weg ist, heben zwei die Plane an, und zwei andere ziehen das Bier raus, okay?«

Wir nicken. Ich schaue zu den anderen. »Wer macht was?

Am besten der Kurze und ich übernehmen die Plane, weil wir größer sind, und Strahli und Karli die Kästen.«

Wieder Nicken. Und los geht's.

Genau in dem Moment, als wir vier uns in Stellung gebracht haben, wird alles finster. Also wirklich alles. Auch das Bierrondell, die Würstchenbude und das Kinderkarussell. Gleichzeitig hört die Musik auf, und nach kurzer Stille ertönt ein großes »Huch!«, wie es einem entfährt, wenn man in der Achterbahn über die erste Kuppe nach unten saust. Nur dass dieses Huch Hunderten von Kehlen gleichzeitig entfährt. Danach mischen sich Gelächter, laute Rufe und spitze Schreie, und wir brauchen noch ein paar Sekunden, um unsere Verblüffung zu überwinden. Dann stößt mich Strahli an und schreit: »Na los! Ufwache!«

Schnell heben der Kurze und ich die Plane so weit hoch, dass die anderen beiden die vollen Bierkästen nach draußen ziehen können. Im Tumult, der im finsteren Inneren des Zeltes ausgebrochen ist, bemerkt uns niemand. Doch schon ist der Spuk vorbei, und das Licht geht wieder an. Wir lassen die Zeltplane fallen und eilen mit den erbeuteten Kästen runter vom Festgelände und zu Pfennigs Auto. Dort warten er und Hagen bereits, und während wir unsere Beute auf den Kofferraum und die Rückbank verteilen, versuchen wir vergeblich, gegen das Lachen anzukämpfen, um nicht noch im letzten Moment aufzufliegen.

15

Keuchend schleppe ich den Karton mit der Aufschrift »Küche« die steile Treppe hinauf, die außen am Haus entlang zur obersten Wohnung führt. Oben wartet meine Schwester mit einem schiefen Lächeln, um mir den Karton abzunehmen und ihn in ihre neue Wohnung zu befördern. Als sie mein verschwitztes, rotes Gesicht sieht, kichert sie und sagt: »Komm schon, Kleiner, nicht in Ohnmacht fallen!«

Ich bringe keinen Ton heraus, drehe mich wortlos um und haste die Treppe, immer zwei Stufen auf einmal nehmend, wieder nach unten, wo ein Siebeneinhalbtonner, den sich mein Vater von einem Kumpel geborgt hat, mit den restlichen Habseligkeiten meiner Schwester wartet. »Kleiner«, denke ich. Lächerlich. Mittlerweile bin ich einen halben Kopf größer als sie. Eigentlich ist es mir egal, wie sie mich nennt, aber ich habe das Gefühl, dass dieses »Kleiner« mehr ist als nur ein lapidar hingeworfener Kosename. Dass er, abgesehen davon, ein Ausdruck ihrer Zuneigung für mich zu sein, für sie außerdem eine Manifestation der Machtverhältnisse zwischen uns darstellt. Von mir aus.

Auf halbem Weg kommt mir Max entgegen, ihr neuer Freund. Der hat sich einen ganzen Schrank auf den Buckel geladen und kämpft sich mit zitternden Beinmuskeln Stufe für Stufe nach oben. Beeindruckend. Ich würde unter dieser Last zusammenbrechen wie ein altersschwacher Gaul. Aber wie schon bei seinem Vorgänger zeichnen sich auch bei Max beachtliche Muskelberge unter seinem verschwitzten T-Shirt ab. Kein Wunder, schließlich hat meine Schwester ihn in einem von Stefans Fitnessstudios kennengelernt, wo er neben seinem Beruf als Altenpfleger als Trainer arbeitet. Oder besser gesagt, gearbeitet hat, denn nachdem sie mit ihm zusammengekommen ist, war er seinen Trainerjob ziemlich schnell los. Er hat braune, halblange Locken, trägt eine runde Nickelbrille, und sein bulliger Körper steht in seltsamem Kontrast zu seinem stets gutmütigen Gesichtsausdruck. Ebenso wie seinen Vorgänger kann ich auch ihn ganz gut leiden, frage mich aber, wie lange das mit den beiden wohl gut gehen wird. Ich vermute, dass er zu weich ist, um meiner Schwester lange Paroli bieten zu können.

Unten am Lkw wartet bereits mein Vater in der offenen Ladeluke mit einem weiteren Karton auf mich. Auch er schwitzt, was ich nicht ganz nachvollziehen kann. Schließlich hat er neben meiner Mutter den einfachsten Job. Die ist oben in der Wohnung und verteilt die Sachen auf die Regale und Schränke. Die Ladefläche ist noch halb voll mit Möbeln und Kartons, einer Matratze und Lampenschirmen, und ich verfluche innerlich meinen Bruder, der ausgerechnet an diesem Wochenende in Heidelberg geblieben ist, weil er angeblich noch so viel für die Uni zu erledigen hat. Auf der anderen Seite ist es vielleicht ganz gut, dass er nicht da ist, denn er würde sicher schnell etwas gefunden haben, was er kritisieren könnte, einen falsch gepackten Karton zum Beispiel, und meine Schwester würde sofort durchdrehen, und es wäre vorbei mit der friedlichen Schufterei.

Ich greife mir den Karton und mache mich wieder auf den Weg nach oben. Das Wohnhaus mit drei Mietswohnungen ist an einen Berg geschmiegt, am Rande eines Dorfes, unweit des Bundeswehrlagers und der Kantine. Meine Eltern haben es vor Kurzem gekauft. Eine Wertanlage, meinten sie, und als meine Schwester ihren Job im Sportgeschäft verlor, weil sie einem Kunden empfahl, sich seine Laufschuhe doch bitte in den Arsch zu schieben, boten sie ihr an, die oberste der drei Wohnungen zu beziehen und vorübergehend in der Kantine zu arbeiten, bis sie etwas Besseres gefunden hätte.

Noch eine halbe Stunde dauert die Schlepperei, und als wir uns endlich schweißgebadet auf den Stühlen in der Küche niederlassen, bin ich ganz zittrig von der Anstrengung. Meine Mutter hat Nudelsalat vorbereitet, dazu gibt es ein nicht mehr ganz kaltes Bier. Auch für mich. Immerhin werde ich bald meinen 16. Geburtstag feiern.

Gerade wischt sich mein Vater mit seinem Taschentuch den Schweiß von der Stirn, als ihn meine Schwester in einem übertrieben neckischen Ton anspricht: »Nur gut, dass du nicht hier in dieser Bude hausen musst. Stell dir vor, du müsstest jeden Tag die Treppe rauf … dafür bist du viel zu fett!« Das kurze Lachen, das sie hinterherschiebt, schafft es nicht ganz, das Gesagte wie einen Witz klingen zu lassen und so den Stachel zu nehmen. Deshalb ist es nicht verwunderlich, dass keiner lacht, sondern alle nur keuchend vor sich hin starren. Mein Vater hält kurz in seiner Bewegung inne, um gleich darauf weiter den Schweiß von Gesicht und Nacken zu wischen und so zu tun, als habe er sie nicht gehört.

»Hallo?! Was soll das denn jetzt?«, schaltet sich Max ein. Konsterniert schaut er zwischen meinem Vater und meiner Schwester hin und her, die in der offenen Küchentür steht.

Wütend funkelt sie ihn an, um gleich darauf lachend zu erwidern: »Man wird ja wohl noch einen Witz machen dürfen. Außerdem weiß der Papa schon, wie's gemeint ist.« Dabei beugt sie sich vor und kneift meinen Vater mit Daumen und Zeigefinger in die Wange, als wäre der ein kleines, ungezogenes Kind. Was macht sie da nur, denke ich, und warum lässt mein Vater das einfach so mit sich geschehen.

»Dein ›Witz‹ war aber nicht lustig.« Und bei »Witz« zeichnet Max tatsächlich imaginäre Gänsefüßchen in die Luft.

Warum hält der Idiot nicht einfach die Klappe? Merkt er denn nicht, dass hier gleich die Hölle losbricht? Aber da ist es auch schon zu spät, meine Schwester lässt den Vorhang der vorgetäuschten Witzigkeit fallen und stürzt sich wie eine Furie auf ihren neuen Freund. Was der denn wisse und dass er sich gefälligst rauszuhalten habe, wenn die Erwachsenen reden. Am Ende schmettert sie noch ein »Ja, leckt mich doch alle!« in die Runde, dreht sich um, stürmt aus der Küche und knallt die Tür so heftig hinter sich zu, dass aus dem Deckenanschluss, an dem später die Küchenlampe hängen soll, feiner Putz in die Schüssel mit dem Nudelsalat meiner Mutter rieselt. Das hätte nun doch noch fast witzig sein können, und mir entfährt ein kurzes, nervöses Kichern.

16

Tatsächlich, denke ich in meinem vernebelten Kopf, er kann es wirklich. Schwankend halte ich mich am eingemauerten, gusseisernen Gestell des Schwenkgrills fest und blicke hoch zum Dach der Grillhütte. Dort steht Strahli und macht seinem Namen alle Ehre. Das ist wirklich ganz erstaunlich, denke ich, wobei ich große Mühe habe, nicht umzufallen, denn der Blick nach oben stellt meine betäubten Gleichgewichtsorgane vor eine fast unlösbare Aufgabe. Gerade eben noch tanzte er über das Grillhüttendach und schrie unentwegt den seltsamen Satz: »De Sunn scheynt mir uf de Lanze, bums, do stand se.« Und vielleicht brachte ihn ja die darin enthaltene Zeitparadoxie dazu, im nächsten Moment einer pervertierten Fontäne gleich in einem monströsen Strahl vom Dach der Hütte zu kotzen. Wahrscheinlich bahnten sich aber nur die Unmengen an Bier, die er sich innerhalb der letzten drei Stunden in den Hals geschüttet hat, nun mit aller Macht ihren Weg zurück ins Freie.

Zum Glück steht niemand im Weg, denke ich, und in meinen Kopf schießen die Bilder der Wasserwerfer, die die »Startbahn West«-Demonstranten weggeblasen haben, und ich fange blöde an zu kichern. Gleichzeitig rutscht meine Hand vom Grill, und ich lande, nach ein paar hastig ausgeführten Schritten, um mein Gleichgewicht wiederzuerlangen, schließlich doch hart auf dem geschotterten Vorplatz der Hütte. Benommen blicke ich auf und sehe gerade noch, wie Strahli in hohem Bogen vom Dach segelt und mit den Armen voraus in die eigene Kotze knallt. Der hatte eine wesentlich härtere Landung, denke ich und rapple mich auf, um zu sehen, wie es ihm geht. Als ich schwankend bei ihm ankomme, muss ich den Impuls unterdrücken, mich ebenfalls zu übergeben. Doch Strahli steht bereits wieder, stößt Hagen von sich, der wohl den gleichen Gedanken hatte wie ich, und schreit, dass es ihm gut gehe, nur um sofort erneut zu kotzen und danach wieder diesen unsinnigen Satz mit der Lanze und der Sonne zu brüllen. Seine Handgelenke sind aufgeschürft, sonst scheint aber tatsächlich alles okay zu sein. Er torkelt von dannen und schreit, er wolle jetzt nach Hause gehen. Wir beschließen, dass ihm der zwei Kilometer weite Fußmarsch über den Berg ins Nachbardorf ganz guttun werde, und passen auf, dass er auch wirklich sein Mofa stehen lässt.

Aus dem Inneren der Hütte tönt in ohrenbetäubender Lautstärke wieder irgend so ein furchtbarer Italo-Bootmix. Da hat sich eindeutig der Pfennig an der Anlage vergriffen. Mir ist es jedoch mittlerweile egal. Alles ist mir heute egal, denn heute ist mein 16. Geburtstag, und zum Feiern habe ich, wie es in unserem Dorf üblich ist, für eine kleine Gebühr die Grillhütte von der Gemeinde gemietet. Die Hütte versteckt sich oberhalb des Sportplatzes, etwas außerhalb des Dorfes in einem kleinen Fichtenwäldchen.

Mithilfe von Pfennigs Kadett haben wir am Nachmittag Unmengen von Bier, Martini, Batida de Coco, Hagens Musikanlage und ein paar Würstchen mitsamt Kohle, Toast und Pappschälchen angekarrt.

Um sieben kamen die ersten Gäste, Felix und Markus, und überreichten mir artig ihre Geschenke. Ein Buch mit dem interessanten Titel »Ein Versteck für Andi« von Markus und eine Puhdys-Kassette von Felix. Der findet die irgendwie gut und versucht seit Langem, mich davon zu überzeugen, genau wie er Fan zu werden. Das wird ihm wohl nicht gelingen, aber ich bedankte mich trotzdem höflich. Kurz darauf erschien dann Karin. Sie hatte eine Freundin dabei. Irgendeine Jule, die ich zwar vom Sehen kannte, mit der ich bis dahin jedoch keine drei Worte gewechselt hatte. Karin überreichte mir mit den Worten, dass sie nicht lange bleiben könne, einen Harlekin aus Porzellan. So ein kitschiges, weißes Ding mit Clownsgesicht und einer unter das linke Auge gemalten Träne. Wahnsinn. Irgendwie freute ich mich trotzdem, sie auf meiner Feier zu sehen. Etwas später kamen dann noch die anderen Kumpels von der Bank beim Backes. Wir machten Feuer, grillten ein paar Würstchen und hörten gefühlt sämtliche Italo-Bootmixe durch, von Volume 1 bis 80. Ein bisschen tanzten wir sogar. Ich trank jedoch viel zu schnell viel zu große Mengen Martini und Bier und was es sonst noch alles gab.

Plötzlich tauchte der Typ mit der 80er und der Lederkombi vor der Hütte auf. Was will der denn, dachte ich noch, als Karin mich plötzlich flüchtig umarmte und meinte, sie müsse jetzt los. Schon rannte sie zu Lederkombi und seiner bescheuerten Yamaha und stieg, nachdem er ihr einen Helm gereicht hatte, hinten bei ihm auf, und weg waren sie.

Das ist also dieser Marcel. Was für ein Honk! Muss der unbedingt heute, an meinem 16. Geburtstag, hier auftauchen?

Vor lauter Frust tanzte ich wild mit dieser Jule. Ein bisschen zu wild, denn plötzlich, während ich sie an den Händen hielt und herumwirbelte, verlor ich das Gleichgewicht und riss sie mit mir in die Tiefe. Mit einem lauten Krachen landeten wir in der Anlage, und plötzlich war Schluss mit Italo-Bootmix. Während Jule sich mühsam aufrappelte, blieb ich einfach liegen und wartete darauf, dass das Karussell in meinem Kopf aufhörte, sich zu drehen. Schließlich tauchten Hagen und Pfennig in meinem beengten Sichtfeld auf und stellten mich wieder auf die Füße.

Benommen schaute ich mich um, konnte Jule aber nirgends mehr entdecken. Gut, dachte ich, dann ist die wohl auch schon los. Selbst das war mir egal, aber wo zum Teufel war eigentlich der Martini?

Kurz darauf verschwanden auch Markus und Felix, die außer einem Bier und einem Würstchen – Felix zwei – nichts angerührt hatten. Danach verschwamm alles in Martini und Lärm aus der Anlage, die Pfennig schnell wieder zum Laufen gebracht hatte.

Und so stehe ich jetzt schwankend neben Hagen und blicke Strahli hinterher, der von dannen torkelt, und denke, heute scheint mir keine Sonne auf die Lanze. Egal.

Am nächsten Tag treffe ich mich mittags mit Hagen und Pfennig, um alles wieder aufzuräumen und das Leergut wegzubringen. Ich bin immer noch betrunken und habe keine Ahnung, wie ich nach Hause gekommen bin. Hagen behauptet, er und der Kurze hätten mich regelrecht nach Hause geschleift, weil ich kaum noch gehen konnte. Am schlimmsten hat es jedoch Strahli erwischt, wie Pfennig zu berichten wusste, denn der hatte sich auf halbem Weg in sein Dorf einfach in den Straßengraben gelegt, um seinen Rausch auszuschlafen. Als er ein paar Stunden später wieder zu sich kam, hatte er furchtbare Schmerzen in den Handgelenken, die er sich, wie sich später herausstellte, bei seinem Sturz vom Dach der Grillhütte gebrochen hatte.

Während der nächsten sechs Wochen bekam ich ihn nur zweimal zu Gesicht. Beide Male fiel es mir extrem schwer, mir das Lachen zu verkneifen. Seine Arme steckten bis zu den Schultern in Gips und standen, von einem seltsamen Korsett gestützt, senkrecht vom Körper ab wie die Roboterarme von C3PO, sodass es mir schleierhaft war, wie er auf die Toilette gehen oder andere einfachste Dinge verrichten sollte. Sobald jemand lachte, versprach er, ihn windelweich zu kloppen, wenn die Handgelenke wieder okay wären, was er jedoch nie in die Tat umgesetzt hat.

17

Die Hitze steht wie dicker Sirup über dem Asphalt der Kreuzung. Es sind Sommerferien. Meine Versetzung in die 10 Typ B, das heißt für die Erlangung der Mittleren Reife, ist gesichert, und so bleibt nicht viel mehr zu tun, als mit der Dorfjugend herumzulungern. Unter der Bank stehen drei weiß-blaue Kästen bayerisches Bier. Die Reste unserer Bierzeltaktion. Das ist wirklich eine furchtbare Plörre, zumal das bisschen Schatten, den die Bank spendet, bei Weitem nicht ausreicht, um das Gesöff auf eine halbwegs erträgliche Temperatur zu kühlen. Egal, Hauptsache es dreht.

Unsere kleine Truppe ist angewachsen. Neben Strahli, der seinen Gips endlich wieder los ist, dem Kurzen, Karli, Pfennig, Hagen und mir haben sich jetzt noch Torte mitsamt seiner kleinen Schwester sowie Ella zu uns gesellt, um gemeinsam die heißen Nachmittage totzuschlagen.

Torte ist ein stämmiger, speckiger, pickliger Typ mit Dreitagebart, der täglich ein Päckchen Schwarzer Krauser wegquarzt und der meiner Meinung nach eigentlich auf dem Jahrmarkt als Schiffschaukelbremser arbeiten sollte. Tatsächlich aber hat er seine Lehre als Werkzeugmacher bereits abgeschlossen und ist der Einzige von uns, der schon richtiges Geld verdient. Er ist ein schreckliches Großmaul, und ich kann ihn nicht besonders gut leiden. Seine kleine Schwester Mona ist so alt wie ich, pummelig und drückt sich im Gegensatz zu ihrem Bruder, der gerne im Mittelpunkt steht, meist verschüchtert in irgendwelchen Ecken herum.

Ella ist wie ein Junge. Sie spielt Fußball, trägt immer Jeans und T-Shirt, ist nie geschminkt und reißt gerne zotige Witze. Das könnte alles einigermaßen cool sein, wenn sie nur nicht diesen furchtbaren Dialekt hätte. Trotzdem bin ich ein bisschen verknallt, wobei ich in lichten Momenten schon öfter zu der Einsicht gelangt bin, dass ich mich anscheinend in jedes Mädchen verknalle, das alle Körperteile an der richtigen Stelle hat und mehr als drei Sätze geradeaus sprechen kann.

Heute ist nichts los. Da keiner einen Einfall hat, sitzen wir nur stumm da, braten in der Nachmittagshitze und nippen an unseren handwarmen Bieren. Torte hat sich gerade eine neue Kippe angesteckt, reibt sich jetzt mit der freien Hand über sein speckiges Gesicht und verteilt den Fettfilm gleichmäßig bis hinauf in seine pomadigen Haare. Vielleicht drehe ich eine Runde auf meiner Yamaha Bob, um mich vom Fahrtwind kühlen zu lassen. Vielleicht auch nicht. Die Bob habe ich vor Kurzem billig gebraucht gekauft. Die darf immerhin 40 fahren. Anfänglich hat sie sich allen Versuchen widersetzt, ein paar km/h mehr aus ihr herauszukitzeln, denn sie hat einen Vergaser mit Membransteuerung, der jedes Aufbohren sinnlos macht. Bis wir irgendwann mehr durch Zufall herausgefunden haben, dass der Zylinderkopf der CS, den Hagen noch in einer Ecke seiner Tuninggarage rumliegen hatte, auf den Motor der Bob passt und wir den spaßeshalber auch gleich mal montierten. Das Ergebnis war ganz erstaunlich. Anscheinend hat die kleinere Brennkammer des CS-Kopfes und die damit einhergehende höhere Verdichtung dazu geführt, dass das kleine 49 ccm Motörchen seine Leistung fast verdoppelt hat und die Bob nun satte 80 fährt. Ich weiß, jetzt werden all diejenigen den Kopf schütteln, die selbst in ihrer Jugend Erfahrungen mit Mofa-Tuning gesammelt haben. Aber es stimmt wirklich. Probiert es aus, nehmt einen Zylinderkopf einer Zündapp CS 25 und montiert ihn auf eine Yamaha Bob aus den frühen 80ern, und ihr werdet euer blaues Wunder erleben.

Strahli schreit mich aus meinen Gedanken. »Forn mer no Norke höit owend?«

Stimmt, heute ist ja Freitag und damit ein guter Tag, um der 15 Kilometer entfernt gelegenen Disco einen Besuch abzustatten. Alle bis auf Karli stimmen träge zu. Der war nur einmal mit und meinte danach, er wisse nicht, was ihm das bringen solle. Mehr war nicht aus ihm herauszukriegen. Also können wir auf ihn und vor allem auf seinen Taunus nicht zählen, was schade ist, weil der Weg für diejenigen unter uns, die kein Moped besitzen, zu weit ist. Aber es bleibt ja noch Pfennig und sein Kadett. Doch der sagt plötzlich, dass er nicht mit dem Auto fahren wolle, letztes Mal hätten ihn nämlich fast die Bullen erwischt und er wäre sicher seinen Lappen los gewesen, hätten sie ihn auf Alkohol getestet. Hagen bietet Pfennig an, er könne bei ihm mitfahren. Bleiben noch Ella, Mona, der Kurze und Torte. Torte winkt ab und meint, er habe eh keinen Bock.

»Na ja, dann fahrt ihr drei eben bei mir auf der Bob mit.« Das ist mir so rausgerutscht und war außerdem halb im Spaß gemeint. Die anderen steigen jedoch sofort darauf ein und meinen, das würde ein riesiger Spaß werden. Natürlich könnte noch jemand auf dem Gepäckträger von Strahlis altersschwacher Bergsteiger mitfahren, aber wahrscheinlich würde die bei der ersten Steigung die Grätsche machen. Also ist es beschlossene Sache, wir verabreden uns für neun am Abend.

18

Nicht mehr ganz nüchtern hänge ich mir den Helm über den Unterarm und fahre das kurze Stück nach Hause. Als ich ins Esszimmer poltere, sehe ich durch die geöffnete Verbindungstür, wie meine Mutter von der Couch hochschreckt. Dabei rutscht ihr der aufgeschlagene Konsalik, den sie auf ihre Brust gelegt hatte, zu Boden und die Lesebrille von der Nase.
»Oh, 'tschuldigung ... ich dachte, du wärst schon los.«
Orientierungslos und leicht gehetzt schaut sie umher. »Wie spät ist es denn?«
Ein Blick zur Uhr über dem Durchgang. »Gleich halb vier.«
»Ach, du grüne Neune ... jetzt hab ich wohl den Wecker ...« Sie greift sich den kleinen Quarzwecker vom Wohnzimmertisch, schüttelt ihn und stellt ihn wieder zurück, um sich gleich darauf ächzend von der Couch zu erheben und sich mit beiden Händen das Gesicht zu reiben. Auf halbem Weg in die Küche bleibt sie schnuppernd neben mir stehen. »Hast du etwa schon Bier getrunken?«
»Ist doch egal.«
»Ach, René ...«
Und da ist sie wieder, diese Verzweiflung, die mir früher ein schlechtes Gewissen bereitet hätte, mich heute jedoch nur noch wütend macht. »Ist doch scheißegal!«

»Gut, wenn du meinst.« Mit diesen Worten geht sie in die Küche und macht sich hektisch an der Kaffeemaschine zu schaffen. Als die Maschine schließlich gluckernd und fauchend ihren Dienst aufnimmt, hält sie inne, stützt sich mit beiden Fäusten auf der Ablage ab, und ich sehe, dass sie mit den Tränen kämpft, was mich nur noch wütender macht.

»Ohhhh ... was ist denn jetzt schon wieder? Wir haben ein Bier auf der Kreuzung getrunken! Na und? Was ist denn daran jetzt so schlimm? Verdammte Scheiße!«

Doch sie schüttelt nur stumm den Kopf und bemüht sich, ihre Fassung wiederzuerlangen. Schließlich bricht es aus ihr heraus: dass es sie wahnsinnig mache, mit meiner Schwester zusammenzuarbeiten. Dass die sich aufführe wie eine Geisteskranke und dass sie nicht wisse, was bloß los sei mit diesem Kind, und dass mein Vater auch keine große Hilfe sei, sondern ihr alles durchgehen lasse, wo sie doch jetzt schon die Wohnung habe und die Arbeit, dass aber anscheinend alles nicht genug sei.

Ich stehe stumm daneben und weiß auch nicht, was ich sagen soll. Nach einer Weile atmet sie zweimal tief durch, schenkt sich eine Tasse Kaffee ein und blickt mich mit einem gequälten Lächeln an. »So, das musste jetzt mal raus.«

Ich weiß immer noch nicht, was ich dazu sagen soll, und erwidere halbherzig: »Die kriegt sich schon wieder ein.«

Dann kommt meine Mutter zu mir, legt ihre Arme um mich und ihren Kopf an meine Brust. Wie klein sie geworden ist, denke ich, und erwidere ihre Umarmung. So stehen wir eine Weile da, bis sie sich mit einem brüchigen »Ja, das wird schon« von mir löst, ihre Autoschlüssel vom Schrank nimmt und sich auf den Weg in die Kantine macht.

Unschlüssig bleibe ich im Esszimmer stehen und lausche eine Weile in die Stille des leeren Hauses hinein.

Zweites Zwischenspiel

Spätherbst 2018

Und nun? Soll ich noch schildern, wie unsere Fahrt zu viert auf meinem Moped verlaufen ist? Wie die pummelige Mona mit meinem Helm hinter mir auf der Sitzbank saß, dahinter der Kurze, und Ella vor mir auf dem Lenker balancierte? Soll ich über die Großraumdisco mit der stumpfsinnigen Tanzmusik berichten? Darüber, wie ich Ella fast geküsst hätte, aber eben nur fast? Wie wir betrunken in derselben Konstellation durch den nächtlichen Westerwald zurückgeschlingert und wie durch ein Wunder alle in einem Stück wieder zu Hause angekommen sind?

Oder soll ich vom Abend während des folgenden Winters erzählen, als ich oben in meinem Zimmer an dem alten Computer meines Bruders gesessen und irgendein idiotisches Computerspiel gespielt habe? Wie ich die Klingel nicht hörte, weil nebenbei eine Platte von Genesis mit voller Lautstärke aus meiner Anlage dröhnte, und es plötzlich an mein Fenster klopfte? Im zweiten Stock! Und wie draußen, im finsteren Schneetreiben, Hagen und Pfennig auf der langen Leiter vom Nachbarn standen und ich die beiden nach drinnen zog und wir eine Ewigkeit nicht aufhören konnten zu lachen?

Oder wie Strahli zwei Jahre später mit seinem Auto auf dem Nachhauseweg von der Disco sturzbetrunken vor der Polizei geflüchtet ist, bis sie ihn endlich auf einer Kreuzung in unserem Dorf gestellt haben? Wie dann ein Beamter zu ihm hin ist und die Autotür aufgerissen hat, und wie Strahli ihn einfach umgeboxt hat, sodass der arme Polizist lang auf den Gehweg hingeschlagen ist?

Oder soll eine der unzähligen anderen Anekdoten folgen, die von den Verirrungen und Verwirrungen einer bis zur Besinnungslosigkeit gelangweilten Dorfjugend handeln?

Und was ist mit meiner neuen Schule? Immerhin habe ich dort ein glückliches Jahr verbracht mit vielen neuen, netten Menschen, Lehrern wie Schülern, die nun alle unerwähnt bleiben sollen? Auch könnte ich stolz davon berichten, wie ich auf der Abschlussfeier ein Buch mit dem schönen Titel »100 000 Tatsachen« überreicht bekam, weil ich den besten Schnitt meines Jahrgangs hatte. Und wie konnte das überhaupt sein? Wie konnte ich auf der einen Hauptschule nur mit Müh und Not meinen Abschluss schaffen und auf der nächsten dann das Goldene Buch ergattern? Ich glaube, nach der traumatischen Erfahrung mit meiner Ausbildung stand für mich fest, dass es keinen Sinn macht, etwas zu tun, was dir nicht liegt, du wirst niemals gut in einer Sache werden, auf die du keinen Bock hast, vor allem niemals glücklich. Lieber nichts tun und so lange suchen, bis du etwas gefunden hast, wofür du brennen kannst.

Und noch viel seltsamer: Wieso war ich der schlechteste Kfz-Azubi der Welt, verbrachte aber gleichzeitig meine Freizeit damit, gemeinsam mit Hagen in dessen ranziger Garage leidenschaftlich Mofas zu frisieren? Ich bin der festen Überzeugung, dass es für jeden Menschen Verhältnisse gibt, in denen er aufblüht oder vergeht. In der Werkstatt war ich ein Ding, menschliches Arschpapier. Und Dinge können nicht denken. Ein anderer Junge hätte sich vielleicht in ebendieser Umgebung entfalten können. Ich jedoch war noch nicht weit genug, zu wenig gefestigt, und so verkroch ich mich immer tiefer in mir selbst, bis alles um mich herum zu feindlichem Gebiet wurde, dessen Regeln ich nicht verstand. In Hagens Garage dagegen war ich kein Ding, sondern ein Jemand und agierte aus freiem Willen gemeinsam mit einem Freund, auf Augenhöhe.

Es gäbe noch viele Geschichten zu erzählen und Fragen zu beantworten, aber ich muss weiter, muss die Anekdoten hinter mir lassen und endlich zum Wesentlichen kommen. Dahin gehen, wo es wehtut, und mich dem Jungen stellen, der ich damals war und vielleicht immer noch bin. Mich dem stellen, was ich getan und vor allem nicht getan habe, um dieser ganzen Geschichte hoffentlich doch noch einen Sinn zu verleihen.

Teil III
Wie einmal ein Bagger auf mich fiel

1

Sommer 1987

Karli steht in einem öligen Blaumann neben dem Ford. Dazu trägt er ein knallrotes Hemd. In Kombination mit seinem schwarzen Schnauzbart sieht er aus wie der zahnlose Bruder von »Super Mario«. In der ausgestreckten rechten Hand hält er einen riesigen Schlüsselbund in die Höhe, während die linke seinen Mund verdeckt, weil ihm mal wieder dieses irre Falsettkichern entfährt. Himmel, der Typ ist wirklich seltsam. Eine ganze Zeit lang beachtet ihn niemand, bis Strahli schließlich schreit: »Wat soll dat da? Häst dau se noch all?«

Karli zuckt die Schultern, verharrt sonst aber in seiner irren Pose, und sein Kichern wird noch eine Spur schriller. Mir reicht's, ich stehe von der Bank auf, um den Schlüsselbund genauer zu betrachten.

»Genau, Professor, guck du dir dat Ding mo an.« Seit ich die Realschule als Bester abgeschlossen habe, versucht der Kurze hartnäckig, mir den Spitznamen »Professor« anzuhängen, aber auch der will sich nicht so recht durchsetzen. Die Abschlussfeier war vor knapp einer Woche. Jetzt warte ich darauf, dass im Herbst die Schule wieder losgeht, denn ich verspüre keine Lust, mich gleich in die nächste Ausbildung zu stürzen, ohne zu wissen, was ich für den Rest meines Lebens machen möchte. Und so beschloss ich, nach der Mittleren Reife nun auch noch das Abitur zu machen. Zum Glück waren meine Eltern einverstanden. Im Herbst soll es losgehen, und nach drei Jahren würde ich hoffentlich wissen, was ich studieren möchte.

Jetzt schnappe ich mir den Schlüsselbund aus Karlis öliger Hand und setze mich wieder auf die Bank. Plötzlich ist Hagen neben mir, und wir betrachten gemeinsam diese seltsame

Sammlung von mindestens 50 Schlüsseln. Die sehen nicht aus, als könnte man mit ihnen gewöhnliche Haustüren aufschließen. Sie sind einfacher gearbeitet und ähneln eher den Zündschlüsseln unserer Mofas.

»Das sind Normschlüssel, oder?« Hagen blickt fragend zu Karli. Der nickt heftig, vergisst dabei, mit der Hand sein Grinsen zu verdecken, und präsentiert uns die Klaviatur des Grauens, die in seinem Mund lauert. Nur schwarze, faulige Tasten. Oder Lücken. Es fällt mir schwer, mich von diesem Anblick loszureißen, der mir Schauer aus Faszination und Ekel über den Rücken jagt. Endlich gelingt es mir doch, und ich blicke zu Hagen. »Normschlüssel?«

»Für Nutzfahrzeuge.« Hagen wendet sich wieder an Karli. »Was kannst'n damit fahren?«

Das Grinsen wird noch eine Spur breiter. »Allet!«

Mir fällt ein, dass Karli gerade seine Ausbildung zum Landmaschinenmechaniker abgeschlossen hat. Anscheinend hat man ihm statt eines idiotischen Buches einen Schlüsselbund überreicht, mit dem er alle Nutzfahrzeuge dieser Welt fahren kann. Excalibur, die Schlüssel der Macht. Diese Erkenntnis ist nun auch in den Kopf des Kurzen gesickert, und er fängt an, ein wildes Tänzchen aufzuführen. »Bagger fohrn! Mir könn' itze Bagger fohrn!«

Irgendwann verdreht Ella die Augen. »Etz' beruisch disch mo, dau Fillwill!«

Mit einem Mal reden alle wild durcheinander. Wo man wann welche Baustelle gesehen habe und was dort für Maschinen stünden. Als sich alle wieder beruhigt haben, sagt Pfennig in die Stille, er habe oben im Wald, unweit der Grillhütte, einen Bagger stehen sehen. Flurbereinigung oder so. Das sei ein abgeschiedener Ort, abseits von befahrenen Straßen und im Schutz des Waldes gelegen. Wir beschließen, uns heute Abend um neun wieder hier am Backes zu treffen. Dann gibt es noch eine Sammlung, damit Pfennig zwei Kästen Bier besorgen kann.

2

Mit einem Gefühl hilfloser Beklommenheit beobachte ich, wie meine Schwester vor ihrem geöffneten Kleiderschrank steht und wahllos Klamotten in den Umzugskarton zu meinen Füßen schleudert. Dabei schluchzt sie lauthals und wischt sich zwischendurch immer wieder mit den Handrücken die Tränen aus den verheulten Augen. »Dieses Arschloch ... dieses beschissene Arschloch!«

Gemeint ist dieses Mal nicht ihr aktueller Freund, sondern offenbar mein Vater, und ich frage mich, was er nun schon wieder angestellt hat.

Nachdem wir uns für heute Abend zum Baggerfahren verabredet hatten, bin ich auf meine Bob gestiegen und nach Hause gefahren. Dort traf ich auf meine Mutter, die, bereits in Kittelschürze, gerade in ihr Auto steigen wollte, um zur Bundeswehrkantine zu fahren. Als sie mich sah, hielt sie inne und wartete, bis ich das Moped abgestellt und mir den Helm vom Kopf gezogen hatte. Sofort konnte ich ihr ansehen, dass etwas nicht stimmte. Kaum stand ich vor ihr, legte sie auch schon los. Das Kind sei nun völlig verrückt geworden und wolle nicht mehr arbeiten. Außerdem wolle sie aus der Wohnung ausziehen und nichts mehr mit uns zu tun haben. Die Rede war natürlich von meiner Schwester.

»Was war denn los?«

»Ach, die spinnt!«, lautete die einzige Erklärung, die meine

Mutter für mich hatte. »Kannst du nicht mal bei ihr vorbeifahren und mit ihr reden? Auf dich hört sie ja vielleicht.«

Achselzuckend willigte ich ein, setzte mir wieder den Helm auf, und dann fuhren wir gleichzeitig in Richtung Bundeswehrlager davon.

Als ich kurze Zeit später vor der Tür meiner Schwester stand, dröhnte mir von innen ABBA in voller Lautstärke entgegen. »Knowing me, knowing you … Aha …« Erst nachdem ich dreimal geklingelt und mehrfach gegen die Tür gehämmert hatte, flog sie plötzlich auf, und meine Schwester stand vor mir. Sie sah fürchterlich aus. Ihr Kajal hatte verrückte Rorschachmuster unter ihre Augen gemalt und ihr Gesicht war eine Maske aus Wut und Verzweiflung. Sie trug einen pinken F2-Sportsweater zu ihrer weißen Jogginghose. Dieses Outfit stand in krassem Gegensatz zu ihrer offensichtlich beschissenen Gemütsverfassung. »… breaking up is never easy, I know …«, plärrte es aus den Boxen im Wohnzimmer, während wir stumm voreinander standen. Dann drehte sie sich einfach um und ließ mich in der geöffneten Wohnungstür stehen. Zögerlich folgte ich ihr ins Schlafzimmer.

Und da bin ich nun und weiß nicht, was ich machen soll. Also trete ich neben sie und tue es ihr gleich, greife mir einen Stapel T-Shirts aus dem Schrank und pfeffere ihn in den Karton, der mittlerweile überquillt mit wild durcheinandergewürfelten Klamotten. Sie fängt an, die über den Rand hängenden Teile in den Karton zu stopfen, und ich helfe ihr, indem ich auf den Wäscheberg steige und ihn mit den Schuhen im Rhythmus von ABBA nach unten stampfe. Sie lässt sich neben das Bett auf den Boden fallen und betrachtet sitzend, nach hinten auf die Ellbogen gestützt, mein wildes Tänzchen. Irgendwann gibt die Pappe nach, Hosen, Sweatshirts, Unterhosen und T-Shirts quellen hervor, und ihr Heulen schlägt um in ein von Schluchzern unterbrochenes Lachen. Ich lache mit und vollführe noch ein paar letzte Sprünge, bis ich mich schwer atmend neben sie auf den Boden fallen lasse und ans Bett lehne. Ihr Lachen erstirbt, sofort kommen ihr wieder die Tränen, und ich streichle ihr unbeholfen über den Arm.

»Was ist denn los?«

»Ach, Kleiner ... Ich muss hier weg.« ABBA ist mittlerweile verstummt, und eine beklemmende Stille breitet sich aus.

»Okay ... Aber was ist denn so Schlimmes passiert?«

Sie springt auf und rennt in die Küche, um kurz darauf mit Paketklebeband aufzutauchen und den kaputten Karton zu flicken. Wieder Heulen, und der Rotz tropft in die Wäsche.

»Der Papa ist ein Arschloch!«

»Ja, ich weiß, aber was hat er denn jetzt wieder gemacht?«

Sie hantiert ungeschickt mit dem Klebeband, das sich ständig mit sich selbst verklebt, bis sie es schließlich wütend gegen die Wand feuert. Erneut Stille, Heulen.

»Also, ich meine ... Die Wohnung ist doch ganz cool. Und wo willst du überhaupt hin?«

»Das ist mir scheißegal! Hauptsache weg von diesem Arsch!« Und schon ist sie wieder aufgesprungen und rennt raus, ins Wohnzimmer diesmal. Ich folge ihr zögerlich, bleibe im Türrahmen stehen und schaue zu, wie sie ihre Kassetten durchwühlt. Anscheinend ohne Erfolg, denn plötzlich packt sie den Schuhkarton voller Kassetten, schleudert auch den gegen die Wand, direkt neben dem Fernseher, und bricht nun vollends zusammen. Ihr ganzer Körper verkrampft sich, und ihr Gesicht verzieht sich zu einer in einem stummen Schrei erstarrten Fratze. Mir macht dieser Anblick Angst, und ich bleibe erschrocken und hilflos in der Tür stehen.

Nach einer Weile versuche ich, sachlich gegen den Wahnsinn anzureden. »Also gut ... Der Papa ist ein Arsch ... Ist ja klar. Aber so schlimm ist er doch auch wieder nicht. Immerhin kannst du hier fast umsonst wohnen, und du könntest dir ja einen anderen Job suchen, dann müsstest du eigentlich nichts mehr mit ihm zu tun haben ...« Meine kleine Ansprache zeigt keine Wirkung, und ich spüre, wie Wut in mir hochsteigt. Kann sie sich denn nicht einmal zusammenreißen? Muss denn immer alles gleich so dramatisch ausarten? Und ja, mein Vater ist furchtbar, aber immerhin scheint er sich seit einiger Zeit Mühe zu geben, nicht mehr ganz so ein Arsch zu sein, und überhaupt – wenn einer das Recht hätte, seinetwegen so durchzudrehen, dann ja wohl mein Bruder.

Das sage ich ihr jedoch nicht, sondern bleibe stumm stehen und beobachte mit wachsendem Unmut, wie sie nun mit ihrem Oberkörper vor- und zurückschaukelt und dabei in unregelmäßigen Abständen ein kaum verständliches »Ich kann nicht mehr« hervorpresst. Und ich weiß nicht, warum ich so kalt bleibe, warum dieses Bild des Jammers kaum mehr in mir auslöst als ungeduldige Genervtheit. Vielleicht weil ich schon zu oft Zeuge der ungezügelten Ausbrüche meiner Schwester geworden bin, weil ich abgestumpft bin gegenüber ihren Launen und mich meine Erfahrung gelehrt hat, dass schon in der nächsten Minute alles vergessen sein kann.

»Also ... ich muss dann mal los.« Ich gehe zwei Schritte in Richtung Wohnungstür, um dann jedoch stehen zu bleiben und mich einen Augenblick zu sammeln. Als ich mich wieder zu ihr umdrehe, bricht es aus mir heraus: »Ich weiß wirklich nicht, warum du dich so aufregst. Du warst doch immer sein Liebling. Dir hat er doch alles hinterhergeschmissen! Du hattest dein eigenes Zimmer, zwei Pferde! Zwei! Ski fahren, diese Wohnung, deine Arbeit ... Was willst du eigentlich? Frag doch mal unseren Bruder, wie's dem geht! Oder die Mama!«

Als sie mich ansieht, hat ein Ausdruck vollkommenen Erstaunens alle anderen Empfindungen aus ihrem Gesicht gewischt. Dann fängt sie mit ruhiger, leiser Stimme an zu sprechen. »Mein eigenes Zimmer? Mein eigenes Zimmer? Aber doch nur, damit er nachts besoffen zu mir kommen konnte. Und dann hat er seinen Schwanz rausgeholt, und ich musste ihm einen runterholen, während er mich mit seinen Wurstgriffeln begrabscht hat.«

Sie redet weiter, doch ich höre sie kaum, denn die Welt um mich herum nimmt zum ersten Mal seit Langem wieder Abstand von mir. Gleichzeitig erhebt sich eine gehässige Stimme in meinem Kopf. »Ach, komm schon! Das ist doch Quatsch! Die hat mal wieder ihre fünf Minuten Drama und denkt sich den Scheiß nur aus.« Doch im selben Moment schämt sich ein anderer Teil von mir für diesen Gedanken. Der Teil, in den plötzlich längst vergessene Kindheitserinnerungen fallen und sich nahtlos ineinanderfügen wie Legosteine. Klick. Klick. Bilder, die hervortreten, um Zeugnis abzulegen für meine Schwester und gegen meinen Vater, der ganz plötzlich vom Arsch zum Monster wird.

Ich bin wieder klein, vielleicht sechs, und stehe in seinem Büro in der Bundeswehrkantine. Sonst ist niemand da, nur von Weitem dröhnen die rauen Stimmen der Grünen vom Schankraum herüber. Wir wohnen noch nicht lange hier im Bundeswehrlager, ich bin das erste Mal alleine in diesem Raum, und es gibt eine Menge Neues zu entdecken. Rechts neben der Tür eine Sitzecke. Eine Couch aus braunem Cord, fast wie der meiner Hose, und mit gebogenen Armlehnen aus Holz. Ein dazu passender Sessel und dazwischen ein flacher, runder Tisch. Von der Decke verströmt eine lang gestreckte, vergitterte Neonlampe ihr weißes Flackerlicht, das mich auf Dauer ganz kirre macht im Kopf. An der linken Wand erhebt sich ein großer, grauer

Metallschrank. Meine Mutter nennt ihn Aktenschrank, doch ich habe diese Akten noch nie zu Gesicht bekommen, weil der silbrig glänzende Griff immer verschlossen ist. Genauso wie der massige Tresor, gleich dahinter. Der ist so groß wie ich und dunkelblau, fast schwarz und sieht furchtbar schwer aus. Ein einziges Mal habe ich gesehen, wie meine Mutter eine Tasche mit gerollten Münzen aus ihm hervorgeholt hat. Der hintere Türflügel klaffte auf und war so dick wie mein Oberschenkel. Panzerschrank nennt ihn mein Vater, und ich stelle mir vor, wie nachts die Panzerknacker mit ihren Masken kommen, die nur die Augen verdecken, und sich mit ihren Bohrern an diesem metallenen Klotz die Zähne ausbeißen. Von der Tür blicke ich auf das große Fenster über der gerippten Heizung, dahinter der Parkplatz und das Heizkraftwerk, das jetzt jedoch, im Schatten der Nacht, nur als schwarzer Umriss zu erkennen ist. Und davor, im Zentrum des kleinen Raumes, der wuchtige Schreibtisch. Er ist aus hellem Holz und riesig. Größer als mein Bett. Oben eine Schreibunterlage aus braunem, dickem Leder. Daneben ein Gebilde aus orangenen Plastikröhren, in denen Stifte, Kulis und verschiedenfarbige Marker stecken. Außerdem sind da noch ein großer, schwarzer Locher und ein Klammeraffe, so nennt zumindest meine Mutter dieses Gerät, mit dem man Heftklammern durch Papiere drückt, um sie miteinander zu verbinden. Rechts neben der Wand stapeln sich drei überquellende Ablagefächer aus grauem Plastik, und davor steht weiß und glänzend die moderne Schreibmaschine. Mit der kann man ganze Sätze wieder vom Papier löschen.

Vom Bratfett der Großküche und dem schalen Bier des Schankraumes ist hier kaum noch etwas zu riechen. Stattdessen ist die Luft voll von diesem seltsamen, süßlichen Geruch. Nicht unangenehm, und mir schießt das Wort »Naphthalin« in den Kopf. Das sind diese weißen Kügelchen, von denen sich der kleine außerirdische Freund von Mickey Mouse mit Namen Atömchen aus den Entenhausen-Comics ernährt und die angeblich nach Mottenkugeln schmecken. Ich weiß nicht, wie Mottenkugeln riechen, geschweige denn schmecken, aber irgendwie scheint mir dieses Wort passend zu sein für diesen Geruch, hier im Büro meines Vaters. Naphthalin.

Ich schiebe mich vorbei am Aktenschrank hinter den Schreibtisch. Auf der rechten Seite ist anstatt einer Tür ein Rollo eingelassen, das aus schmalen Holzstäben zusammengefügt ist, aus demselben hellen Holz wie der Rest des Möbels. Wenn man oben den Schlüssel dreht, gleitet es geschmeidig nach unten und verschwindet im Schrank. Ich ziehe es ein paarmal auf und zu und bin fasziniert davon, wie fest und gleichzeitig biegsam es doch ist. Dahinter befindet sich eine Reihe hölzerner Schubfächer. Eine nach der anderen ziehe ich auf und inspiziere deren Inhalt. Da ist Papier für die Schreibmaschine, Heftklammern, Heftstreifen, Büroklammern, die sich an einen Magneten schmiegen, Stapel von bedrucktem Papier und jede Menge anderer Krimskrams. Dann bin ich bei der untersten, der fünften Lade angelangt. Lederhandschuhe und eine Fellmütze. Doch dahinter schimmert etwas, und ich schiebe die Kleidungsstücke beiseite, um zu sehen, was es ist. Ein Magazin. »Magazin«, denke ich und freue mich über das Wort, denn es ist ein Teekesselchen, also ein Wort mit zwei unterschiedlichen Bedeutungen. In einem Teekesselchen stecken Patronen und man schiebt es von unten in eine Waffe. Mein Teekesselchen ist ein Heft mit vielen bunten Bildern. Interessiert blättere ich darin und bin erst verblüfft und dann irgendwie peinlich berührt von den Hochglanzbildern, die ich dort sehe. Sie zeigen Kinder. Die sind ungefähr in meinem Alter und fast alle nackt. Irgendetwas stimmt da nicht, aber ich kann nicht sagen, was es ist. Es liegt an der Art, wie die Kinder sich zeigen. Ein seltsames

Kribbeln steigt meine Wirbelsäule hinauf, und auch wenn ich nicht weiß, warum, so spüre ich doch instinktiv, dass dieses Magazin falsch ist, dass ich es nie hätte sehen dürfen und am besten gleich wieder vergesse. Mit klopfendem Herzen lege ich es zurück an seinen Platz, versuche mich an die genauen Positionen von Mütze und Handschuhen zu erinnern und schiebe das Schubfach zurück in den Schreibtisch. Dann ziehe ich schnell das Rollo zu und laufe aus dem Büro und nach Hause in mein Zimmer. Schon bald darauf ist diese Erinnerung verblasst wie ein schlechter Traum nach dem Aufwachen.

Ungefähr im gleichen Jahr, vielleicht ein bisschen früher. Mein Vater und mein Bruder sitzen am Esstisch. Meine Mutter ist in der Küche und bereitet das Abendessen vor. Ich stehe in der Tür zum Esszimmer und schaue zu, wie meine Schwester auf dem Weg zu ihrem Platz von meinem Vater gepackt und auf seinen Schoß gezogen wird und er anfängt, sie durchzukitzeln. Sie kichert erst, und ich lache ein bisschen mit. Doch plötzlich ändert sich etwas. Etwas passiert im Gesicht meines Vaters. Da ist wieder dieser Blick wie mit Messern, und irgendwie ist aus dem Spiel Ernst geworden. Auch meine Schwester spürt das, macht sich mit Gewalt frei, schlägt nach ihm und rennt weinend aus dem Esszimmer.

Unschuldig blickt er ihr hinterher, die Messer sind verschwunden, und sein Gesicht verkündet, dass alles doch nur Spaß gewesen sei. Doch ich weiß, dass das nicht stimmt, auch wenn ich nicht sagen kann, wo der Fehler gelegen hat, so wie bei einem dieser Suchbilder: Auf dem einen sieht man eine Szene mit dem unverfänglichen Titel »Vater spielt mit seiner Tochter« und daneben das gleiche Bild, in dem angeblich zehn Fehler eingebaut sind, und man kann sie einfach nicht finden, obwohl man ganz genau weiß, dass sie da sind.

3

Ich stand wie betäubt im Flur, schon auf halbem Weg zur Tür, während meine Schwester weiterredete und von den unverzeihlichen Taten meines Vaters berichtete. In mir war nichts als Hilflosigkeit, und außer einem ab und zu gehauchten »Echt?« und »Wirklich?« brachte ich nichts hervor. Gleichzeitig kam ich mir furchtbar klein und dumm vor. Ich hätte zu ihr gehen und sie in den Arm nehmen sollen, aber eigentlich wollte ich nur weg.

Nachdem meine Schwester ruhiger geworden war, ließ ich sie allein und raste auf meiner Bob nach Hause. In meinem Kopf rotierten die immer gleichen Fragen: Was war jetzt zu tun? Wie sollte ich mit dieser ganzen Sache umgehen, wie meinem Vater jemals wieder gegenübertreten? Und was war mit meiner Mutter, was wusste sie? Zu Hause angekommen, drehte sich das Karussell in meinem Kopf weiter, und schon damals begann das »Prinzip der dritten Hand«, wie ich es Jahre später für mich nannte, in mir seine perfide Arbeit aufzunehmen.

Diese Sache war einfach zu ungeheuerlich, zu groß. Groß wie ein Berg, und ich stand davor und wusste nicht, wie ich sie greifen sollte. Ich bekam sie einfach nicht zu fassen. Und irgendwann meldete sich ein Teil in mir, der kapitulierte, der sagte, »das schaffst du jetzt nicht, nimm es dir für später vor«. Und wenn du dieser Stimme zu oft nachgibst, wird daraus irgendwann ein Automatismus. So als würde ein Paket vor dir auf dem Tisch liegen, und du willst danach greifen, um zu sehen, was in ihm ist, und plötzlich taucht da eine dritte Hand auf, die zwar zu dir gehört, von deren Existenz du jedoch nichts wusstest, und schiebt das Paket einfach beiseite, in die Peripherie deines Sichtfeldes, und du greifst ins Leere. So wie bei dieser klassischen Clownsnummer, wo der Clown versucht, etwas vom Boden aufzuheben, es aber im selben Moment mit dem Fuß wegkickt. Diese Nummer ist wirklich nicht lustig, genau so wenig wie das, was da in deinem Kopf passiert. Man nennt es Verdrängung.

Irgendwann bleibt das Päckchen am Rande deines Sichtfeldes liegen, du bist es scheinbar los. Das Problem ist nur, dass es dort wächst und immer größer wird, bis da ein Monster steht. Und du siehst es, du kannst es fast erkennen, doch wenn du versuchst, es direkt anzusehen, war die dritte Hand schon wieder schneller, denn die ist wie Lucky Luke, die zieht schneller als ihr Schatten.

Also schob ich, als es endlich neun wurde, alle nagenden Fragen beiseite und fuhr zum Backes, um die anderen zu treffen. Meinen Vater hatte ich zum Glück nicht zu Gesicht bekommen.

Als ich beim Backes ankomme, sind bereits alle da. Eine flirrende Aufgeregtheit liegt in der Luft. Pfennig hat wie verabredet zwei Kästen Bier besorgt, die nun lauwarm unter der Bank warten. Nach dem zweiten Bier legt sich meine Verwirrtheit etwas, und ich kann sogar über die Späße des völlig überdrehten Kurzen lachen. Den Nachmittag und die Begegnung mit meiner Schwester erwähne ich mit keinem Wort, und daran wird sich auch für viele Jahre nichts ändern.

Ungeduldig warten wir auf die Dämmerung. Hagen ist da und Pfennig, der Kurze, Strahli, Karli natürlich mit seinem Schlüsselbund, außerdem Ella, Mona und ihr großmäuliger Bruder Torte. Es ist ein herrlicher Sommerabend, und dann kündigt ein von Westen aufziehendes Blutrot die nahende Dämmerung an.

»Ich glaub, jetzt können wir«, verkündet Pfennig und pfeffert die beiden mittlerweile leeren Bierkästen achtlos in den Kofferraum seines Kadetts. Ella steigt hinter mir auf die Bob und legt die Hände auf meine Hüften, um sich festzuhalten. Sie könnte das kurze Stück auch mit dem Rad zurücklegen, und unter normalen Umständen würde ich mich über ihre Nähe freuen. Heute jedoch ist mir alles egal, und nichts regt sich in mir außer diesem riesigen Vakuum, das die beiseitegeschobene Offenbarung meiner Schwester in mir hinterlassen hat.

Übermütig rasen wir durchs Dorf, vorbei am Sportplatz und weiter die schmale Straße entlang, die jenseits der Grillhütte aus dem Dorf führt. Jeder will der Erste sein, in halsbrecherischen Manövern schneiden wir uns gegenseitig, und Strahli hält ein paarmal den Fuß raus, um die mit Katzenaugen bewehrten Begrenzungspfähle umzutreten, die die Landstraße säumen. Ella klammert sich an mich und lacht, als ich in einer Kurve über den Seitenstreifen brettere, um rechts an Torte vorbeizuziehen, dessen Schwester sich mit kalkweißem Gesicht und scheinbar starr vor Angst von hinten an ihn krallt. Weiter vorne liefern sich Hagen auf seiner CS und Pfennig ein erbittertes Rennen, und ich kann gerade noch sehen, wie der Kadett die Landstraße verlässt und rechts in einen Feldweg biegt, der geradewegs in einen dichten Wald führt. Hagen ist an der Abzweigung vorbeigerauscht und muss wenden. Trotz der Entfernung und des Motorenlärms kann man ihn fluchen hören. Dann habe auch ich die Stelle erreicht und donnere mit unvermindertem Tempo in den holprigen Waldweg, was Ella abermals ein wildes Gelächter entlockt. Hinter einer Biegung knallen wir fast in den Kadett, den Pfennig am Rand des Weges, halb im Graben abgestellt hat. Er lehnt lässig am vorderen Kotflügel und kostet seinen Triumph aus. Hagen, der ihn nicht mehr einholen konnte, stürzt sich feixend, mit ausgestrecktem Zeigefinger auf ihn. »Na, warte! Das nächste Mal biste dran, Freundchen!!!«

Pfennig entlockt das jedoch nur ein gleichmütiges Schulterzucken. Torte, Mona und Strahli kommen dicht hinter uns den Weg hinauf. Als er absteigt, blickt Torte finster zu mir herüber, zeigt mir einen Vogel und fischt gleichzeitig mit der anderen Hand den Krauser aus seiner Jeans, um sich eine zu drehen.

Während auch Karli vorsichtig heranrollt, um seinen geliebten Taunus nicht zu beschädigen, steht Strahli in unserer Mitte, die Bergsteiger noch zwischen den Beinen, und schreit, wild um sich blickend: »Wu es da itze dat Denge?!«

Pfennig zeigt mit ausgestrecktem Arm zu einem Weg, der keine fünf Meter weiter rechts abzweigt und mir bislang noch nicht aufgefallen ist. Doch nun erkenne ich im Dämmerlicht einen Schlagbaum, der uns die Zufahrt verwehrt. Die rot-weiße Bemalung ist größtenteils abgeblättert, und auf einer Seite ist er durch einen Bolzen mit Vorhängeschloss gesichert. Hinter uns ertönt ein lautes Keuchen. Es kündigt den Kurzen an, der sich auf seinem klapprigen Rad den Waldweg hinaufkämpft.

Endlich vollzählig, schieben wir uns, angeführt von Pfennig, hintereinander am Schlagbaum vorbei und folgen dem versteckten Waldweg eine kleine Anhöhe hinauf. Dann, hinter einer Biegung, sehen wir ihn endlich. Da ist eine kleine Baustelle, und ich kann wirklich nicht sagen, was die dort, mitten im Wald, zu suchen hat, aber da steht er, der Bagger. Gelb und groß, mit einer Schaufel vorne und einem Gelenk, das in der Mitte des Ungetüms eine Art Taille bildet, mit deren Hilfe das Fahrzeug gesteuert wird. Es steht auf vier Rädern, die mir bis zur Brust reichen.

Schon klettert Pfennig, gefolgt von Hagen, in die Führerkabine und streckt Karli die geöffnete Hand entgegen. »Lass mal rüberwachsen, dat Ding.«

Nach kurzem Zögern kramt Super Mario den riesigen Schlüsselbund aus der Brusttasche seiner Latzhose. Sofort beginnt

Pfennig die Schlüssel der Reihe nach auszuprobieren. Während wir anderen unschlüssig um das gelbe Monstrum herumstehen und darauf warten, dass er den Motor zum Laufen bringt, reißt Hagen ihm schließlich die Schlüssel aus der Hand.

»Zeig mal her … Das dauert ja Stunden!« In deutlich höherem Tempo rammt er nun einen Schlüssel nach dem anderen ins Zündschloss, bis er endlich einen gefunden hat, der sich drehen lässt. Hagen gibt ein lautes Triumphgeheul von sich. Nach einem kurzen Husten erwacht der Dieselmotor grollend zum Leben und fällt danach in ein gemächlich tuckerndes Standgas.

Jetzt, wo der Motor läuft, erklimmen auch wir, einer nach dem anderen, das Führerhäuschen. Drinnen ist kein Platz mehr, und so halten wir uns außen an der stählernen Dachstrebe fest. Ella steht neben mir mit geröteten Wangen, ihre Augen sprühen Funken vor lauter Lebendigkeit, und in mir rauscht das Blut. Schon setzt sich das Gefährt ruckelnd und bockend in Bewegung, sodass ich mich nur mit Mühe festhalten kann. Pfennig hat den Dreh jedoch schnell raus, und wir holpern mit Vollgas den Waldweg hinab in Richtung Schlagbaum. Der Kurze schreit und lacht und tut so, als würde er Windsurfen, während Strahli mit seiner rauen Stimme das Lied vom »G'schwemm« in den Wald grölt. Der Schlagbaum kommt in Sicht. Pfennig holt nach links aus, um mit unvermindertem Tempo eine Rechtskurve zu fahren und den Bagger auf dem schmalen Weg zu wenden.

Plötzlich kippt die Welt. Langsam erst, und ich denke, die Aufregung in Verbindung mit den Bieren würde meinem Gleichgewichtssinn einen Streich spielen, und für einen kurzen Augenblick genieße ich diese Orientierungslosigkeit. Ich schaue rüber zu Ella, doch die ist plötzlich nicht mehr da, sondern schwebt ein ganzes Stück links von mir durch die Luft. Jetzt sehe ich, dass sich auch alle anderen vom Bagger gelöst haben, und plötzlich wird mir klar, dass nicht die Welt kippt, sondern wir, mitsamt dem gelben Ungetüm, dessen Seite sich nun mit rasender Geschwindigkeit dem Waldboden nähert. Im letzten Moment versuche ich es den anderen gleichzutun und stoße mich ab.

Über mir zeichnen die Fichten schwarze Muster in den Sternenhimmel, und eine seltsame Ruhe hat von mir Besitz ergriffen. So still. Doch nach und nach kehren die Geräusche zurück, ich höre, wie alle wild durcheinanderschreien, und kann mir keinen Reim auf all das machen. Und über allem liegt ein seltsam hoher, schriller Ton. Gerade als ich die anderen bitten will, ob sie diesen Ton nicht irgendwie ausmachen können, sickert ganz langsam die Erkenntnis in mein Bewusstsein, dass ich ihn erzeuge, mit meinen Stimmbändern, und kann doch nicht damit aufhören.

Plötzlich taucht Hagens Gesicht über mir auf. Ganz nah, und erst in seinen Augen erkenne ich, dass die Kacke wohl richtig am Dampfen ist. Ich folge seinem Blick und sehe, dass knapp unterhalb meines Bauchnabels, dort, wo eigentlich mein Becken und dann meine Beine zu sehen sein sollten, ein gelbes, stählernes Ungetüm liegt. Das Dach des Baggers ragt vor mir empor, und die seitliche Stahlstrebe, an die ich mich eben noch geklammert habe, schließt nun nahtlos mit dem Waldboden ab. Dazwischen ich. Aber da ist gar kein Platz. Wie kann das sein? Immer noch schwebt über allem mein gespenstisches, schrilles Gekreische, das sich weiterhin hartnäckig meiner Kontrolle entzieht. Und ganz hinten in meinem Kopf meldet sich verschämt eine Stimme und sagt, dass alles, was jenseits des Stahls auf dem Waldboden liegt, nicht mehr zu mir gehören kann und dass es das jetzt wohl war und ich hier draußen in diesem Wald sterben werde.

Dann kommen Ella, Strahli und die anderen in mein Sichtfeld und zwängen ihre Hände unter das Dach des Baggers. Fasziniert beobachte ich, wie die Adern und Sehnen an Strahlis Hals hervortreten, als sie gemeinsam versuchen, das Ungetüm anzuheben. Gleichzeitig hat mich Mona bei den Schultern gepackt, um mich unter dem Stahl hervorzuziehen. Vergebens. Ich spüre nicht mal den Hauch einer Veränderung. Das Teil ist viel zu schwer.

Hagen blickt verzweifelt um sich. »Wir brauchen einen Krankenwagen! Und die Feuerwehr! Die müssen ihn rausschneiden!« Rausschneiden, denke ich. Ja, rausschneiden wäre gut. Und dann mit Nadel und Faden alles schnell wieder zusammennähen. Ganz einfach.

Schnell wird Torte losgeschickt, da er den kürzesten Heimweg und damit zu einem rettenden Telefon hat. Während er zu seinem Moped rennt, bekomme ich endlich meine Stimmbänder wieder unter Kontrolle. Doch nun fange ich an zu heulen, und es ist mir ganz egal, dass Ella mich so sieht, die neben mir hockt und mir ein wenig unbeholfen mit der Hand über die Stirn streicht.

»Wartet mal … ich glaub, ich habe 'ne Idee!«, ruft Hagen, und schon ist er auf den Bagger geklettert und im Inneren des Führerhäuschens verschwunden. Mit einem Mal beginnt der Stahlkoloss, sich ganz langsam zu bewegen, unter lautem Ächzen der Hydraulikpumpen löst sich nach und nach das Dach von meinem Becken, und ich bin frei. Hagen hat das Lenkrad nach links gedreht, sodass sich der Bagger in der Mitte vom Waldboden hob und nun auf der Schaufelseite und der linken Seite des Hecks ruht. Mir war nicht aufgefallen, dass der Diesel beim Sturz nicht abgestorben ist, sondern nach wie vor gemächlich im Standgas vor sich hin tuckert. Ella und Pfennig ziehen mich sogleich hervor und helfen mir auf die Beine, die wie durch ein Wunder immer noch Teil meines Körpers sind. Hagens Kopf taucht aus dem Führerhäuschen auf: »Jemand muss Torte aufhalten!«

Sofort rennt Strahli los, wirft sich auf Hagens CS und rast davon, während ich, flankiert von Pfennig und Ella ein paar unsichere Schritte über den Waldweg mache.

Die Welt um mich herum ist seltsam gewölbt, so als hätte jemand eine Waldkulisse mitsamt Sternenhimmel auf die Innenseite eines Tunnels gemalt. Mein Atem geht schnell und keuchend, und doch habe ich das Gefühl, nicht genug Luft in meine Lungen zu bekommen.

»Also, ich glaube, Laufen ist doch keine so gute Idee. Irgendwas stimmt da nicht.«

Sofort sind Pfennig und Ella zur Stelle, haken mich unter und schleifen mich zum Kadett. Gerade als sie mich vorsichtig auf den Beifahrersitz hieven, hören wir den Lärm von zwei Mopeds, die durch den Wald auf uns zukommen. Strahli hat Torte kurz vor der Haustür abgefangen. Während ich im Auto versuche, in mich hineinzuhorchen und herauszufinden, wie schlimm es um mich bestellt ist, diskutieren die anderen hektisch, was jetzt zu tun sei. Zwischendurch schnappe ich die Worte »Mopedunfall« und »Disco« auf. Schnell werden Aufgaben verteilt. Dann steigen Hagen und Pfennig zu mir ins Auto, und wir fahren los in Richtung Krankenhaus. Auf der 20-minütigen Fahrt weihen die beiden mich ein. Trotz meines Schocks und der langsam eintretenden Schmerzen bemühe ich mich, mir alles ganz genau einzuprägen.

Wir seien auf dem Weg in die Disco gewesen, Pfennig und Hagen seien im Kadett hinter mir gefahren, als ich in einer Kurve die Kontrolle verloren habe und von der Straße abgekommen sei. Sie haben sofort angehalten, mich gemeinsam aus dem Straßengraben gezogen und ins Krankenhaus gefahren.

Während wir das besprechen, werfen die anderen wahrscheinlich gerade mein Moped an der verabredeten Stelle in den Graben und hauen noch ein paarmal mit einem Stein darauf.

Endlich sind wir da. Gemächlich schlendert ein einzelner Pfleger aus dem Eingang der Notaufnahme. Pfennig läuft auf ihn zu und deutet aufgeregt zu seinem Kadett. Ich sitze auf der Beifahrerseite und denke, dass ich zum ersten Mal Zeuge werde, wie er die Fassung verliert. Hinter mir, im Fond des Wagens, sitzt Hagen und redet beruhigend auf mich ein. Verkehrte Welt. Dabei bin ich ganz ruhig, auch wenn es das immer noch in hoher Konzentration durch meine Adern rasende Adrenalin nicht mehr schafft, die Schmerzen zu überdecken. Nach einer Ewigkeit ist der Pfleger endlich bei mir angekommen, öffnet die Tür, und schaut gelangweilt zu mir herein. »Na, dann steig mal aus.«

Meine Schmerzen sind unterdessen unerträglich geworden, und mehr als ein verbissenes Kopfschütteln bringe ich nicht zustande. Er betrachtet mich genauer. Irgendetwas an meiner Erscheinung scheint ihn zu veranlassen, seine gelangweilte Haltung aufzugeben, und er stürzt davon, um gleich darauf mit Verstärkung und einer fahrbaren Trage wiederaufzutauchen.

Dann geht alles ganz schnell, und die verschiedenen Stationen der modernen Medizin rauschen schemenhaft an mir vorbei. In meinen Handrücken wird ein Zugang für einen Tropf gelegt, und fortan folgen mir mehrere, an einem chromblitzenden Rollständer hängende Beutel mit diversen klaren Flüssigkeiten. Einer dieser Beutel muss »Schubidu« in sich haben, denn während die Ärzte ihre verschiedenen technischen Geräte an mir ausprobieren, dämmere ich weg und bekomme alles nur noch wie aus weiter Ferne mit. Einmal erwache ich kurz, zwei Polizeibeamte stehen vor meinem Bett und befragen mich zu meinem angeblichen Mopedunfall. Es gelingt mir irgendwie, ihnen unsere verabredete Geschichte aufzutischen, und sie verziehen sich wieder. Danach gleite ich dankbar zurück in diesen wunderbar wattierten Dämmerzustand, der die Zeit zerfließen lässt wie geschmolzenes Himbeereis. Menschen tauchen auf und sind plötzlich wieder verschwunden, und am äußersten Rande meines Bewusstseins registriere ich, seltsam unbeteiligt, wie diverse Schläuche an den unterschiedlichsten Stellen in meinen Körper hineingesteckt werden.

Epilog

Anfang Januar 2019

Es ist bereits dunkel. Auf den Straßen und Gehsteigen Friedrichshains verwandeln sich die Überreste der Silvesterknallerei langsam in buntes Pappmaschee. Während ich nach Hause laufe, denke ich über diese Geschichte »Wie einmal ein Bagger auf mich fiel« und all das nach, was damit zusammenhängt. Plötzlich ertönt aus einem hell erleuchteten Fenster im Souterrain Kindergeschrei. Als ich mich umschaue, fällt mein Blick auf das obere Ende einer braunen Schrankwand und eine dunkelgrüne Deckenleuchte. Und ich frage mich, welche Schicksale sich dort in dieser Familie wohl gerade abspielen oder in den abertausend anderen Wohnungen, die sich rings um mich auftürmen? Und warum ausgerechnet meine Geschichte es wert sein sollte, erzählt zu werden? Die Wahrheit ist: Ich weiß es nicht.

Gerade bin ich aus dem Dorf im Westerwald zurückgekehrt, wo ich meiner Mutter am zweiten Weihnachtstag den Anfang des Buches vorgelesen habe. Um Fassung bemüht, saß sie neben mir, vor dem Kamin, den damals der Kumpel meines Vaters unter Schweiß und Ächzen gemauert hatte, und als ich sie fragte, ob sie das zweite Kapitel auch noch hören wolle, war es ihr zu viel. Und ein weiteres Mal fragte ich mich, wozu das alles? Warum die alten Monster wieder hervorzerren und sie dann auch noch dem hellen Licht der Öffentlichkeit preisgeben? Auch hierauf gibt es keine einfache Antwort, sondern nur den Versuch, das Geflecht von Ursache und Wirkung Stück für Stück zu entwirren.

Was geschah, nachdem Hagen und Pfennig mich in der Notaufnahme abgeliefert hatten? Die nächsten drei Wochen verbrachte ich, die meiste Zeit bewusstlos, auf der Intensivstation. Die Bilanz: dreifacher Beckenbruch und ein angebrochener Lendenwirbel. Am schlimmsten waren jedoch die inneren Quetschungen, und die Ärzte meinten, es grenzte an ein Wunder, dass ich diese Verletzungen ohne bleibende Schäden überstanden habe.

Meine Eltern waren natürlich außer sich. Die Sache mit dem Bagger ist nie aufgeflogen, und erst Jahre später gestand ich meiner Mutter, dass es nie einen Mopedunfall gegeben hatte.

Nach zwei Monaten verließ ich das Krankenhaus auf Krücken und schaffte gerade noch den Einstieg in die elfte Klasse.

Und nachdem ich wieder halbwegs bei Verstand war? Habe ich da die Polizei gerufen, damit mein kinderschändender Vater seiner gerechten Strafe zugeführt wird? Nein, das habe ich nicht. Und auch sonst hat es niemand getan.

Wie ich viel später erfahren habe, hatte sich meine Schwester etwa zu derselben Zeit auch meiner Mutter anvertraut, die ihr glaubhaft beteuerte, nichts von alldem gewusst zu haben, und meinen Vater zur Rede stellte. Der stritt jedoch alles ab, schleifte meine Mutter zu einer dubiosen Frau, die ihr erzählte, dass es ganz normal sei, dass Kinder mit Drogenproblemen sich solch wilde Geschichten ausdächten, und als meine Mutter einige Zeit später mit meinem Bruder über diese Sache sprach, riet der ihr davon ab, meinen Vater bei der Polizei anzuzeigen. Und so versickerte die ganze Sache irgendwie in der hilflosen Stille unserer Familie. Wir feierten weiterhin gemeinsam Weihnachten und andere Feste, meine Schwester arbeitete noch eine Zeit lang in der Kantine, und als mein Vater schließlich im Jahr 2001, kurz vor dem 11. September, starb, saßen wir alle zusammen an seinem Sterbebett und weinten um ihn. Gleichzeitig sahen wir tatenlos zu, wie meine Schwester in ihrem weiteren

Leben den klassischen Krankheitsverlauf von Missbrauchsopfern akribisch nachzeichnete. So wusste ich nicht, dass sie an jenem Nachmittag, als sie mir ihr Herz ausschüttete und ich nur unbeholfen danebenstand, bereits an der Nadel hing.

Vor Kurzem sprach ich nach langer Zeit das erste Mal wieder mit ihr über das, was unser Vater ihr als Kind angetan hat. Und sie sagte mir, das Schlimmste sei gewesen, dass er es nicht mal auf dem Sterbebett fertiggebracht habe, sich bei ihr zu entschuldigen. Und ich wünschte mir, dieser ganze Unfug mit Gott und Teufel und allem wäre wahr, nur um mir vorstellen zu können, wie mein Vater bis in alle Ewigkeit in der Hölle brennt. Dafür, dass er meiner Schwester die Hölle auf Erden bereitet hat, und dafür, dass ich den Menschen, der sie hätte sein können, nie kennenlernen durfte.

Aus heutiger Sicht fällt es mir schwer zu verstehen, wieso ich damals nicht eingegriffen, sondern mich einfach abgewandt habe. Anstatt das Problem anzugehen, habe ich versucht, möglichst viel Abstand zwischen mich und meine Familie zu bringen. Ich ging nach Berlin und fand in der Hausbesetzerszene eine neue Familie, in der ich auf Menschen traf, die mir zeigten, dass es gut ist, über Probleme zu reden und sie so aus der Welt zu schaffen. Gleichzeitig entwickelte ich mich jedoch zu jemandem, der nur nach vorne blickt. Immer wieder begegnete ich Menschen, die eine Therapie machten, um ihre Kindheit aufzuarbeiten, wie sie sagten, was bei mir jedoch nur auf Unverständnis stieß. Wollten die ihr ganzes Leben damit verbringen, in längst vergangenem Mist herumzustochern? Was sollte das bringen? Also schaute ich weiter nur nach vorne und stürzte mich in meine Arbeit. Irgendwann ging ich auf Tour mit meinen Puppen und spielte bis zu zweiundzwanzig Termine im Monat, jeden Tag in einer anderen Stadt, als wäre ich auf der Flucht. Und das war ich vielleicht auch. Dann drehte ich nebenher auch noch einen Film, und als das geschafft war, blieb ich einfach liegen, weil ich nicht mehr konnte. Wenn du dich aber nur über die Arbeit definierst, was bleibt dann von dir übrig, wenn du diese Arbeit plötzlich sein lässt? Nichts. Du zerfällst zu Asche. Genau das passierte mir, und ich fragte mich: Wer bin ich eigentlich?

Zum ersten Mal seit diesem Nachmittag in der Wohnung meiner Schwester blickte ich zurück und versuchte, mich dem zu stellen, was ich dort sah. Und was ich erblickte, war ziemlich ernüchternd. Gerne wäre ich ein besserer Bruder gewesen, einer, der das Licht anknipst und sich auf die Seite seiner Schwester stellt. Aber der war ich nicht, und so bleibt meine einzige Hoffnung, dass andere Menschen, mit ähnlichen Schicksalen, es vielleicht besser machen. Denn indem wir schweigen, entwickelt sich das Geschehene im toten Winkel unseres Bewusstseins zu einer Monstrosität, in deren Schatten die Täter oft unbehelligt weiterleben können. Wenn wir aber darüber sprechen, schrumpft diese Monstrosität zu dem, was sie ist: die psychopathische Tat eines kranken Wichsers. Indem wir darüber sprechen, treiben wir die Täter aus den Schatten und geben den Opfern, den Angehörigen, Freunden und ganz am Ende vielleicht auch den Tätern die Möglichkeit, sich dem zu stellen, was passiert ist, und das Geschehene aufzuarbeiten.

Den Tätern möchte ich zurufen: Was denkt ihr euch nur dabei? Vielleicht seid ihr ja der Meinung, ihr hättet ein Recht darauf, eure Sexualität auszuleben. Das habt ihr nicht! Ein guter Freund von mir ist seit 17 Jahren unfreiwillig Single. Geht er deshalb los und vergewaltigt Frauen? Natürlich nicht. Weil er ein anständiger Kerl ist und weiß, dass man so etwas nicht tut, und sich an Kindern zu vergreifen ist ungleich schlimmer. Ihr redet euch vielleicht damit heraus, dass ja niemand ernstlich verletzt wird, dass die Tat schon bald vergessen sein und das Leben ganz normal weitergehen wird, dass es schon nicht so schlimm sein wird. Aber es ist noch viel schlimmer, denn eine solche Tat ist nicht einfach vorbei, sobald sie begangen ist, sondern wirkt weiter, meist im Verborgenen und über Jahrzehnte hinweg. Die Gewalt bleibt in der Welt, und dabei zerstört sie nicht nur das Leben des Opfers, sondern versprüht ihr Gift in konzentrischen Kreisen in ihrer gesamten Umgebung und hinterlässt ein verstrahltes Gelände. Ground Zero.

Den Angehörigen möchte ich ans Herz legen, nicht den gleichen Fehler zu machen wie ich. Denn im Angesicht einer solchen Tat gibt es keine Neutralität. Indem ihr wegschaut, stellt ihr euch auf die Seite des Täters. Und Wegrennen ist auch keine Lösung, denn so ausdauernd ihr auch sein mögt, irgendwann kommt der Punkt, an dem ihr nicht mehr könnt und liegen bleibt, und dann tippt euch das Monster von hinten auf die Schulter. Denn das saß die ganze Zeit auf eurem Rücken und hat nur darauf gewartet.

Dank

Schreiben ist eine einsame Tätigkeit. Umso schöner ist es, wenn es Menschen gibt, die einem in der Einsamkeit zur Seite stehen. Ich bedanke mich bei Andree Hesse, für seine Hilfe und seine großartigen Ideen. Bei meiner geliebten Lana Cooper, dafür, dass ich jedes neue Kapitel an ihren Ohren erproben durfte. Bei Christiane Bernhardt für ihre Geduld und Nachsicht. Bei Alexia Agathos und Stephan Fingerhuth, die nun schon so lange hinter mir stehen und mich fördern, in allem, was ich versuche. Und bei meiner Mutter, die immer ihr Bestes gab und dabei Übermenschliches leistete.